近代以来海外涉华艺文图志系列丛书

本卷主编：张明杰

中国佛教史迹

［日］常盘大定 著

廖伊庄 译

中国画报出版社
CHINA PICTORIAL PRESS

图书在版编目（CIP）数据

中国佛教史迹 /（日）常盘大定著；廖伊庄译. ——北京：中国画报出版社，2017.11（2020.5重印）
（近代以来海外涉华艺文图志系列丛书）
ISBN 978-7-5146-1343-8

Ⅰ. ①中… Ⅱ. ①常… ②廖… Ⅲ. ①佛教史－中国 Ⅳ. ①B949.2

中国版本图书馆CIP数据核字(2016)第222544号

"十三五"国家重点图书出版规划项目
国家出版基金资助项目

中国佛教史迹　　　　　　　　　　　　　　［日］常盘大定 著　廖伊庄 译
出 版 人：于九涛
项目主持：于九涛　齐丽华
本卷主编：张明杰
责任编辑：李　媛
责任印制：焦　洋

出版发行：中国画报出版社
地　　址：中国北京市海淀区车公庄西路33号 邮编：100048
发 行 部：010-68469781　010-68414683（传真）
总编室兼传真：010-88417359　版权部：010-88417359

开　　本：16开（787mm×1092mm）
印　　张：20.5
字　　数：368千字
版　　次：2017年11月第1版　2020年5月第4次印刷
印　　刷：北京通州皇家印刷厂
书　　号：ISBN 978-7-5146-1343-8
定　　价：88.00元

主编者序[1]

常盘大定（1870—1945）是著名宗教学家，也是真宗大谷派高僧，曾任母校东京大学教授，讲授中国佛教史。生前来华七八次，其中，仅20世纪20年代就曾五次来华考察宗教文化遗迹，在佛教实证研究领域属先驱者。他第一次来华是1920年9月至翌年1月，考察路线为沈阳、北京、房山、大同、张家口、太原、洛阳、汉阳、宜昌、庐山、南京等，考察对象主要是各地石窟、寺庙、道观等遗迹、遗物。事后出版了《访古贤之迹——中国佛迹踏查》（1921）。

第二次时间在1921年9月至翌年2月，行程为青岛、济南、泰安、曲阜、兖州、济宁、北京、石家庄、郑州、开封、洛阳、汉口、长沙、九江、南京、扬州、镇江、苏州等，回国后撰写出版了《续访古贤之迹——中国佛教史迹》（又名《中国佛教史迹》，1923）一书，其中还附带十余幅地图，以及作者实地拍摄的百余幅图片。此次翻译出版的，即此书。第三次（1922年9—12月）和第五次（1928年12月—翌年1月）主要是对南方各省的调查，包括上海、宁波、汉口、庐山、杭州以及广东、福建等省市。加上第四次（1924年冬）对东北大连、旅顺以及山东青岛、济南等地的考察，中国南北各地主要文化胜迹，尤其是佛教遗迹等，基本被其踏遍。常盘在踏访中，尤其注重对史迹的拍摄、拓制和记录，所作日记也一丝不苟，每次都留下数量可观的图文资料或日录。《中国佛教史迹踏查记》（1938）即其多次来华探访记录之汇总，成为我们了解当时中国现状，尤其是佛教史迹或文物的难得文献。书中不仅资料丰富，记述详细，而且于踏查过程中的所得所感也时有披露，读来颇有趣味。

本卷主编　张明杰
初稿于2015年夏秋之交
小改于2017年初

---

[1] 关于近代以来的日本学者涉华学术调查，请参阅张明杰《越境的学术——"中国艺文图志"丛书总序》（北京大学《国际汉学研究通讯》第十三、十四合辑，2016年12月）。——编者注

目录

序一 001
序二 002
序三 003
自序 004
前言 005
旅行经路地图 008
行程日志 009

再访古贤之迹 017
 写在出发之前 017

续访古贤之迹 025
 山东的一个月 025
 曹洞宗灵岩寺 027
 土匪猖獗的兖州城 029
 徂徕山的王子椿 031
 纵贯泰山 033
 赵州和尚故址 035
 郑州的天长节 037
 龙门一泊 041
 宝阳·老君两洞拓片 042
 嵩阳故址 043
 达摩面壁遗址 044
 曹洞宗少林寺 045
 老子故址升仙台 047
 老子故址太清宫 049
 归德府颜真卿书八关斋碑 050
 归德府文雅台 053
 魏·道凭造像 055
 宝山灵泉寺 057

汉口的日中帝大同学会	059
自南岳至衡州（一）	063
自南岳至衡州（二）	064

中国佛教史迹 ... 065

山东的神通寺 ... 065
东晋竺僧朗之遗址

山东泰山灵岩寺 ... 075
东晋竺僧朗之故地

山东徂徕山映佛岩 ... 083
齐鲁四山摩崖之一宋代石守道遗址

山东的石窟 ... 091
历城县黄石崖
历城县千佛山兴国寺
历城县佛慧山开元寺
历城县佛峪般若寺
历城县龙洞山寿圣寺
历城县玉函山
长清县灵岩寺·历城县神通寺
宁阳县伏山灵峰寺

山东的寺庙 ... 100
曲阜大成殿
复圣殿周公祠
孔林
济宁府文庙
邹县亚圣殿
亚圣林
泰安府岱庙
嵩里山祠
泰山斗母宫
泰山顶玉皇庙
长清县五峰山庙
历城县白云观
滋阳县观音堂
邹县法兴寺

　　　　兖州兴隆寺

　　　　济宁普照寺

　　　　济宁铁塔寺

　　　　济宁古礼拜寺

北京白云观·京兆居庸关 125

河北赵州柏林寺 132

　　　　唐末从谂和尚的遗迹

洛阳怀古 140

　　　　龙门

　　　　香山寺

　　　　洛阳东大寺·千祥寺

　　　　洛阳东关外孔子入周问礼乐碑

　　　　北邙山

河南嵩山少林寺 151

　　　　梁代达摩大师遗址

　　　　少林寺

　　　　初祖庵

　　　　二祖庵

河南嵩阳的寺观 167

　　　　永泰寺

　　　　会善寺

　　　　嵩岳寺

　　　　法王寺

　　　　嵩阳观

　　　　崇福宫

　　　　中岳庙

　　　　碑楼寺

河南鹿邑县太清宫 187

　　　　老子故宅址

河南归德府两日 196

　　　　求而未得的庄子故址

北周的废佛和河南安阳县的宝山石窟 199

　　　　北齐僧人稠·道凭、隋灵裕的遗址

河南彰德府一日 215

　　　　北齐慧光·慧可遗址
　湖南省长沙·衡州..222
　　　　岳麓·石鼓两书院
　湖南省长沙的日中恳亲会..231
　湖南省南岳巡礼..233
　　　　陈朝慧思、唐代怀让·希迁三禅师的遗迹
　　　　祝圣寺
　　　　南岳庙
　　　　南台寺
　　　　福严寺
　　　　磨镜台
　　　　上封寺
　湖南沩山远游..250
　　　　唐代灵祐禅师的遗址
　江苏省摄山天开岩..259
　　　　明代云谷禅师遗址
　江苏省扬州巡游..265
　　　　唐代鉴真和尚故址
　江苏省茅山风雪..273
　　　　梁代陶弘景故地
　江苏省苏州游览..280
　　　　晋代道生·支道林的遗址
　　　　虎丘云岩寺
　　　　北寺
　　　　双塔寺
　　　　寒山寺
　　　　戒幢律寺
　　　　天平山
　　　　灵岩山

踏察报告..293
开会辞..294
中国佛教史迹踏察报告....................................295
展览拓本目录..300
中国佛教史迹踏察报告书..................................306

序一

在世间万事交流越来越广泛的今日，我们有必要了解万国，其中最有必要了解的是中国、美国和俄国。但不知为什么，我国国民对欧洲诸事颇有兴趣，而对最应该予以注意的上述三国却十分冷淡，这实在是令人遗憾。三国之中，一般认为日本对中国的事情应该相对地更加了解，其实却不然。特别是对中国事物所做的学术研究，我国远远比不上欧洲诸国。这实在是既令人遗憾又令人汗颜。

常盘大定君从他研究学问的观点出发，认为十分有必要对中国的佛教史迹进行探究。此前的第一次研究之旅，虽然所费时日不多，但在学术上做出了很大贡献。我听常盘君讲述他的旅行时，手心里不禁捏着一把汗。他的旅行可谓大胆而冒险，闯入危险区域，夜以继日地忘我工作。他说他有佛祖庇护，所以丝毫未曾介意。而我则反复劝他，不管你有多么坚定的信念和佛祖的庇护，第二次研究之旅也绝不能再像第一次那样去冒险了。常盘君对此项事业实在是热心非常，无以言表。

本书是常盘君第二次研究之旅的成果。常盘君因自己的衷心意愿得以实现，对冒险的行程甚至抱有一种向往，他以常人难以想象的热情完成了踏察研究。本书的价值仅此一点就足以说明。我前面也已提过，欧洲学者的中国研究的确都非常出色，但那是很多人花费了大量的金钱和时间才取得的成果，而常盘君却是只身一人，仅仅靠被他热情所感动的有限出资，并因资金有限，不得不在短期内来完成此项事业，所以难以拿来和英法德学者的中国研究做比较评价。搞研究固然是需要经费、需要时间的，但最重要的是研究者是否有研究能力和热情。在这一点上，常盘君绝不亚于欧洲的学者。我深切希望常盘君第三次、第四次的中国研究之旅能够得到有志者物质上的援助。如果这项有意义的研究能够成功，将是我国文化领域屈指可数的骄傲，此项研究也将得以为继。

大正[1]十一年九月
泽柳政太郎

---

[1] 大正元年为1912年。——译者注（以下均为译者注）

序二

常盘君长年研究中国佛教史，素以笃学著称。去岁云游中国探访佛教史遗迹，涉及儒道两教。旅行时日不多，跋涉范围亦不甚广，但其探求成果实为可观。平素的文献研究会给实地考察带来光明的道理虽毋庸赘言，但观常盘君之探求态度，所怀抱之信念无一不光照车前，冥冥之中引他达到目的，令吾辈感叹不已。此次启明会作为后援，常盘君实现了第二次研究旅行，收获颇多，虽前后跋涉地域历经数省，但于禹域[1]之国的广袤仍不过是九牛一毛。吾辈切望常盘君的踏察能够持续，能早日见到足涉全域的结果。今值第二次研究旅行记事公开之际，聊陈所感，仅代序文云尔。

大正十一年九月二十日

服部宇之吉

---

[1] 指中国。古代传说禹平水土，划分九州，指定各山、大川为各州疆界。后世因称中国为禹域。

序三

佛教史是古代东洋文化研究中的重要一环,而佛教史研究中有关中国的部分不仅繁多且不明之处亦甚多。特别因史实与现在的地理史迹之关系,可分明之处极为稀少。常盘大定大师是佛教史的研究者,尤其是研究中国佛教史的权威。大师认为实地考察极为重要,去年到中国寻访有关佛教史迹,发表了《访古贤之迹》一书。然而大师并不因此满足,而是认为应该继续调查并于去秋今春获本会援助,再赴中国佛教史迹踏察之途。所到地区有山东、河北、河南、湖南、江苏诸省,新发现的重要史迹何止一二,所收之中拓本照片众多,不乏为珍贵的研究资料。本会于今春四月与东京帝国大学文学部联合在该校举办了大师的踏察报告会,开办了所集资料展示会。本书即是踏察经过及成果的详述,并附上报告会的讲演及提交给本会的报告书。相信本书无论是在研究佛教史专业上还是在一般中国研究领域中都是上好的资料。值本书出版之际,聊表所感以示愉悦之情。

大正十一年九月二十三日
财团法人启明会理事长
平山成信

自序

本书题为《中国佛教史迹》，是去年发表的《访古贤之迹》一书的续篇，总汇了从去年九月起至今年二月的大约半年时间里赴华调查的纪行、感想、介绍及研究内容等。归来之后的四五个月间，一直夜以继日地忙于拓片整理，但随日月流逝，鲜明之印象次第淡去，不得不逐条对照全行程的记录。上一次因为是初次探访，对所遇所见无一不感兴趣，只要是见到的都一一费了相当的笔墨。这一次则为了避免与上一次重复，尽量节省笔墨，所以虽然调查时日多于上次，所经区域广于上次，但页数并不很多。

开篇的《再访古贤之迹》和《续访古贤之迹》两文是当时给东京朝日新闻的通信，后面的《踏察报告》是提交给启明会的。《续访古贤之迹》里收录了一些在《中国佛教史迹》连载中没有提及的事情，因根据此文可以了解行程的大概轮廓，所以征得该新闻社的谅解也收入此册之中。《踏察报告》是有关拓本方面的，大部分都不与前面的文章重复。

照片版中的山东、河南部分，多由关野、塚本两位博士的作品复制而来。既然已有先辈的优秀作品，我就没有必要去重复，因此没有再行拍摄。山东省的详尽踏察图是承蒙青岛的大宫权平君寄赠的，这完全在我的预料之外。本书特请为实现调查之旅给予了特别援助的诸位先生作序，如果说本书多少有些收获的话，完全是诸位先生尽力的结果。本人在此向东京帝国大学、启明会以及诸位先生表示衷心的敬意。

大正十一年九月

著者

前言

中华民族是世界的一个谜。这个民族曾被喻为沉睡的狮子，又一度被看作已经死掉的狮子。可是，这个民族是真的正在沉睡，还是已经死去，我个人认为，这不应该用五十年一百年的时间单位来断定。我之所以这么说，是因为这个民族饱含各种矛盾，不易触到其真实面目。它既妄自尊大、排外偏执，又博大包容、崇尚和平，一方面投机取巧、谋权钻营，另一方面却又勤俭耐劳、自由放任，既有功利精明之时，也有阴损愚笨之处。一面极具个人色彩，另一面又缺乏人性观念。持之以恒从容不迫的不断努力使这个民族终为世界一方之雄，这在历史上已是不争的事实。所以，仅以现状论其将来之法断不可取。

在此我想重复一下以前在《访古贤之迹》一书中也说过的话。

我认为，中华民族的确是世界大国国民之一。我这里并不是指其国土广袤，国民众多，而是要说他们有自己的独立思想，有自己的艺术，有自己的特色文化。这一点上，他们可以和古印度、古希腊以及近世的德意志民族一起被称为世界的四大民族。不管现在的境况如何，这个大国的国民都不会永远地沉睡下去。

现在他们正在走向觉醒。一旦他们觉醒了，静静地站起身去寻访自国文明的遗迹，那时将会出现怎样的情景？千古文明会不会被荡然殆尽？

我曾经呼吁过，现在想更强烈地呼吁。

中国的古代文化正在遭受前所未有的破坏。我希望，现在，同文同种的日本人要伸出手来，尽可能地去理解、去研究、去整理那些古文化。那些古文化多含佛教经纬，我希望，佛教徒们伸出手来助上一臂之力。如果能够理解古代文化中贯串着的大乘佛教精神，我们东洋民族就应该能够敞开胸怀，握住对方的手。这是赋予日本人，尤其是佛教徒的使命。也许我的话会被认为只是在高谈阔论，但是，只要抱有一点点这样的希望之情即可。更何况已有陈胜、吴广之例在先，那就是一道光炎，谁也断定不了那道光不会在某一天燃成燎原大火。

最后把我的几个愿望写在下面。

我准备把四百余县分成三个区域，首先对全体进行初步的普查，然后对选出的重点区域开展详细调查。在进入详细调查之前，应该把力量倾注在哪一个地方，如果不做事先的摸底工作，恐怕方针路途都无法确定，只能盲目摸索，于时间、资金、精力等各方面都不够合理。

所谓的三个区域，一是跨湖南、江西、广东、福建、浙江各省的部分，二是跨湖北、四川、陕西、山西、河北各省的部分，三是跨山东、河南、安徽、江苏各省的部分。我在心中不断祈祷，希望我长期以来梦寐以求的出行就会在不久的将来得以实现。

此次踏察，大体上是在上述的三个区域中的第三区域进行的。我祈祷的"不久的将来"真的能够成为现实，这使我感慨万分。当然，愿望的实现都是仰仗诸多前辈的费心尽力。

我去年一月刚刚回国，九月就又再访，实在是觉得有些性急了。但是想尽快地走遍中国，从佛教史的角度踏察的强烈愿望在我心中由来甚久。仿制或收集来的拓片、照片等的整理工作，包括纪行、感想、介绍、研究等各方面的《访古贤之迹》一书的执笔工作，到五月末大致有了结果。进入六月，我把自己的愿望写出来并提交给了服部博士。因三上部长正在欧洲访问，文学部的事务工作由服部博士负责。博士马上向启明会的理事长平山成信氏咨询，所以有了平山氏的关照，又有了评议员泽柳博士的过问，理事鹤见氏的尽心。快到暑假时，启明会后援一事圆满解决。申请期间，上面提到的各位以及干事笠森学士付出了众多辛劳。泽柳博士于事情决定前后都谆谆告诫我说："千万不要蛮干。如果又像上一次那样盲目跃进，就不要指望启明会的后援。"

暑假期间，和例年一样回到家乡，八月末返回东京，《访古贤之迹》的出版工作接近尾声，事情颇多。为准备出行，十一月又回家乡参加踏察报告会，丝毫余暇也没有。十三日一大早去造访村山教授，报告经过，其后只要得到教授会的通过就可以出发了。从六月向服部教授提起此事到九月中旬出发的这一段时间里，有些事情也许记乱了顺序，也许欠缺了考虑，又是出版，又是出发准备，齐头并进，虽然我尽了自己的最大努力，但难免有不到之处，只有请有关的诸位先生宽恕。出发之际，有关野博士、南条先生、岛地、近角两位道兄，还有中山氏、宫田兄的同情，有竹野氏父子的热心，有辻、长井、松崎诸学士的好意，更有来自冈兄的对中国各地的介绍，对此，我唯有感谢。

在这里还必须要写的是，文学部负责事务工作的服部博士为使我调查顺利，特意开具了下面这封介绍信[1]：

中华民国各省官宪公览　此有东京帝国大学文学部讲师文学博士常盘大定君㊅　平

---

[1] 原文无标点，译文适当加入空格代之。

生研究佛教并道教两教　居然成一家　斯界夙推巨擘　去年为阐明东洋宗教史料起见　载书游于直隶山西安徽等诸省　到处探访二氏遗迹　洒扫先儒坟墓　跋涉甚力　今又将前往山东河南安徽江西浙江等诸省　仰所适各地官宪妥为保护　以便研究探访　则学界赖惠预表谢忱

　　信中所列言辞，自愧难当。但这是对外的介绍，我本人因有此信受益匪浅，此处特记，以向服部博士表示敬意。

　　仿照前例，附上地图和日记。所以首先是明了路途的顺序、进度和范围，然后在《再访古贤之迹》里刊载青岛至南岳的概观，随后以《中国佛教史迹》为题，记录从青岛至南岳之间的主要地点以及沩山以后的事例。这一次不似上一次的一气呵成，既有拓本整理之劳，又有因随时间流逝失去鲜明印象之处，更因不想重复上一次类似的事例，所以笔墨上有很多省略。所经区域虽广，但页数却不多。

　　踏察区域中，省略掉山东省的驼山和云门山，新加上了京兆的明陵和居庸关。河南省略去了巩县，新加上了宝山和龙门。略去湖北省黄梅和安徽省的池州，以湖南省的南岳和沩山代之。踏察行程得以照预定计划实施，但要记录如此之广的区域，上一次是把所有的途经之地一一记录，全部写出见闻。此次则不同上次，是先从神通寺、灵岩寺、柏林寺、宝山寺等重要的地点起的稿。但稿成之后，觉得有些断断续续，所以为连接各项之间又新加了几个短篇，还加了一些如山东的石窟、山东的寺观等概括性的章节。采用这种方法是为了避免与《再访古贤之迹》重复。

旅行经路地图

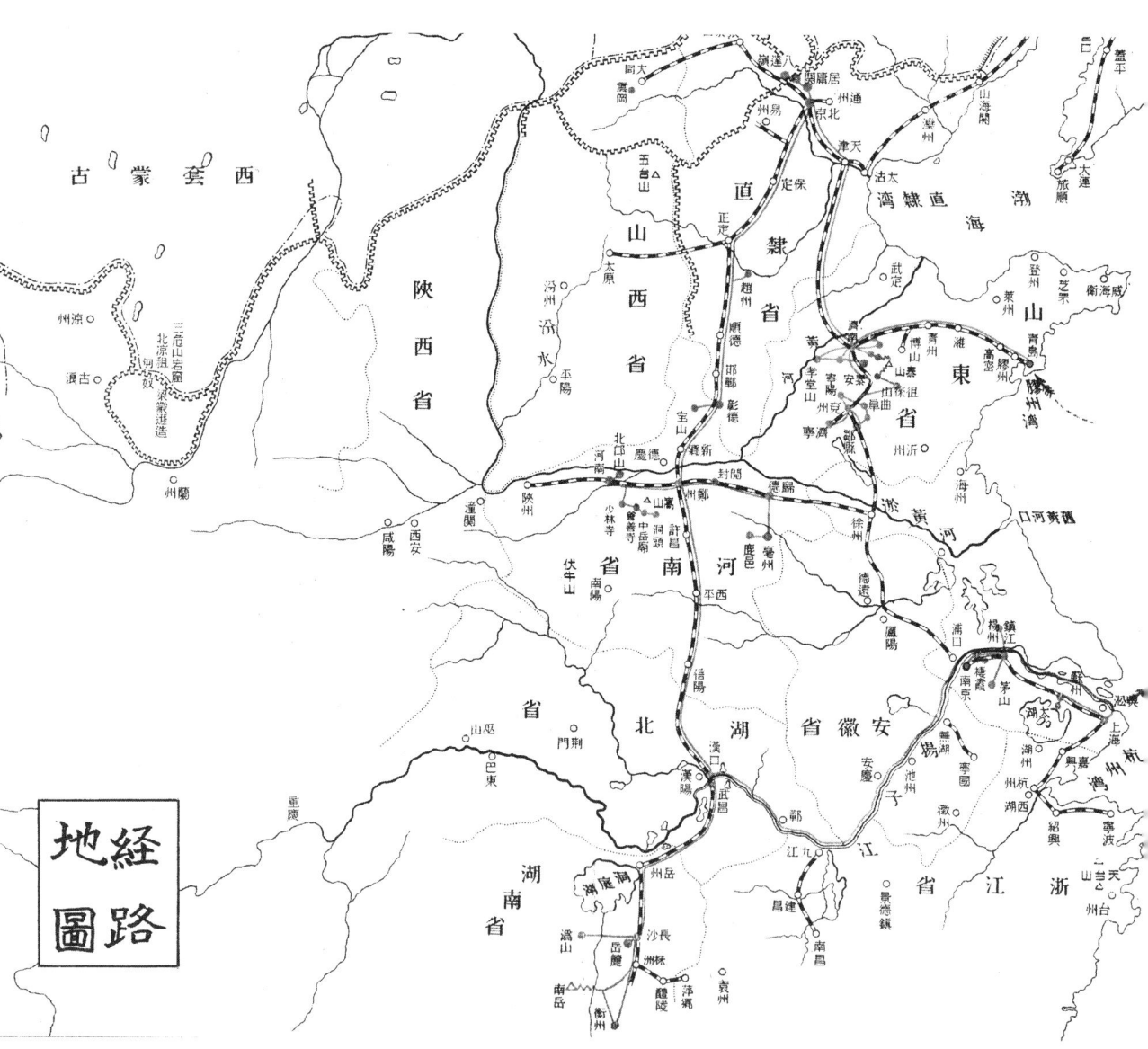

行程日志

大正十年九月

十四日,下午九点三十分,东京出发。

十八日,下午一点半,抵青岛。去天后宫、旭公园等一观。田中逸平君向导。

十九日,晴。上午八点青岛出发。下午六点半到济南。去历下书院。

二十日,晴。访领事馆。在市内寻猎古书及拓片。

廿一日,晴。历观金石保存所、吕仙阁、长春庵。

廿二日,晴。徒步去东南方的千佛山兴国寺,越过历山,经黄石崖、开元寺,宿光村白云观。黄石崖有魏造像。千佛山、开元寺有隋唐造像。

廿三日,晴。历观佛峪般若寺、龙洞山寿圣寺的隋刻。下午六点返回济南。

廿四日,晴。访三井物产会社。

廿五日,晴。上午七点出发。用一独轮车,徒涉沙河,下午五点到翟家庄,宿。行程一百里。张文山向导。

廿六日,晴。翟家庄以西的路况很差。约二十里到孝堂山。与其重返翟家庄不如另寻歧路向五峰山,徒涉沙河,宿山下石窝。行程九十里。

廿七日,晴。五峰庙一观。寻莲华洞未果。向灵岩寺,自刘家庄起路更崎岖。徒涉沙河,至夜乃至。行程六十里,甚是辛苦。

廿八日,晴。巡观寺内的千佛殿、大雄殿、鲁班洞、辟支塔、法定塔、惠崇塔。之后攀登后面的方山,观看证明龛的唐代刻像。

廿九日,晴。上午略观历代墓塔。中午出发,至万德车站,乘车,晚十点返回济南。

三十日,晴。忙于准备泰山之行。

十月

一日，晴。雇挑夫，张文山向导，上午七点四十八分乘车。下午六点邹县车站下车，径直去拜揖南关的孟子庙，经南关外的三迁故址。宿市内。

二日，晴。历孟子墓、孟母墓，至曲阜，宿。行程七十五里。

三日，上午七点出发。从孔子庙、颜子庙、周公庙至孔林。直至宁阳县，宿。行程八十里。

四日，晴。至北门外二十里的伏山。归途向兖州城，至城北二十里铺，日落，宿观音庙。行程七十里。

五日，晴。早上六点出发。入兖州城，观兴隆寺址的十三重塔。下午三点乘车，至济宁府，观太白楼。一泊。

六日，晴。历观铁塔寺、文庙、普照寺、古礼拜寺等。无须去嘉祥县，踏归途。下午七点乘车。

七日，晴。凌晨四点到达大汶口。六点出发去徂徕山，徒涉汶河，经山阳庄、宫庄，至擦石峪隐仙观，宿。行程七十五里。

八日，晴。上午七点出发，行十五里，至大悲阁。登映佛岩，寻历代坟墓。至光化寺，薄暮中，拓署有王子椿之名的巨石。一泊。

九日，阴。至六逸故址、二圣观。归途经山阳庄，至茅茨庄，宿。行程四十五里。小雨。

十日，阴。早五点出发。经南望庄至北望庄。寻石徂徕的神道碑。徒涉汶水，至泰安府，宿。行程七十里。径直去嵩里山祠，归途参拜岱庙，访孙氏宅，观二贤祠。

十一日，晴。上午□点半出发，开始泰山之行。丰都庙、老君庙无游客。于斗母宫小憩，经石峪观金刚经，历伏虎庙、五松亭、关帝庙、碧霞元君祠、东岳庙等。下午两点，达绝顶玉皇庙，宿。行程五十里。

十二日，晴。观日出。上午七点出发，沿北路下山，经牛山口庄、刘家庄，夜至神通寺涌泉庵，投宿。行程九十里。

十三日，晴。上午八点，到神通寺址。不过是个无住持的小坊，但除龙虎塔、四门塔外还有很多砖塔、石塔，有千佛山的唐代造像。

十四日，晴。上午九点出发。经中宫镇到大阳沟庄。越过玉函山，观隋代石窟，踏月光返回济南。行程九十里。

十五日,晴。整理所收所制拓本。

十六日,细雨。忙于拓本付邮。

十七日,晴。今天本应赴青州,一切就绪,但因张文山病倒,转向北京。准备忙煞人也。乘夜行车出发。

十八日,阴。上午八点半到天津,换车。十二点半抵北京。入住渡边哲信君宅。晚上丸山幸一郎君来访。

十九日,阴。丸山君为伴,在琉璃厂寻猎古书。

二十日,晴。中午渡边、花田、藤井、斯波等诸君加本人举宴。晚在北京饭店承日野水、岩井、石川三君招待。

廿一日,晴。饭尾祯君为伴去隆福寺街寻猎古书。承大和俱乐部二十一日会招待。

廿二日。经饭尾祯君介绍,得樋口义麿君做向导,去白云观。

廿三日,晴。上午七点二十分乘车,南口下车。径直骑驴赴十三陵。往返七十里。

廿四日,晴。骑驴,经居庸关至八达岭。行程四十三里。青龙桥车站乘车,晚七点返回北京。

廿五日,晴。去公使馆领回护照,做南下准备。

廿六日,晴。上午十一点五十分京汉线发车,晚九点半抵石家庄。宿。

廿七日,晴。上午七点十二分发车,九点高邑县车站下车。直去赵州,得见赵州和尚遗址柏林寺,行程六十里。宿城内。

廿八日,晴。再去柏林寺。调查结束后返回。下午六点到高邑县车站,乘车,晚九点半回到石家庄。宿。

廿九日,晴。上午八点发车南下。晚十点抵郑州。入住法国饭店。十一点多访岛田万之助君。

三十日,晴。上午七点四十五分发车东行。十点抵开封府。历观铁塔寺、龙亭、教经衢街、清真寺碑、相国寺、繁塔寺。宿城内。

三十一日,晴。上午七点五十分发车,九点半回到郑州。十一点半列席岛田君宅举行的天长节祝贺会。与会者十五六名。下午宴会。晚承武林洋行日本人亲睦会招待。

十一月

一日,晴。上午九点五十分发车西行。赴洛阳,订寓所。

二日,晴。得居住洛阳的森长鹤鸣氏同行至龙门,宿。因欲得宾阳老君二洞拓本而行。

三日，晴。潜溪寺一观。渡河历观石窟寺、香山寺、白乐天墓。黄昏返回洛阳。

四日，晴。观东大寺、千祥寺存古阁。于城内古玩铺寻猎。

五日，晴。至北邙山。黄昏投宿。

六日，晴。上午七点半发车，偃师县下车。得森长氏同行赴嵩山。宿少室山少林寺。行程七十五里。

七日，晴。少林寺山内一观，拜初祖庵。

八日，晴。登对面的钵盂峰顶访二祖庵。下山寻历代坟墓。下午三点半再出发经永泰寺，至夜达会善寺，宿。行程通计四十里。

九日，晴。调查会善寺戒坛院址，拓本及夜。

十日，晴。拓本完成。上午十一点出发，经嵩岳寺至法王寺，宿。行程十五里。

十一日，晴。经嵩阳观入登封县。再过中岳庙，看太室石阙。经芦店至洞头，宿。行程五十五里。

十二日，晴。赴二里外的碑楼寺，拓刘碑。下午三点出发，经中岳，入夜进登封县，宿。行程四十里。

十三日，晴。赴十里铺途中到崇福宫，看启母石、开母庙石阙。过十里铺，看少室石阙。下午四点多，宿参驾店。行程通计四十里。

十四日，晴。早五点，未明既出，经吕庄至英房店。下午一点自偃师县乘车归洛阳。行程五十五里。

十五日，晴。去城内的古玩铺。整理拓本。

十六日，晴。为明天以后的行程准备忙碌。又去城里。

十七日，晴。中午时分乘车抵郑州，入住岛田氏宅。

十八日，阴。整理嵩阳及龙门的拓本。

十九日，阴。上午七点出发东行。下午一点半抵商丘县。驱轿车赴亳州。至七十里的坞墙集，宿。朱伙计为向导。

二十日，阴。凌晨三点出发，下午一点半抵六十里外的亳州。找到本间唐松氏去城内县衙。又去道德中宫，问老子庙，不明。雨。

廿一日，阴。上午十一点半出发，下午四点到鹿邑县。登老子升仙台。行程六十里。

廿二日，阴。上午九点出发，经十里铺的太清宫，黄昏返回亳州。宿城外。

廿三日，阴。凌晨四点半出发，行程一百二十里。下午六点抵归德府。宿北外门。三天来因罢工火车不开。

廿四日，阴。穿城内去南门外的开元寺址，拓颜真卿书八关斋报德记碑，及夜。

廿五日，晴。观城内衙门的神禹碑，寻东门外的灵台寺址，不得。过文雅台。

廿六日，晴。上午八点出发至十五里外的商丘县车站附近，宿。等待火车开通。

廿七日，晴。未明汽笛鸣响。上午七点半发车，下午两点返回郑州。

廿八日，晴。早六点十分发车北行。十一点五十分汤阴县下车。知宝山位置。下午两点半发车，再北行至彰德府。宿。

廿九日，晴。上午七点半乘轿车西行。自水冶县始徒步，经西龙山，黄昏达宝山寺。行程七十五里。

三十日，晴。去灵裕塔至前峰顶上的塔。下山去大住窟。整日制拓本。

十二月

一日，晴。又去大住窟以及大留窟，拓灵裕塔碑、庭碑等。及夜。

二日，晴。归途另取别路，徒步，经天禧镇，越龙山，返回相距六十里左右的彰德府，宿。

三日，晴。驱轿车至东北方向十七里的韩陵山定国寺。归来观城内的天宁寺。下午四点发车，半夜返回郑州。

四日，晴。上午七点半发车西行。至洛阳。

五日，阴。在城内活动。

六日，晴。去北邙山。

七日，晴。在城内活动。

八日，晴。乘车东行。返回郑州。访某佛教人士。

九日，晴。得小闲，看开元寺塔。乘夜行火车南下。一行举行告别宴会。

十日，晴。下午三点半抵汉口。顺访田中哲岩君。晚，田中君为一行设宴接风。

十一日，阴。上午访领事馆。晚于日本人俱乐部讲演。

十二日、十三日，阴。滞汉口，发送货物，烦中村、栗本、川副诸氏尽力。

十四日，晴。滞汉口。邮送拓本。

十五日，晴。滞汉口。于燕月楼会汉口友人。

十六日，小雨。滞汉口。

十七日，晴。滞汉口。承前田元一郎氏接待。

十八日，晴。田中君作向导赴武昌洪山。过张之洞故居。晚出席万国春的中东帝大恳亲会。

十九日，晴。下午三点半出发，乘武昌发夜行车赴长沙。承中村英二君好意，得向导龚罗生。

二十日，晴、雨。下午抵长沙。直接去日丰洋行，得甲斐龙一、古川与八两君陪同访道香和尚，得南岳之行通融。

廿一日，阴。上午访永光和尚，得沩山之行通融。访领事馆。

廿二日，晴。甲斐君作向导去岳麓书院。归后，于日本人俱乐部讲演。晚出席日本人亲睦会。

廿三日，阴。去贾谊祠、曾国藩祠。寻猎古书。

廿四日，阴。踏上南岳行途。下火车后仍在城内寻猎古书。

廿五日，阴。上午十点发车南行。株洲下车，换乘轿子赴南岳，行三十里宿于小雷公塘玄帝庙。

廿六日，阴。行八十三里宿白石铺。

廿七日，阴。下午四点，行八十里抵祝圣寺。宿。

廿八日，雨。观览岳庙、万寿寺。

廿九日，晴。开始登山，达南台寺后下行至石头塔，继而上行，经慧思的三生塔、一生岩，宿于天柱峰下的福严寺。通计行程二十五里。

三十日，浓雾。经磨镜台、怀让塔、铁佛寺、丹霞寺、南天门，达祝融峰上封寺。夜返回祝圣寺。通计四十五里。

三十一日，小雨。上午八点东南行赴衡州。行七十里宿樟木市。

大正十一年一月

一日，小雨。早六点出发，行二十里入衡州府。寻石鼓书院及廉溪祠址。宿书院附近。

二日，雨。上午十点乘船下湘河。

三日、四日，下雨。因北风之故船行缓慢。

五日，阴。上午十一点抵株洲。立即乘车，下午四点返回长沙。

六日，晴。上午访领事馆。下午涉猎书肆。

七日，晴。下午四点出席一枝香日中亲睦会并讲演。池永领事设宴招待。

八日，小雨。上午七点出发，督促轿子西行赴沩山。黄昏，入距一百里左右的宁乡县佛教会，补蕉和尚热情欢迎。

九日，小雨。得问道和尚向导，上午八点乘轿出发，下午四点，行七十里入回龙山白云寺。

十日，阴。谢向导。早六点半轿子出发，下午五点半，行九十里入沩山同庆寺。

十一日，晴。经裴公庵、回心桥至沩山密印寺，观石龙枧。归途经过端山的裴公墓，黄昏返回同庆寺。通计五十里。

十二日，阴。踏上归途。行九十里，下午五点抵玉堂桥。宿。

十三日，小雨。早六点半出发，过宁乡县佛教会，行六十五里宿夏落铺。夜雪，极冷。

十四日，细雨。冰霜遍野。下午六点返回长沙。行程八十五里。甚冷。

十五日，阴。甲斐君特为我举行告别宴，池永领事、辻野邮局局长出席。极冷。

十六日，雪。历访上林寺、交涉局、省长厅等。满目冰雪，美不胜收。担心降雪造成部分地区火车不通，原计划今日的出发延期。入夜雪更猛。

十七日，积雪五六寸。下午五点发车。

十八日，经过十个多小时，下午六点车抵武昌，是夜返回汉口。

十九日，晴。因降雪往来不便。晚八点乘船沿江而下。

二十日，晴。上午八点，从黄州赤壁前经过。夜抵九江。因浓雾停泊。上岸，访领事馆、大元洋行。

廿一日，晴。船中。

廿二日，阴。下午五点抵镇江。入一二洋行。

廿三日，阴。下午乘车赴南京，入一二洋行。晚冒雨寻猎古书。

廿四日，阴。八束邦喜君向导，观清凉山、金陵图书馆。道路泥泞往来不便。

廿五日，阴。寻猎古书。观贡院、秦淮、夫子庙等。

廿六日，细雨。甚冷。八束君作同伴至栖霞山。夜返镇江。

廿七日，阴。片山哲君作向导，上午十一点半乘船。下午三点半抵扬州。寻猎古书后入高洲大助氏宅。

廿八日，雨。今天是阴历元旦。高洲氏向导至天宁寺，经过史公祠、董公祠。

廿九日，阴雨转晴。上午十点半乘船，经湖心寺、五亭桥、法海塔寺、观音山寺至平山堂、法净寺。黄昏返回住处。

三十日，晴。历观盐务局、谢公祠、旌忠寺，下午三点乘船返回镇江。

三十一日，阴。得高木信行君向导，泥泞路上数轿成列行向茅山。至八里处丁阁镇宿。暮后雪，积厚五六寸。

二月

一日，降雪不止。踏积雪行轿。下午四点抵茅山镇。步行至第一茅峰九宵宫，入怡云院。行程四十三里。

二日，浓雾，咫尺不见物。下山，从无梁殿经华阳洞、元符宫，踏积雪至第二茅峰德祐观。下山至乾元观，有号称陶隐居亲手栽种的木莲。一日行程仅二十五里。

三日，阴。离开茅山，踏泥泞行四十里，抵丁阁镇。

四日，晴。下午六点返回镇江。

五日，晴。滞镇江。晚上高须鹤松、高木、山下等设宴招待一行。

六日，晴。傍晚乘船。

七日，晴。傍晚抵上海。顺访长等神立君。

八日，晴。得桑原润次郎君向导至白云观、龙华寺。

九日，晴。乘车去苏州。桑原君、久米贡君向导。骑驴历观城外的虎丘云岩寺、寒山寺、戒幢律寺，城内的北寺、元妙观、双塔寺。

十日，晴。骑驴至天平山、灵岩山，朝瑞光寺方向归。遇阵雨，放弃计划转去车站，乘夜行车返回上海。

十一日，晴。寻猎古书。长等君设宴。

十二日、十三日，晴。滞上海。整理照片，忙于归国准备。长等君作向导去新公园。

十四日，晴。正午乘车踏上归途。

十九日。中午十二点半到达东京车站。

再访古贤之迹

写在出发之前

一

　　佛教的理想,当时是要改造印度,其次改造中国,进而改造日本。佛教对于东洋文化的功绩多数在于,不管是哪一种文化现象还是哪一种主义精神,其中都有佛教的渗入。如果从东洋文化中抽去佛教,恐怕就会所剩无几。佛教的理想和信仰蓬勃兴旺时的东洋,看不到因民族不同而出现的龃龉,方圆上下左右都环罩在法幢之光下,诺守着平等同时发挥着各自的不同。但是,正像一个守着将倾大厦的名士之家的老人,动辄会拿出祖宗的功名吹嘘,从而获取一点点快乐。这绝不是吾辈的本意。我相信,能够真正为人类带来和平的指导原理,必须要包含在以佛教为代表的东洋精神之中。至少东洋的各民族要超越民族间的差异,真正从心底里能够相互沟通的媒介,无论从精神方面还是从历史方面,如果离开佛教的理想和信仰,则别无可求。

　　被佛教重新教化的印度和日本,现在没有问题。但于唐宋时代共同完成了修行的当时的新中国是怎样、又是通过何人来具体实现的?对那些通过典籍调查得到的有关资料,我长期以来一直期盼着自己能够在现实得以亲见。去年有幸开了一次踏察的先河,但那就好像是面前置有万斛却只能饮其中一滴之感。对那么广袤的四百余州土地,跋涉所到之处正如文字所表现的,不过是九牛一毛而已。愿望的干柴上好像被浇上了油燃起了火,而且火越燃越旺。现得到启明会的同情,使我能够在此踏上古贤们的足迹,实在是幸甚之至。借此机会,想就佛教与中国文化的交流一题简略陈述一些自己的浅见。

　　中国佛教史十分简洁地划分为传译、研究、建设、统一、继承五个时期。自东汉经三国、西晋到东晋末为传译时期。这一时期的佛教或被视为与黄老同道,或者被认为是老庄思想的翻版,还不能认作就是佛教本身。因此佛教还未能发挥出其作为指导原理的生机勃勃的作用。当时，作为形式主义儒教的反动，老庄流派的清谈代表了时代的潮流，佛教徒们也未能幸免。隐遁式的游戏情趣和其生活方式的放任是清谈者们的弊端。从这类流派之中完全看不到光明。接着，中国历史上大变动的时期到来了。在称为五胡十六国之乱的动乱之地有了胡汉民族的接触，同时以此为契机，印度和中国的两种文化也进入了真挚接触的境界。可以说，这是一个关系到汉民族死活的时期。不愧是大国民汉族，面对此等难关，终于于万死之中求得一生。就是这一生之路改变了以往的文化。东晋末期正是中国文化转变的时期，从这个时期开始经历了南北朝，最终完成了隋唐宋新文化。对此，东晋末期的胡民族文化有不容忽略的功绩。前后两赵时的佛图澄、苻坚时的道安、后秦时的鸠摩罗什，他们都在新文化中发现了指导原理并要将国家的基础放置于新理想之上。两赵时期恐怕很多尚属迷信分子，但僧界内第一次进行了淘汰，第一次向朝鲜派出了传道僧，派出十万大军前往襄阳迎接道安，又派出六万大军迢迢万里去西域接回鸠摩罗什。苻坚的这些努力，有他的真挚，也有他的紧迫。苻坚之后的姚兴，继承苻坚之志，为了能够迎接已在凉州居住了十四年之久的鸠摩罗什，付出了与苻坚相同程度的努力和牺牲。姚兴著有关于"三世"的论文，有对"一切空"的见解，还有和同族姚嵩关于"无为至极"的论争。此外姚兴还亲临鸠摩罗什那个秀才云集的翻译现场当了一个校对员。姚兴正是有了这种理解和热情，才有了对新思想的洞察，才有了与新信仰的共鸣。前后两秦作为国家的寿命都不长，但是，想必二者对于自己在中国文明的转化运动中所起到的重要作用一定都感到了极大的满足。鸠摩罗什和道安的弟子庐山慧远是这个转换时期的两个伟人。

二

鸠摩罗什所译的经卷，即使在今天也仍然是佛教界的权威。其翻译的畅达程度恐怕无人能出其右。仰慕鸠摩罗什的庐山慧远凭借自己的人格，向追随老庄流派风潮而已流于隐遁情趣的佛教注入了实践、活动型的精神。可以说，真正意义上的佛教是从庐山慧远开始的。由于这两大伟人的尽力，佛教史得以进入第二阶段即研究时期。

南北朝时，处于研究时期的佛教具有充分的活力。受其影响，道教也出现了一些杰出人物。首先需要注意的是，北魏太武帝实施了过激的废佛事件。虽然为一时的反动，但我们必须了解在这种反动的背后存在着满天下几乎都变成了追随新文化的奴隶的事实。正在中岳修道的道士寇谦之认为不能不阻止这种风潮，于是给迷信的道教加上新的戒律，使其具备了作为宗教的形式，又注入了清新的精神，并通过司徒崔浩说动武帝，终于达到了在魏境内废除佛寺的目的。本来道教是从东汉的三张发源，而三张本身又是从佛教得到的启示。但是，当时已经出现了老子浮屠说，把佛教和道教等同而视，二者的特质并未判明。时至西晋，僧人白法祖对二者之异做出了明确的区分，并攻击道教之非，事情由此而起，道士王符也写成了一本《老子化胡经》。从那以后，两教之间孰先孰后、孰优孰劣的论争爆发，并成了历史上一直难以解决的纠纷。北魏的寇谦之没有停留在先后优劣的论争之上，而是把鸠摩罗什翻译的戒律活用于属于自己的道教教界，进而发展成王侯亦可应用的宗教，也曾一度顺利地实施了废佛之举，但是仅仅靠从外部施加压力并未能把佛教灭除。

武帝夭折之后，文成帝继之登上帝位。佛教以成倍的势头卷土重来，并因废佛得福，建起了有名的大同云冈石佛寺。如果没有那一次废佛，现在这座在中国佛教史上千古大放异彩的石佛寺也不可能得以兴建。石佛寺的伟大之处就在于它是废佛甚烈的见证，同时它也证明，宗教只要有内在的生力，就不会被任何来自外部的压迫所动摇，反之还能以更大的能量再次复活。

北方之地经常存在要使国家统一的需要，所以北魏废佛的背后应该说存在着想利用道教作为统一基础的意图。果然，这个时期最后一个落幕的北周的武帝继承了这个意图。他为了建立一个稳定安泰的国家，首先着手解决思想统一的问题，以他壮年的坚定意志，大胆地用以老庄思想为中枢的道教观念统一了三教，并尝试道化人生的一切。于形式上废了佛道两教，却又置通道观以实现自己的精神理想，为此佛教教会又一次遭到毁弃。但这时的佛教教会与北魏时期相比更加充实了，所以非但没有灭亡，反而以比北魏时更强劲的力量得以恢复。第二次的武帝废佛，不仅没能使佛教灭亡，相反却促进了佛教的蓬勃复兴。在这一点上不得不说两位武帝所做的努力最后是以失败告终的。隋代的佛教经过北周废佛洗礼而得以蓬勃复兴，成了中国佛教史上的精华。当时的中心人物都是经过废佛洗礼而被灵化了的人物。另外京兆房山县的石经虽然不能与人物的灵化并论，却是废佛事件的附属产物。把大藏经刻在岩石上使之流芳百世，如此的宏愿竟是源于那样一个惨烈的原因，如此的宏愿背后竟会有那样惨烈的事件存在。没有那个事件也就不会有如此的宏愿产生。与云冈的石佛寺是北魏废佛的证据一样，房山的石经就是北周废佛的证据。而且这一石经不是一朝一夕就能够完成的，它是从隋代开始经过唐代一直到辽代，经过数百年不断努力的结果。

三

周武帝的法难，甚至逼出了以绝食、割心等形式来殉教的伟大僧人，实在令人惊骇令人激愤。而受到了那些伴有残酷生死事件的启示从而唤起了自己内心觉醒的学者们，实际上都成了隋唐时代佛教的建设者。在政治上完成了南北统一伟业的隋代，不久开始了宗教上的南北整理并从此发展成了一种组织，如天台大师，就是其中的代表人物。而随着这个建设时代出现的重要事件是世亲法门的传入。龙树法门是鸠摩罗什的传译所，从南北朝初期时开始向各处普及，在摒弃偏执、培养论理性头脑方面取得了伟大的成就。但在了解自我、认知生命的命题方面则肯定会有一种空漠之感。经过龙树法门锻炼的心灵，遇到世亲法门阿赖耶识说传来的事实，就像是久旱之渴得到了滋润。最初是后魏的菩提流支，接着是陈朝真谛之传的"地""摄""唯识""起信""净土"等诸论使教界的色彩为之一变。特别是禅宗、净土中生存的鲜活生灵更为活跃。建立了隋代的人其实就是这些鲜活生灵的所有者。这些生灵不仅没有屈服于周武的法难，反而光辉倍增，进而整理了南北的宗教，建立了中国佛教史上的精华组织。当时，禅宗的慧可为维护惨遭废除的佛法而竭力，地论的慧远与武帝谔谔争辩，摄论的云迁不堪还俗之苦而避祸江南，天台的智𫖮于法难之年离开建康远赴天台山，这些事实足以证明当时法难的残酷。以上的诸位都是佛教教理史上的重要人物。

其后的唐代，由智首创建基础、道宣成就的律宗，由道绰开拓地盘、善导树立的净土宗，由法朗成立、击藏完善的三论宗，由新近归国的玄奘传播的唯识宗，由智俨组织、法藏完成的华严宗，由神秀慧能在南北两地筑起不动根基的禅宗，这些都是时至唐代中叶兴起的。玄宗时代是中国佛教教理史上的黄金时代，其后几乎再没有什么发展了。恐怕这个时代是中国文化最光荣的时代。这种文化实际上是印度中国两大文明接触的结果，其渊源可以远溯到东汉，准确说东晋末年应该是这一光荣的新文化的起点。

唐初的思想界与印度相比不但不逊色，而且几乎发展到了能够雁行[1]的程度。玄奘三藏在天竺求法期间，与其有过论争的学者最终无一不为三藏的深远学识所折服，甘居下座以示尊重。即使置此不提，在本土印度，师傅戒贤作为例外，其他所有的人都败在三藏的雄辩面前。从南印度的小乘教的学徒到那烂陀寺的大乘教学者前来挑战时，戒贤在弟子中选出四个学者，最少壮的就是玄奘。不仅如此，当其他三个人不知所措时，唯独玄奘泰然处之并敢于请命担纲。后来因三藏要求与师子光就其学说展开辩论，师子光不了应战并离开那烂陀寺去了大菩提寺。这个师子光是戒贤选出的四人中最优秀的。这也证明了中国的思想界不仅不比印度逊色，而且完全达到了能够齐头并行的水平。由此可见唐代中叶的佛教界已经进步到了不用指望从印度吸取新要素的程度。从印度得不到新要素，又于内部具备了发展的组织能力，必然就会朝着这个方向转化，即向整理、组织、建设方面集中力量，并以此来向体现自身的方向努力。理论的终极之处就是向现实问题的转化。恰在此时遭遇了武宗的废佛。魏武的法难促发了研究的时代，周武的法难成了组织时代的缘起，同样，唐武的法难造成了实行统一的机运，这不能不说是一种奇缘。

---

1 并驾齐驱之意。

四

由于唐武的废佛，堪称绚丽灿烂的教界精华难免一时呈现出枯死状态。而这个时代独自超然于废佛影响之外的是禅宗，并且摆脱了文字这一羁绊，把正要进入践行期的佛教作为自己的独占，根据观察自己的心灵来考虑是否掺入佛心的是禅家。摒弃文字一事，对不立文字、教外别传的禅家来说非但没有成为障碍，反而因此获得了发挥直指人心、见性成佛这一宗义的机会。而其他宗派经过苦心惨淡的努力，刚刚才得到一些恢复，不久就又遭遇了后周世宗的废佛。为此，天下渐渐地就成了禅宗的独树一帜。五家即临济、沩仰、云门、曹洞、法眼五宗，都是唐末至五代的动乱时期成立的。另外像马祖、百丈、黄檗、临济、德山、沩山、仰山、洞山、曹山等，禅门不出世的伟大僧人悉数都是这个时代诞生的。教界似乎就应该被禅家独占。这个时代的教宗没有值得提及的人物。也难怪，典籍已散佚，想搞学问也得不到应有的资料。

五代晚期，吴越王钱氏为恢复锐志佛典而致力，其力甚至远及朝鲜和日本。当时，就连天台山的《法华玄义》都失佚，以致要到四百余州去搜寻，足以表明教界出现了怎样的严冬枯景。在中国这个大国里，石窟寺、石经等大规模的东西多得令我邦之人难以想象。而动乱之后的惨状也完全超出我日本人想象的范围。当时由于吴越王家的努力，到了赵宋初期，敕令雕刻大藏经，首先具备了佛典，然后又次第走上了恢复的轨道。恰逢此时，儒教徒以及儒教主义人士在思想方面以朝野呼应的态势掀起了排佛的声浪。魏周的两次废佛，不仅没有给佛学界带来损失，反而带来了成倍速复活的机会。在唐、周两次废佛给佛学界带来几乎是致命打击的同时，思想上的排佛对佛教来讲也是一个非常事件。佛教在中国思想界的权威失坠正是源于此时。排佛声浪朝暮充耳，再看佛教界，仅剩下不立文字的禅宗一家，匮乏从思想领域到能进行抗衡的人才。只有契嵩的《辅教篇》还算小有名气，但究其内容则与刘宋初期的《理惑论》颇为相近。

在思想方面，到底是不能和隋唐相比，但是在修道体验方面，自唐末至宋，值得王侯仰为师表的禅僧辈出。某宰相说："弟子是否应该出家？"僧人答道："出家为大丈夫所为，非宰相之分。"儒生们亦叹儒门寂寞，某儒生叹曰："儒门中何故无人？"另一儒生则答："并非无人，出孔孟之上者辈出。"问："此为何许人也？"答曰："皆甚轻儒门，难与世人为伍而远遁僧界之士。曰云门，曰严头，余多如此。"由此可知当时有气魄的禅师确实不少。而且禅师们已在内心将老庄与佛教融和，又在寺门的戒律仪礼中融入了儒教视为终极点的礼乐，所以禅宗才正是三教之统一体，才是中国佛教的结晶。正因为是自禅宗而来得以成立的纯中国佛教，所以宋代的禅宗流行才会超出预想，从而形成了不具禅机禅风之人便无谈禅资格的风气。这从西湖舟中与东坡的几句问答就能使十八妙龄红颜琴操当夜落发为尼的事中可见一斑。更何况为人师表的大儒。周子、程子、朱子、陆子都在静坐，于静坐内观中产生的新儒教即所谓的宋儒，在其组织中巧妙地摄取了佛教的教理。

五

宋儒身体力行地静坐，并巧妙地把佛教教理翻译成儒教本来的用语，几乎是料理得没留下任何佛教的痕迹。与其说是通过其组织系统，不如说是通过自身的实践认识了这个新形式的价值。不管资料来自何处，只要是引进自身并加以改造从而使之演变成新形式，就应该承认是那个人的独创。一个一个地分析，一个一个地溯本清源，即使留下的东西不多，也不能诋毁并减弱那个人的实践能力和组织的力量。当时，作为禅家的金科玉律，"经"不过只有"楞严"和"维摩"，"论"不过只是"起信"之类而已。"唯识论"等或许因为太麻烦而无人问津。然而，自周子经明道至陆子系统的思想中存有"起信论"的影子，自张子经伊川至朱子的思想中存有"唯识论"的影子。对陆子一方思想有所共鸣的禅师似乎未能对朱子思想有更深的理解。"唯识论"真如赖耶的关系基本上原封不动地成了朱子理气的关系，可以说如果没有"唯识论"，朱子学说就不可能成立。但是当时的教界似乎连辨别如此事情的学力都十分欠缺。于是乎，对于来自张子、程子、朱子的堂堂宣战式的攻击，没有人能以对等的地位进行回应。正因为如此，南北朝以来很长一段时间在思想界独行的佛教，不得不让位于新儒教，并渐渐远离了思想界。排佛的论难之中，虽浅薄但打击最为沉重的是"不弃佛门一法的佛教徒不知缘何取用违背伦常的生活"。于是，看上去理应在戒律礼仪上与儒教调和的佛教，竟然与老庄思想完全调和，却最终没能与儒教取得完全的调和。换句话说，纵贯整个中国佛教史，印度文明和中国文明归根结底仍分别为两大潮流。

回顾一下三国时代的康僧铠，他认为佛儒之间不存在乖离，试图以儒浅佛深来调和两教。这大概是议论儒佛关系的最早尝试。东晋末的慧远讲解儒典时阐述出自己独特见解，当时在场侍讲的雷次宗于刘宋代时被聘为国学，一面秉承慧远之说，一面却又在论述中标出"雷氏云"，以致遭到同学宗炳的抨击。同时代的谢灵运高调宣扬佛为渐教，儒为顿教，齐的范缜反对"灵魂不灭论"。各朝各代佛儒之间都有一些小论争，但倡导调和的主张没有能超过刘宋初期"理惑论"的，佛教徒对儒教的评论则没有能超过吉藏"三论玄义"的。当时没有人能够应对吉藏的深刻批评，但后来的韩退之却以异常之势高唱排佛之调，其理由本身并无价值，只是其气魄形成了一股潮流直至赵宋，为作为敌对思想进行反击的新儒所用，从而使佛教在思想界遭到了不应出现的沉重打击，到了明代虽然稍稍有所恢复，但又未能出现可与王阳明匹敌的人才，直至清代也毫无动静。学问方面成了朱子学派的一家独尊，佛教徒们远遁到听不到排佛之声的山间寺门，完全失去了与社会的交往。自元代以后，对于佛教而言始终是持续退化的时代。

于此佛教退化的时代，道教又是何种状况呢？从金到元代之间一种新道教得以形成。这就是由王重阳倡导，马丹阳继承，邱长春大成的全真教。全真教所期目标是头陀观行，即现身，不游法身无相之域，在绝对否认不死成仙的迷信方面是为道教史中少有的健全之处。当然，这是由禅宗改造成的道教，从佛教的角度来看，有前后无法相比的思想和精神。这些思想和精神多源于始祖王重阳个人的学力与人格之力，动摇政界，稳固教界，对当时不知所从的普通百姓则是至上的福音。其势力转瞬即风靡了整个北清[1]。这自然有元太祖保护的一层政事关系，但其中也不乏大成道教的邱长春的胆识以及其弟子宋披云初纂《道藏》的学力。在全真教获得地位的同时，以江南龙虎山为根据地蜗居四十余年之久的张天师也开始在社会上抛头露面，扩展其旗下的正一教势力，天下宗教渐次归于道教一家，以致佛教也非要多少实行一些道化不可。特别是清代以后，思想为儒教、宗教为道教的事实定格，更是大大地消减了佛教的社会生存价值。

六

胡汉两大民族、印度中国两大文明的接触，经过南北朝活跃的葛藤时期之后不久，创立了迄今为止中国历史上最为光荣的隋唐时代新文化。其间，虽有过企图抛弃自国文明，甚至表现出奴隶态势的时期，但是与自国文明相比，是对同等的或同等以上水平的其他文明并未形成固陋的结果。隋唐新文化既不固陋也不奴性，只是古代文明的转化而已。从赵宋时代的新儒教、金代的新道教方面观察，转化这一事实就十分明确了。转化之上成就的隋唐精华中，作为必然条件的是胡汉两大民族的接触。同时也不能忘记世界人类引以为荣的印度中国两大文明的接触。隋唐文化的根底里有理想，也有健全的信仰。共同的信仰和相同的理想使得全亚洲的民族得以超越国界，得到平安、自由和幸福。玄奘、义净的大旅行中，只存在他们对大法的理解，这就足以实现以一衣一钵按照自己的想法去阔步与研究。十五年或二十五年的游历肯定也可以感受到不限时日的爽快。

时代下行至南宋，契丹和金人之间有了接触，继而蒙古族的铁骑踏遍了四百余州。这又是胡汉两大民族的接触，但此时没有相应的两大文明的接触。此时汉民族的理想暂时地被破坏，只剩下了人类对动物性怪力的畏服。理想处于人力之下，那么无论国

---

[1] 今华北一带。

土有多么广大也会失去作为大国产生文化的资格。处于蒙古人支配下的中国，从版图上也许可以说是世界上独一无二的，但其文化价值既无法与隋唐时期的精华相比，也远不及赵宋时期。因为这个民族精神的根基里不存在理想和信仰。到了明代，自中叶以后，向古的理想和信仰逐渐恢复，但为时不久即又被满洲族人的铁血侵染，此时，理想被毁，人类不得不更要向动物性威力低头。仅靠人力难免在眼前的世界里只见钱币，只见权势，以致享乐成了人生的目的。在现代中国最为欠缺的恐怕就是始终如一的理想和健全的信仰吧。这不仅在中国，也是全世界面临文明转化时的共同缺陷。对此，我们不可期待隋唐时代能够再现，期待也是徒劳的。期待贯通于当时时代精神中的大理想、大信仰，期待东洋人基于自觉的生存，应该说这是一种不当的言辞。面对泰西文明的青年因为对自国状况的过度激愤而采取了完全奴隶式的态度，这也是可以理解的。因此，持有令世界人类引以自豪的先秦文化和隋唐文化的汉民族，归根结底不会奴性到底的，对自国历史产生自觉的一天一定会来到。事实上，在去年秋季访华之际就已经在各处听到了儒教复活之声，青年们忘我地奔走应该说是一种反动，一种对那种禁锢于古来习俗、不负责任地对他国文化不闻不问的固陋之徒仍然众多的现实的反动。发生在地球某一端的事情当天即可传到另一端的今天，那种固陋是时代的错误。同时，忘记自国而充当奴隶的做法既不可以也不可能，这一点也不应忽略。留下可取的只剩下转化这第三条路径，即：尽可能地给原有的文化提供资料，以寻求基于其上的转化。民族是不灭的，理想也是不灭的。无论现状如何，汉民族一定会有向古代理想觉醒的一天。可是，当那一天到来的时候再去探访古代文化之迹，年年残毁掉的遗迹遗物又会是何等状况呢？或者等同于唐末五代之乱以后的状态？渴求隋唐文化精华的我们，离开军事，离开政治，离开事业，唯独想为了文化而行踏勘的根本目的就在于此。

文学博士　常盘大定

续访古贤之迹

山东的一个月

去年的踏勘成绩以《访古贤之迹》为题出版了。当时在该书的最后写上了自己的愿望，但没有想到愿望能够如此之快地得以实现。我今年第二次前往中国进行佛教史迹调查，9月18日从青岛登陆之后，在山东停留了约一个月，之后自北京南下至赵州，自洛阳登嵩山，从归德府略加深入至老子的故里鹿邑县，又转至彰德府以西探宝山，现在来到了长沙。看起来似乎是专选土匪出没区域而行，但这绝对不是为了猎奇。所去之处都是被列为应予踏察的地点，一开始就已经选定的。这一次在北京期间也去了白云观，又稍稍远征去了明十三陵、居庸关，看了八达岭。之后南下赴郑州、开封府等处调查。以下择主要事项报之。

青岛登陆的那一天，利用下午四点以后的时间，由田中逸平君做向导，乘马车到朝日公园，并绕道浏览了主要街道。虽然只有短短的一会儿时间，但一路上，有德国的植树事业的痕迹，有德国唯一准许保存的寺庙天后宫，有德中两国国民给宫内老道士的颂德碑，有宫旁商家树立的拥戴德国碑，有德国人悄悄经营的李王宫殿，还有颇令当政德国人为难的德国人专用的怪异祭日坛等，令人感兴趣的景物实在是不少。特别是德国人一边亲切细致地努力植树造林，一边保存天后宫厚待老道士，吾人虽不能立即效仿，却也应作为他山之石用来参考。商家们之所以要建拥戴德国碑，除了德国人开发青岛带来的利益问题之外，还必须看到其心底感受到的一种情绪。即使定位为轻薄的追从行为，也应该解释为德国人在经营上的确有令中国人服从的财力和心力。真希望我邦也能如此经营，至少应该在五六处建上拥戴日本碑。

第二天十九日，一路直向济南府，并以此地为中心做三次远行，踏勘了山东省的主要遗址。从地图上看起来虽然很近，但由于山势地形的关系，行程必须要分三次进行。先在济南府观看了吕仙阁、长春宫、金石保管所三处，为搜猎画肆拓本费了两天时间仍觉不足。长春宫过于荒凉不免令人大为失望。半岛的道教遗址今年暂不考虑，时间用在江南方面，所以济南以东区域也随之放在日后。三次出行的第一次，踏勘了较近的东南方的千佛山、历山、黄石崖、开元寺、龙洞、佛峪，第二次去了稍远的孝堂山、五峰山、灵岩寺，第三次到了更远的邹县孟子庙、孟子墓、孟母墓，继而行至曲阜寻访了孔子庙、颜子庙、周公庙、孔林，再转向宁阳县至佛山，向南历观兖州城、济宁府，归途自大汶口至徂徕山，观王子椿的金刚经石刻，访竹溪六贤遗址，转而徒涉汶河，至泰安府，观酆都宫及岱庙，徒步登极泰山之顶，然后沿北路下山，参拜神通寺址千佛山，归途经玉函山返回济南府。此次山东之旅所经黄石崖、徂徕山等地尚未有过学者到访的足迹。对于所经之地，虽有很多事项想要报告，但目前尚无一一详述的余地，在此只能描述一个大概轮廓。

（记于归德府车站侧畔）

曹洞宗灵岩寺

历山相传是当年舜曾耕种过的地方，历史久远。千佛山半山腰处有个隋代建的小石窟，寺院内尽头是祭奠舜的重华祠。开元寺曾是撰写《六帖》的宋代文僧义楚的住处，现在已无人管理，有不少石窟，对面山上有宋代的大佛。佛峪和龙洞也有一些小规模的隋唐石窟。自古被称为儒道两教大本营的山东各处有如此之多的石窟，实在是令人惊叹。但更令人兴奋的是与历山山阴处和开元寺山体相连的黄石崖，这里有魏时的石窟，而且基本保持着原有的状态。为游历这些地方我大概花了两天时间，第一天从开元寺去佛峪，途中日暮住在一个叫光村的地方，现已成了小学校舍的白云观。第二天早上出发之前，在白云观内外转了一圈，对堂内的《老子七十二化身图》颇有一种感应。正在慨叹，一位老农放下手中的活计过来说还有一处庙宇，并热情地为一行人当起向导。沿溪前行，并无路径，心中难免担忧，此去离村甚远，向导热情可嘉，但万一是个没有什么价值的庙址，岂不白白浪费掉许多时间。不过结果令人喜出望外，老农带到的地方正是我们要去的佛峪。从光村到佛峪有八里之遥，老农本来完全没有必要如此，但一是高兴有远道来村诚心膜拜的外国人，二是为自村的古庙感到自豪，所以他竟带我们走了八里路。真是国土虽分东西，人心不隔彼此啊。

被誉为汉代画像石模范的孝堂山位于济南府西南一百二十里处，路况很差。从那里再向东南方九十五里前往五峰山的路况更差，可谓险恶。而五峰山向东南六十里去灵岩寺的沿途路况差得更是难以表述。虽说是因河水泛滥县道不通，致使我们选择的都是些支途小径，但路况也实在是太糟糕了。总体上说来，山东陡峭不毛之地颇多，到处顽石累累，民众之所以多用独轮车的原因就在于此。民众操作独轮车之法超乎想象地巧妙，管你是磴道还是堤坝沙河，只要是人能走的独轮车就能过。在此不毛之地兴起继而称霸天下的齐桓公，辅佐之功不没的管仲、鲍叔牙，伟绩皆应传颂千古。而让秦始皇英名万世流传的万里长城，正是在此齐鲁大地的城防基础之上建起来的。城防遗迹自黄河南岸直至泰山山阴一侧历历留存，折射着当年那些争夺霸业的情景人物。

泰山的灵岩寺是东晋僧朗的说法之地，在佛教史上颇为著名。但说起僧朗，知道的人似乎并不太多。僧朗是与道安同时代的人，论道德高尚则在长安的苻坚之上。灵岩寺自六朝时开始，跨越整个唐代，到了宋代更是隆盛之极，当时与天台的国清、荆州的玉泉、金陵的栖霞并称为天下四绝。去年松本博士、羽溪学士曾访问此地。这里真不愧是座古刹，竟然还有未曾被人留意之处。第一，辟支塔上清晰地保存着宋代建立的年代和捐献者们的姓名，可以登上第八层，塔内的佛像也原封不动地保存着。这种形式的塔为数不少，完全能够当作完整的标本。第二，塔后削凿的巨岩颈部处有一个名为证明龛的洞穴，里面有一尊大佛、两尊罗汉、两尊菩萨的石刻。很遗憾大佛的颜色是后来涂上去的，但两侧之物是原样。说是唐代之作似乎有些不大靠谱，但记录上写着是唐代之物。第三，巨塔林立的寺内墓地有一种难以名状的庄严。中心处有中兴开山的魏·法定之塔和造像，背后的高坡上有同是中兴开山的唐·惠崇之塔和造像。林立的墓塔多是元明时代之物，形式各具，其中还有一座宋代之物。种种迹象表明，寺门最为繁盛的时期应该是在宋代。可惜当时曾列居名物榜上的五花殿，现已遭破坏，仅仅残存下第一层。第四，这座明刹属曹洞宗。刚到达的那天晚上曾向住持打听过，问是否有什么刻着洞宗的物品遗留，回答是什么也没有。问年轻僧人们，回答亦同。但在林立的墓塔之间进行调查时发现，既有刻着曹洞宗第几世的石碑，也有刻着洞宗云云的墓塔。做成拓片给年轻僧人们看了，他们都向我行礼。山东旅行的第一站，来到如此名刹，有了如此收获，我感到十分满足。

（记于归德府车站侧畔）

土匪猖獗的兖州城

　　山东省兖州治下即古时鲁地，尽管有孔孟二夫子之庙，但仍难免人心荒废甚甚，草寇出没频频。护照上常被注上"东兖一带不靖"，以示提醒。而如此不靖之地却有许多想要踏勘的古迹，这也许会被人看作是在猎奇，可我不能因此放弃对东兖一带的调查。研究地图之后，决定从邹县启程，继之去曲阜、宁阳、兖州、济宁等地，开始一次较大规模的游历。

　　第一天到了邹县，前去参拜孟子庙，不觉间暮霭降临，转向县城。南门外有三迁故址和题词石门，旁边还有一块刻着"孟母断机处"的石碑，一时间感慨难禁，仿佛突然超越了时空。因为参拜这个小庙，日暮已甚，进得城中，被客栈一句"无有房"拒之门外，被乞丐们几乎强制地围住，令人痛感旅途孤寂。再度出城，好不容易找见一处客房，条件极差，但好歹能歇歇脚了。刚在高粱秆上坐下，进来了五六个警员，说城外难以护卫，由一名警员把其他先到的客人转移别处，让我们一行住下，并留下两名警员终夜守卫，实在令人感激。第二天，由五六名警官、警员护送，参拜了孟子墓、孟母墓，然后直赴曲阜。关于曲阜的孔颜周三夫子庙，夫子、伯鱼、子思之墓，一般行客无人不晓，此处自不必赘言。我们决定从曲阜往西，行六十里去宁阳。有人保护固然不错，但又多有不便。这时想了个办法单独行动，没让警员同行。到达时天又黑了，又因"无有房"住不进城里，在城外找了个难以形容的客房住下。土坯房、煤烟、尘埃，再加上臭虫，当时的凄然心境，如果不是在如此僻壤有过旅行经验的人是绝对理解不了的。今年的时节稍早，所以，仅一只手臂上就先后留下了二十多处臭虫咬过的痕迹，这种苦痛是想逃也逃不掉的。旅途虽然辛苦，但梦想能够得以实现。正这么想着，门开了，包括士兵在内的几个人蜂拥而入。以为要出事了，却没想到是县吏带兵来查，详细地询问了情况之后，又留下两名士兵在外面守护了一夜。对中国官方给予的保护我深深地表达了谢意。这种近似冒险的旅行，得到了官府的庇护。虽然第二天北行二十里访到的佛山并无所期价值，但是不实地踏勘就无法做出有无与可否的决定，因此绝不能说我们远道而来没有意义。

　　这一天原计划是直行六十里到兖州城，但因路况比想象的要差，不得已在离城二十里的小村庄落脚，也是没有办法的事。恳请村长打开观音堂让我们住下。条件虽差，但这里成了我们山东旅途中最危险却又最令人兴奋的一处。第二天我们才知道，有一个来历不明的读书人要求与我们同宿，颇让村长和我们的向导为难了好一阵。我一点儿不知情，当天夜里又少有地没受到跳蚤、臭虫的袭击，真正安安稳稳地睡了一觉。

日暮乡关，小车难行，路途犹远兖州城。村人开庙，容吾歇息，慈目尊前客伴梦。实可谓快哉矣。第二天一早出发，行十三里，途中停步观看路旁小佛堂石碑时，当地百姓特意止步过来告诉我们，两天前的夜里，一名军人在此处遭劫被杀。两天前正是我们宿住观音堂的前一天。闻听此事，我不由更为自己的踏勘工作能平安进行而深感庆幸。

于兖州城寻访隆兴寺塔和唐代的法集寺未果，马上转向济宁，寻访太白楼、文庙、铁塔寺、普照寺、清真寺等。普照寺现在成了监狱舍间，堂中还保存着一块大碑。准备做拓本时，监狱长热心地找来了现成拓本送给我，还无论如何不肯接受报酬，只好把在济宁城中所拍照片作为回赠，以酬其厚意。

如此，山东危险区域的踏勘基本上安全结束。游历途中所见最多的是各种敕建贞妇碑、孝子碑，每个村子至少都会有两三块。每每见到这些石碑，我都会联想到碑后的那些悲惨故事，从敕建题字中仿佛也看到了清朝廷最后的苦苦挣扎。

（记于归德府车站侧畔）

徂徕山的王子椿

山东的徂徕山隔着汶河与泰山相对,虽矮于泰山但方圆足大,容姿秀绝两山与共。令徂徕山闻名的佳话起自唐代,李白与五位朋友云游此地,日日痛饮,以图远遁人世,自称竹溪六逸。以后,宋初的儒者石守道迁居至此,与对岸的孙明复比肩被称为宋初儒界的两大明星。孙明复有泰山之号,石守道有徂徕之称。但不论在人物本身还是在对宋儒的影响方面,二者之差似乎与两山大小形成正比。我之所以前往此地,除了要探察竹溪六逸遗址和石守道故迹之外,主要还是想看一看映佛岩的金刚经石刻。听说这一带是土匪的巢穴,所以方圆几乎没有人迹。我因有任在身,进入此地并无犹豫。所幸什么事情也没有发生,调查活动自始至终都较为顺利。这里有一座光化寺,现在虽已完全荒废,但曾经却是与泰山灵岩寺并驾比肩的名刹,所以才能留下有名的石刻经。

石刻经和泰山经石峪的堂皇之物相比自然有些逊色,但大小也极为可观,在各种刻经中可以和泰山之物一起并称为天下的两大横纲[1]。不仅如此,石上堂堂地刻着武平元年的年号,刻着将军王子椿的大名,仅这一点就可以凌驾于泰山石刻经之上。泰山的金刚经出自何人之手,自古众说纷纭,我看了徂徕山的刻经,确信就是出自王子椿之手。自古至今王子椿应是石刻经中的第一人。

我费了相当的努力制好了拓本。返回泰安府的当天晚上,当地的拓本店老板前来推销,相同的拓本,老板带来的却十分精致,不免生疑,和自己完成的拓本比较之后发现他的是赝品。所拓原物确实是一个,不过他的肯定又经过了石上或纸上的再拓。不一会儿又来了一家,同一作品的拓本和我的以及第一家的都不一样,一指明他的是赝品,老板匆匆地走了。剩下我在那里不禁为一种原物竟能做出两种赝品而惊讶。之所以能够发现是赝品,完全是因为自己努力拓出了原物。无论何事,不经自己实验真是不可安心。我想,对中国的拓本也绝不能无条件地信之。

从徂徕山转向泰安府,途中找到石徂徕先生的神道碑就像是打了一场比赛。徒涉过了汶河之后,从地形上观察,我感觉孙泰山先生居住的应该就是这一带了。试着问了很多人,却没有一个人知道。途中小山上有个道士,向他打听此事,回答说先生出生地是在泰安县东二十里,但逝世是在湖北。中国人在被问到自己不知道的学者时一般都会用湖北云云来搪塞,这好像成了他们的一种安全阀,绝对不能照搬

---

[1] 横纲:日本大相扑的最高位力士。

照信的。于是我一路行一路问，听说泰安城内有位先生的后裔，到达之后，马上前往表敬，问及先生讲学遗址，但主人并不知道。大门堂而皇之，门外张着"泰山遗风"的大榜，却连先生曾经在什么地方讲学都不知道，实在令人遗憾。就这样，游历泰山期间，到底没能搞明白先生的隐居所在。后来听说是在泰山西南风景绝佳的溪畔，现在遗迹已不复存，讲学处所也迁移到泰安府西南的某座庙宇之中，庙名被遗忘了。

（记于郑州）

纵贯泰山

泰山为五岳之尊，享誉盛名，方圆四百余州县，到处都有东岳庙、岱岳庙。泰山与中国的历史文明密切相关，什么挟泰山以超北海啦，夫子登泰山而小天下啦，都是从小就耳熟能详的。论及与佛教的关系则是从道安、竺法汰的逸事开始。东晋的道安和竺法汰同登泰山，法汰感动流泪，道安好言慰之。后来道安成了中国佛教教理史上的第一位学者，法汰成了开创金陵佛教的杰出人物。同时代的僧朗引退于山阴神通寺，长安的苻坚对僧俗进行淘汰时也说"泰山为道德之所，不在搜检之列"而施以德化。灵岩寺还是朗公的故址。到了北齐时代，经石峪声名鹊起，成了泰山的一处名胜。因此泰山是一定要攀一次的。山脚处有登山轿了，很是方便，但我想还是靠自己的脚力走上一回，去充分领略一下那山那气，所以决定不雇山轿。

斗母庙，传说此处是告别尘世进入泰山灵界之地，在这里用过早餐便准备开始登山。庙里有个可爱的小男孩儿，做出笑脸逗他玩儿玩儿，结果就跟着进了厕所，所问之话难以作答，只好让他离开。可没一会儿他又带着伙伴跑回来，站在外边淘气，着实叫人为难了一阵。不过还是很可爱的。行进途中，带路的中国向导没注意，竟走过了经石峪，只好又返回去，进入岔道，再越过一汪溪水，忽然，那有名的经石峪出现在眼前。比想象中的更为壮观，平坦的，略带缓坡的巨大花岗岩石之上刻着的就是金刚经。爬上去仔细观察，有些是原有的字迹，有些已经破损，还有一些笔画被刻深了，一些笔画被加粗了。这些还都情有可原，可是竟有一些剥落之处被刻上了新字。想起看拓本时，有些字好有些字坏，当时觉得不可思议，来到实地见到现状，一切就都清楚了。无论何事都需自己身体力行，这回又被好好地教育了一顿。这些雄浑的大字出自谁的手笔，一直以来都有争议，但我两三天前刚刚在徂徕山看到过金刚经，从而断定字迹出自一人之手，即北齐的冠军将军王子椿。

登泰山既不太容易也不太难，脚力足够的人大概在六个小时之内可登至山顶。比我国的筑波山稍高一些。险恶之处都修了磴道，并无多大困难。男人需要不借轿力全凭脚力去享受登攀的乐趣。我也决定靠自己的脚力去体验夫子小天下的心情，亲临汰公那种小人世、味大观的境界。登至绝顶，见有一道观，不免油生若干扫兴。过于方便了有时会把原有的险峻破坏掉。下午三点左右，天气变得异常寒冷，薄暮之后更是寒气彻骨，因有那座道观着实得到了一些方便，但心底里还是想着，只有与寒冷斗，与困难斗，上下求索才能真正体会到登临泰山的醍醐味。见到一块秦汉时代封禅时留下的石头，仅仅被当作一块点缀的石头放在道观院内，心中不由得为泰山而泣。在位于山颈处的关帝庙旁，建民宅也好，修道观也罢，但再往上在通顶的区域里所建的那五六处道观，我以为，为了泰山的神圣应该撤去为好，相信有这种看法的不止我一个人。从南路的登攀让我有了以上感怀，而从北路下山，又让我充分体验了泰山特有的险恶、寂寥、峻峭。怪石嶙峋一词真是恰如其分，一路走下来，竟有四五十里只能用此词形容。

不觉中发了几句有关泰山的小牢骚，最后要补上一句：泰山风景绝佳。山如果太矮则视野太小，过高则难免流于景物单调，风景最佳的只限于那些既不高又不矮的山。展望之处尽是山脉尽是平原皆无趣，要既有平原，又有山脉，既有村落，又有河流，变化无穷方可。泰山正好符合了这些条件，立于一处，回首望去，得以展望四方，且四方风物无不富于变化，宛然成章。玉皇庙前的无字碑，恰似一幅谜面，促人们去读破那天地万物之谜。

（记于郑州）

赵州和尚故址

因无字公案而声名远扬的从谂和尚的故址,在河北省赵州,距石家庄东南有一百六十里之遥。计划从石家庄前往,订了住处,却又听说此处往南有个高邑车站离那故址只有七十余里,所以决定从高邑站雇马车过去。路途相当遥远,恐怕尚未有我邦人的足迹到过。但正如和尚所云"至道无难",路途中我们并未经历什么辛苦,只是担心迢迢行至赵州后能否有幸寻访到和尚的遗迹。

今天的赵州城已经荒废得不见往日踪影,城门和住家之间竟有五六里的距离,说是有人家,也只不过是个小小村落数户人家而已。分辨不出哪里该是城里,如果把散在周围的村落集结起来的话,这里应该有过相当的人口。顺路来到一处像是村落的地方,路旁有一座很像样的石塔,是宋代之物。离此不远之处,能看到一座白塔。传说和尚的住所是在东院或称观音院,而现在已经没有如此名称的寺院了。急急忙忙走到白塔边,看寺名,是柏林寺,看白塔下面石碑的说明,知道这正是为祭奠和尚所立。按捺住心中的喜悦仰视白塔,发现和在正定府见到的临济塔十分相似。和尚和临济是同时代的人,都出生在河南省曹州,得有相似程度的悟境,同住在北方,住处近得几乎可用相邻二字来形容。这两位可称难兄难弟的大禅师,宋元时代的人们为他们建造了同形式的塔。从塔形相似的一点上也可知道,白塔就是赵州之物。

众多的石碑中,有块明代之物,上面记着"世上的巡礼者一般都是先参柏林寺,然后去临济寺,最后行至五台山。可谓柏林寺盛名天下第一"。还有的碑文介绍了元代成吉思汗屡屡敕旨,承蒙大德的事情。唐代以后经过宋元明代,柏林寺的盛名曾在丛林中轰响多年。而今却已成荒凉之处,除去白塔更无可赏之物。方丈舍间已被权充农会本部,没有农会会长的许可不得入内。其实没有许可也应该能看的,但寺里的人似乎碍着农会长的面子,也许该说是惧怕会长的威名而不愿意让人进入。管理寺院的是个十五六岁的小童和他三十来岁的叔叔,我因调查之任在身,又因是赵州和尚遗址,所以提出想在这里住上一夜,但对方拒绝说:"现在没有管寺的,唯一管寺的一个小孩儿现在也不在寺里,不好办。"无奈,在附近有幸找到一家客栈住下。店伙计对我的目的表示理解,第二天陪我再去,还领着我看了墓地和祖师堂。祖师堂里有三块赵州和尚的肖像石刻碑,分列正面和左右两侧,三块的内容一样,而且都是新刻。从三块内容相同这一点来看,可以肯定刻的就是自古相传下来的尊容。见我打算拓片,一直在旁边观看的小童过来阻止,最后几乎是恳请我不要拓。这个应该就是昨晚说没在寺里的那个孩子。我不知道他为什么要阻止我拓片,十有八九是在惧怕农会会长。无法,只好作罢。到各处调查了一番之后,再次回到祖师堂,正好会长来了,二话没说就同意了拓片。放弃正面的一块,做成了两侧的两面拓本。得到了赵州之行的上好纪念品,高高兴兴地打道回府。

　　来此地的日本人我大概是第一个。拓碑时周围围满了村人评东说西。里边没有一个人知道日本的,都说是第一次听到这个国名。人群中有个小学生插话说:"我在学校学了,我知道日本。"很是自豪。归途在高邑车站前的马车店打听,也说是第一次见到日本人。车站前尚且如此,离开七八十里的赵州更不用说了。不过,这只能说是八十岁时开始行脚云游,到一百二十岁的四十年里,和尚一直保持着勇猛前行的精神,从而使赵州之名享誉天下。今天来到和尚故址,得以拜揖真容及灵塔,又得知元代时有个大德之人月溪,真可谓此行收获大矣。

（记于汉口）

郑州的天长节[1]

本年旅行之中最令人痛感今昔的是郑州。去年来时不知道此处有同邦人，直到火车开车前二十分钟才听说有位岛田医生。今年十月二十九日晚到达法国饭店后马上前去岛田氏的郑州医院拜访，那里已聚集了三十多位日本人，一一和大家见了面，说是后天要在医院举行典礼庆祝天长节，盛情地邀我也来参加。

去年来时，紧紧张张地到了洛阳，又排除万难毅然去了龙门，往返坐卧都有士兵警员相伴，不堪保护监视，自龙门匆匆返回洛阳，想来开封也会是同样光景，留待日后，直接就去了汉口。河南省内只去了龙门，洛阳是连城都没进，虽然留下了遗憾，但因为有了龙门一访，内心还是得到了深深的满足。今年刚一到达郑州就见到了如此众多的同胞，又赶上天长佳节即到，这是多么大的不同啊。在异国他乡得以和同胞相聚，倍感亲切。更加之有共贺佳节的喜庆，令人感慨万千。按原计划第二天应该离开洛阳的，研究地图，确认火车时刻表后决定改变方向去开封，用一天时间浏览铁塔寺、繁塔寺（图一）、龙亭、相国寺、清真寺碑、犹太人后裔的居住区域等，住一夜，于翌日一早返回郑州以迎度佳节。这个新计划的实施自始至终都十分顺利。

当天上午十一点，大家在天皇肖像前举行仪式，加上妇女共有二十余人。唱国歌，呼万岁，仪式顺利结束。下午开恳亲会，热闹得大家竟一齐唱起了《小鸽子》[2]。去年那种"风萧萧兮易水寒"的悲壮心情还记忆犹新，相比之下此时我不能不感慨万千。参加聚会的除了岛田医生外，还有高原渐、汉口的中村英二、巽、青岛的中村、郑州的中村、三迫、今井、田尻等各位豪杰。听他们说现在不仅在郑州，就连河南省的各地也有不少邦人伸翅展羽，洛阳、开封、汤阴、马桥，还有远在安徽亳州的。我一直抱有踏察这些区域的志向，对我来说这些消息实在是令人胆壮的福音（图二）。

各位豪杰多从事桐木棉花买卖等实业，对中国人来讲都是生活的基本保障品。来到此地长期居住，抓住了生命存活的关键，又开着信用值高的医院，因此郑州的邦人势力就像一个隐蔽的敌国。去年闹灾荒时，通过日华实业协会参加救助的事情，使邦人的好名声远远传到了潼关一带，周围四百余州县中唯独此地不闻排日声浪。听到这些，实在是感到高兴，举杯为贺。和去年的情况相比，变化之大，我不由得把自己的惊喜和今昔感怀披露给大家说："如果是去年，我在窗外听到了《小鸽子》的歌声，

---

1 天长节：日本天皇诞生日。原用太阳历，明治六年（1873）开始使用太阳历，明治天皇诞生日为11月3日。

2 《小鸽子》：童谣。泷廉太郎作曲。日本小学必修歌曲。

肯定会流着眼泪和大家一起跳起舞来的。"听我这么一说，高原君也谈起他的对华感想，还当众表达决心说："至少我和岛田君二人已决定在中国青山埋骨。"痛快痛快，为此再饮三杯。就这样，一起痛饮，一起唱歌，一起谈笑。最后大家跑到武林洋行的院子里开起运动会来，摔跤、角逐，一阵阵欢笑不断，直到热热闹闹的晚会之后才告结束。

以上费了长长一段笔墨，其实并不只是为了表达我个人的感怀。去年游历之时，听说从北京到汉口的广大区域里，邦人只有西方太原府的斋藤氏一人，深感在富于文化背景的河南之地进行踏察的困难，实际上也的确遇到了很多无法言表的困难。其他旅行者想必也有同感。

而没有想到的是，以郑州为首，洛阳、汤阴、马桥、开封、归德以及其他一些地方都有邦人散在，中心之地当然是郑州，如果于此处求缘，再去游历诸方，应该并不困难。这正是我在这里想说的话。最后加上几句，目前急需在郑州设立一个我邦的邮局和银行，说设局，并不是要求政府公设那样的堂堂之物，只要指定一个居住在当地的人马上就可以启动的。以不惹出排日气焰为宜。支配着河南经济界的郑州竟然没有一家小小的银行，实在是不便之极。以上两事，希望当局给予特殊关注。

（记于汉口）

图一：开封府繁塔

图二：天长节与会者

龙门一泊

在郑州听说，洛阳是邦人森长鹤鸣氏的根据地，这一点对我来说十分重要。我一直对龙门抱有一大愿望，但目前情况下没有办法实现。龙门的常规访问去年已经完成，今年没有必要再行重复，所以并未把洛阳列入今年的行程计划之中。但既然听说了有邦人在那里，我无论如何也想向前迈进一步，决定一定要和他进行面谈。现在去嵩山地区游历有无可能，就连中国人自己也搞不明白，和谁商量都不会有结果，最后不得已就只能取消计划。为此我也一定要去洛阳，去向邦人请教。把巩县、嵩山的计划后置，直接去洛阳，在车站前的集云客栈拜访了森长氏，道出了自己的心意。这时从上海和汉口过来的两位同胞也同车抵达洛阳，又住进了同一旅舍，洛阳因同胞们的意外相聚而欢跃。我向森长氏咨询的是：（一）去龙门是否可以不要士兵或警员随行，（二）是否能在龙门住上一夜。我并不是要故意猎奇，龙门是有名的危险区域，特别是彼岸的香山寺一带常有土匪出没，早就禁止常人居住。即使只看此岸属于潜溪寺、奉先寺的石窟，当天往返都很困难。因此人们一般只是去看一下潜溪寺，就被告知龙门观光到此结束，于是乎，大家抱着"这就是有名的龙门啊，到底有名在何处呢"之类的感想踏上归途。连此岸的奉先寺都不去了，彼岸的香山寺、石窟寺等就更去不成了。而我对龙门所抱的特殊愿望简直就是痴人说梦。说起我的特殊愿望，那就是能够做成宝阳洞入口内面两侧的全套拓本，还有老君洞内壁的全套拓本。这是一个本来就没有几个人能完成的计划。我的愿望要想实现最少需要待上十天。这次不求全部完成，只求能做出标本，那至少也得住上一夜才行。但如果士兵或警员同去，住宿就不可能。我之所以问这种听起来像是在猎奇的问题，完全是出于这一考虑。

森长氏曾经有过冒着危险进入某些地区的经验，当时正在生"脾肉之叹"，正好我找上门来了。我后来听说，我的拜访让他十分高兴，所以他二话没说就答应下来，说第二天傍晚，从洛阳找来一位老拓翁，他本人也同行，大家徒步一起去，且住上一夜。我对徒步是非常赞成的，自北京出发以来，不是被火车就是被马车、人力车摇晃着，已经痛感疲劳，能在天地与共的大平原上阔步真是求之不得。就这样，自始至终都徒步行进，到了龙门，破天荒地向老拓翁提出了要求。可还是担心老拓翁做不好，就先自己把老君洞的一部分拓出来作为样本给他看，命他照此办理。老拓翁说他一个人很难复命，于是那天晚上把在龙门的专业拓夫都找了来，你一嘴他一嘴地扯了很久。潜溪寺的住持不巧去了洛阳，香山寺里也没有人，只好稍稍返回，在龙门镇住了一夜。

（记于长沙）

宝阳·老君两洞拓片

龙门宝阳洞的全部拓片就不用说了，就是其中的一部分也还没有人做过。从洛阳一起来的老拓翁专门从事此业已经有四十年了，但是他们做拓片只拓文字，还没有过造像铭文一起拓的经验。我告诉他们，只有和造像一起铭文才有价值，没有造像光看六朝的文字，与我的研究目的不符，所以要求他们一定要拓在一起，并亲自给他们做了示范。他们说确信能够完成，并开始着手准备。可是一会儿又说不知道需要用多少张拓纸啦，不明晰拓工该收多少工钱啦，公说婆说地扯了半天也没有结论，最后决定价钱由我说了算。我只要求他们："墨色一定要好，接续关系一定要明确，龛内的佛像要另外单拓，然后贴在空白之处。"但是我对这些无知却重钱的人能否按要求完成工作，实在是放心不下。如果不在现场盯着，他们肯定会投机取巧，可是我总不能在这里监督十天，只好把这里全部托付给老拓翁，住了一夜就回去了。

拓片在我游历嵩山期间完成了，因为太大不好在客栈里展开观看。大体检查了一下，发现连接处都不明了，老君洞的根本没有达到合格标准，到处都偷了工减了料。可是工钱却比当初说好的高。事到如今说什么也没用了。有人提议借东大寺的院子展开看一次，检查以后再决定收不收。但一方面我没有那么多时间，另外对我破天荒的要求他们也做出了相应的努力，而且这些拓片基本上反映了龙门的概况，所以基本上可以说满足了。不过因为不是百分之百的满足，剩下的大部分还要重新做计划。天气转凉，今年拓片已难完成，先就此打住。

洛阳，应该叫成"落阳"的古都，连一家旧书店都没有，状态十分凄惨。但是这里拥有无限的土偶和石佛资源，想要遍访寻猎是多少天也不够用的。洛阳滞留期间每天都出城入城，佛像之类昨天没有的，今天有可能新到，即使每天去也没有尽头。这件事从另一个侧面看，也可以说是中国各地的古迹每一年每一年，不，应该说是每一天每一天都在遭到破坏。非常遗憾的是，在现在这种情况下，无论何人也都是没有办法的。但愿至少我们能把其中有代表性的东西带回我国加以保存，并能够建起有关设施以便进行系统研究。土偶仅在城里恐怕得不到满足，所以去了两趟北邙山，附近的家院大致都搜寻了。在北邙山居住的是从甘肃省移居过来的土耳其系的穆斯林，造地下居室也不少。四周望去只见墙壁，走进一看，地下有门，有院，院内三面有许多土房，很气派。这种格局引起了我相当的兴趣。但是听说北邙山也有从更北方的山里过来的土匪，白天也竟敢结伙出来抢劫。幸好我没有遇上这等事情。

（记于长沙）

嵩阳故址

去嵩山游历我也希望没有兵警随行，以便自己能踏踏实实地进行调查。去龙门时森长氏曾赞同我的志向并同行前往，这一次他仍表示要同去。这样一来就可以不在兵警身上分心，随心所欲地阔步前行，去实现调查。怀着如此期望，我们上路了。嵩山周围有很多故址，名列第一的便是相传达摩曾经九年面壁的少林寺。该寺位于少室山北麓，与此寺横对的是太室山西麓的永泰寺和会善寺。永泰寺是魏孝明帝的妹妹出家时所开，现在仍是一座尼姑寺。会善寺于唐代时曾在其侧开有一处极盛的戒坛院。此院虽在我邦不闻其名，但在中国甚是有名，与少林寺一样，住持曾受过敕封。

嵩阳是一块开发得很早的土地。我最初看地图时很不理解，为什么在如此偏僻之地文化未开之时就会有如此多的人居住，而到当地考察之后，我明白了其中的缘由。嵩山位处阳面，颇为温暖，我们去时已是十一月末了，但一走还浑身出汗，被太阳晒得懒洋洋的，休息时非得找个树荫或墙根才行。即使严冬季节结的冰也超不过一枚铜币的厚度。位于嵩阳最佳位置的是嵩岳寺和法王寺。嵩岳寺里有一座大塔，年代之古或许可以追溯到六朝时代。法王寺里也有一座呈嵩阳特殊形式的大塔。法王寺自称在佛教初传之时这里是摩腾、竺可兰的住处。这虽然是后世的附会之说，但不碍承认此处是座名刹。从法王寺往东南下行就是嵩阳观，宋代初期的四大书院之一，与二程子有关。嵩阳观附近有座崇福宫，还有开母庙遗址。意外的是崇福宫里有一块关于全真教的二元碑，开母庙址前有刻着汉代画像的石阙。嵩阳有太室、少室、开母三个石阙，保存状态都很不错，实属珍奇。

出登封县东门向东南方向不远就是中岳庙。这里作为北魏寇谦之得道的故址颇受中国教学界瞩目。寇谦之是造成北魏废佛原动力之人，与大同石窟、龙门石窟的兴建有因缘关系。我们去时正赶上连续四十天的祭祀活动，庙内嘈杂，调查难以展开，只好离开。一览之后认为这里值得关注的有：刻有寇谦之名的石碑、铁人，和北京东岳庙相仿的众多司神等。坐在庙门外小憩时，过来一位老者，拿着稗子柿子混合面做成的团子一个劲儿地劝我们尝。还一边儿自言自语地说，好人会满足如此的饭食，坏人则会入山当土匪，暗示我们此地多匪，知道我们是日本人，又说日本是个很远的地方，语言也说不通。

从这儿向东南四五十里，是一个叫洞头的地方，那里有一座碑楼寺，藏有一块巨大的刘碑。这一带因频受土匪袭击，寺内并无僧人居住，只有个看寺的。洞头的巡警仅有二十人，所以，村里人一旦知道土匪要来就尽数出逃，待土匪走了再回来。我们住的土屋，颇合了我的兴趣，刘碑不仅全看到了，而且大部分都拂去数百年的尘埃做了拓本。

（记于长沙）

达摩面壁遗址

禅宗发祥地嵩山少室山北麓的少林寺，自偃师县向南七十五里，渡过洛水，在距嵩山境域最近之处。从洛阳坐火车到偃师县，然后徒步行至此地，不过只有一日的行程。因须从登封县过来五里处进入岔路，所以不知道的人往往会错过。少林寺不愧是一座大寺，达摩到来之前，这里作为跋陀禅师的居所得以敕建。达摩面壁的九年之间，不知跋陀是否还在，但他的两个高足之一的道房禅师应该是在的。寺门内左侧鼓楼边上有一座名为跋陀殿的小殿，里面放着一尊很新的塑像，残破的小殿正在修理之中。寺内的殿堂不少，石碑甚多。殿堂里并没有什么特别值得关注的，石碑中，在那殿里保存的三块六朝时代的石碑颇有价值，但似乎和少林寺没有什么特殊的关联。与少林寺有直接关系的以唐太宗的敕碑年代最久，是太宗为表彰少林寺僧兵在对自己举义兵时给予帮助而立下的功绩。现在少林寺拳法声名远扬便是源于此因，一个遥远的记忆。元代所建达摩大师碑很大，此外还有元代的裕公碑，明代的道公碑等很多历代的寺门祖师碑。其中最引起我关注的是日本僧人邵元所撰息庵禅师碑。因松本博士在其著作中曾提到邵元的撰碑在泰山灵岩寺，所以山东的有志者多次去该寺寻访却不见。我在济南府停留期间甚至听到了对博士态度的有关议论，其实没有必要如此。现在少林寺内确有此碑，而灵岩寺也有过，博士不过是少写了例如现存之类的两三个字而已。

此外，少林寺有重要价值的是始祖庵、二祖庵以及历代的坟墓。其中始祖庵最为重要。背后的五乳峰上有面壁故址的洞穴，下面的面壁庵里有两块金代大儒代表之一李纯甫撰写的壁碑。佛殿正面的石柱、壁脚上的雕刻等都十分值得关注。庵建筑本身现在已逐渐破损，但据关野博士说，那庵是宋代所建，是中国唯一的一座宋代木制建筑物。二祖庵在对面的少室山半山腰，山路崎岖，没有些脚力的还真攀不上去。途中可向下俯瞰少林寺和始祖庵墓群，远处可眺东方太室山风景。二祖庵内有二祖之像，并不太旧，在少林寺众多造像中，此像应为首屈一指。自庵前仰望可见少室山的一块巨岩，传说是二祖疗臂伤之台。

历代坟墓中除了一座唐代墓之外，其他的年代应不早于元明两代。形状有四角的、六角的，有五重的、三重的，还有钟形、幢形、喇嘛形的，堪称墓群的代表。而且每座碑背面都刻有墓主小传，这为研究少林寺提供了重要资料，丝毫不逊于寺内的石碑。

（记于长沙至南岳途中）

曹洞宗少林寺

传说中达摩面壁遗址，被称为禅宗发祥地的少林寺，现如今的宗派是曹洞宗，这一点是我此次游历中最大的一个意外。我事先并未确认，但在心底稍稍有些期待那应属临济宗。恐怕我国的宗教界也都做同想。曾经来参拜过此地的我国僧人，先有释宗演师，其后有释佛海、关清拙二氏，都是临济宗的人。特别是从佛海、清拙二人参拜正定府的临济塔后甚为满足一事推断，这个禅宗的发祥之地应该是属临济宗的。这里顺便提一句，清拙氏所著《达摩之迹》一书中作为临济塔插入的照片实际上应该是天宁寺塔，他虽然去了正定府但最终未能去成临济寺。正定府除了大佛寺外，还有天宁、临济、广惠、开元四塔。据其文章来看，说有池塘像是开元寺，但照片是天宁寺一点为不争的事实。如果他果真去过临济塔，那就只能说文章记载之事是他记忆有误，插入的照片也搞错了。

少林寺明确地打出曹洞宗旗号是从元代裕公的时候开始的。寺院内有一块用小字题刻着"释氏源流五家宗派世谱"的石碑，是少林寺的住持于清嘉庆七年所撰，十九年刻于石上以流传后世的。今天的少林寺虽有很多僧侣，但无住持，不识字者也不在少数，恐怕都不知道此碑为何物。读碑上主张乃是，五家宗派并不排序，唯以临济一宗为正统睥睨天下。而曹洞一宗亦为正统，两者之间不能以甲乙别之。这一点上我曾在《访古贤之迹》中的荆州天皇寺一节里提及过，此碑主张和我的意见是一致的。碑的终结部分并列写着罗什宗、南山宗等一长串的宗派名字，日本的学者们恐怕搞不清这些宗派，但这为研究中国佛教史提供了资料。特别是曹洞宗派被十分缜密地以图表现，比起书籍更给人一种强烈的感觉。正因如此，曹洞一宗在中国占有了相当的地位，尤其以在祖山连绵延续的法系最被认知。听说清朝时有一该派学者，其门生广开曹洞宗教网。泰山的灵岩寺于元代以后就和祖山有了密切的联系。

少林寺因为唐朝开国出了力，得到太宗的钦定，从而可以堂堂正正地演练武艺，少林寺拳法十分有名，法堂和达摩殿之间的东厢墙壁上绘有壁画。当年的影响迄今犹存，不过势头已经十分衰弱了。与其以拳法闻名，我倒希望少林寺以拳法衰弱为幸，从而更加致力于禅法以临天下。而现在做住持代理的那个人甚至连《景德传灯录》都没有读过，实在是令人遗憾之至。

在结束本稿之际，我想向日本曹洞宗大本山提一点建议。我希望近期能向祖山派遣高僧代表。这具有很多意义。其一为参拜祖师遗迹，其二为曹洞宗的彼此联系，其三为日中两国创造精神交往的契机，其四为少林寺复兴佛法气氛，此外还有很多。此举无论是为了佛法、宗门，还是为了东洋文化都应该予以实施。我自己的能力虽然有限，但能够根据自己的经验为实现这一目的出谋划策。我已经和祖山方面的人打了招呼，并表明了自己将为之尽力的态度。我在少林寺收集了许多拓本，数量足够举办一场展览会了。我准备请洞门的各位优先观赏。现在少林寺内养有兵勇，我国高僧来访时，祖山将派这些兵勇担当护卫任务，确保不发生意外。

宋代时，中国曹洞宗与临济云门两宗的隆盛相反，一直处于微弱不振的状态，直到万松行秀以后才逐渐恢复了势力，特别是明末时期已然发展到能取古云门宗而代之的程度。在恢复势力的过程中，少林寺的曹洞法系无疑出了很大气力。少林寺的曹洞系在前面提到过的彼岸海宽之后突然销声匿迹了。不过殿前墓门等处有很多自元代裕公以后到清代宽公期间的寿塔、行碑，这些都为研究中国曹洞宗的历史提供了第一手资料。

（记于长沙至南岳途中）

老子故址升仙台

　　有关老子被尊为宗教始祖的文献记载最早见于东汉末期。东汉末期应该已受到了新来佛教的刺激，尔后的道教就是与佛教相伴发达，经过北魏的寇谦之、北周的张宾、唐的司马承祯等逐步发展起来的。鉴于佛教和道教之间有着如此密切的关系，远在东汉时代老子就已受到尊崇，所以我一开始就有去拜访老子故址的愿望。老子故址在亳州，我想到了亳州马上就可以找到，就像是孔庙造就了曲阜，到了曲阜马上就能看到孔庙一样。去其他地方之前我都会做缜密的调查，但对这里的调查却没进入我的留意范畴。

　　我找到了一个姓朱的挑夫同行，他在日本人家里做帮工，对日本人有些了解，但一句日语也不会说。我想车到山前必有路，下决心从洛阳出发了。从郑州到归德府的火车里有一个同行人，下火车后的一百三十五里只有我和挑夫两个人赶着马车前行。天气有些阴冷，头上好像压着什么东西。中间小憩了一会儿，第二天凌晨三点出发，下午三点左右到了亳州。幸亏这里有一个日本人，请他同行。天上下起了小雨，我们先去衙门打听，可是没有人知道。我打听东汉以后的老子庙没有人知道，于是我又问是否有知道此事的老者，是否有县志，回答是，"只知城东门内有一个道德中宫，听说那里供奉着老子，别的就不知道了，"又说，"衙门里没有知道古事的老者。"还说，"以前需要用县志的时候就从别处借来，但不知什么时候弄丢了，现在没有了。"上面是根据笔谈的记录。道德中宫一看就知道是近代所建，不看也罢，不过想想，如果是道士说不定会知道些什么，所以决定去看一看，结果还是不知道。连道士都不知道，再问下去也不会有结果，无奈只好冒雨返回住处，真不知道该怎么办了。这种时候让人最感旅途凄凉。土匪马贼也好，食物困苦也好，这些都可以克服，但是遥遥走出一百三十五里路，结果是谁也不知道，实在是让人消沉。本来还想找个小学老师打听一下，但考虑到老子故址还有可能在鹿邑，于是下决心赶马车去一趟鹿邑县。亳州在安徽省，鹿邑县在河南省，鹿邑县离亳州往西有六十五里，从归德府算的话就是二百里了。不知道此番深入二百里最终能不能找到故址，但是事已至此，即使会是徒手而归也一定要去试一试。

　　第二天又是个阴天，天气很冷。这个地区是茫茫一片新开之地，听说还有土匪出没。我们一路不停步地到了鹿邑城，进得东门，就看到右侧不远的湖水中有一座庙宇，那情形，一看就知道不一般。或许这里是和老子有着什么关系的地方，我心里抱着这个念头，下了马车直奔大门，上面题着"众妙之门"，下面左右写着"孔子问礼处"和"宋陈希夷先生故址",这正是我要找的。暮霭之中进入庙内,细细看过去,在后面的碑亭中看到了记载,上面写着,这座庙宇名为老子升仙台。在老子的出生地鹿邑,称得上故址的只有这个升仙台和距城东十里的太清宫。确认了这些正是要寻访的一部分,我感到十分满足。太清宫肯定就是东汉以来的老庙,刚才我们曾从那里经过,当时就觉得很惹眼,还犹豫过是否要下车看一下,那建筑本身不大,但周围的气氛不知不觉地吸引了我。

(记于南岳)

老子故址太清宫

寻访到老子升仙台，快速地在庙里转了一圈儿，刚刚照了三张照片，天就黑下来了，商量好在这里过上一夜。晚上难得和村里人聊聊天南海北。有一个看上去很有身份，长相也不错的中年人拿着张写着"日本人"的纸条问我，我说"是啊"，然后我反问他："你知道日本在哪儿吗？"他回答说："在北方。"我说："北方那不是蒙古和满洲，还有俄罗斯吗？"他说"是啊是啊"，到底也没能说出日本在哪儿。到处都有这种人，看上去挺有学识的，但对日本的了解却不过如此。所以我认为那些所谓的排日行为实是不足为惧。

第二天一早赶上马车又返回了太清宫。不过是一个小宫而已。那里的道士不识字，说话也不得要领。庙前有刻着老子故址的金代碑，也有刻着太上老君赞的明代碑，两边还有刻着《道德经》的石碑和铁柱。再往西一点儿还有元代张真人道行碑。以前肯定还有很多其他石碑，不过现在都已经散佚了。果然，后来回到归德府，偶然从鹿邑县出身的军人安涛氏那里听说，有一家藏着一块唐太宗碑，但字迹已经磨损，只能辨认出四个字来。现在我一点儿也不怀疑这里就是自东汉以来的老子庙。但因为天气太冷，又要忙着赶路，在这里只做了一幅明代碑的拓片就离开了，甚为遗憾。

这时有人告诉我说有个后宫，那里有块唐代的碑，急忙赶去，先看到的就是所谓唐代那块足够高大的碑。但上面刻的是宋真宗的先天太后赞，所以实际上不是唐碑而是宋碑。拍完照，出来位老道士迎接我们，并高高兴兴地领我们到宫内的明代碑前让我们拍照。听我说不用了，老道士露出很失望的神情，只好也拍了一下先天太后的像。先天太后是老子的母亲。看着老道士满意的样子觉得很可爱。这个人识字，他打心里高兴的样子使我也受到了感染，拿出两包人丹送给他，他突然把嘴闭上了，我正觉得奇怪，却见他用手拭去了眼中的泪花。真是个质朴之人啊。他连声说着"再见"，转身走了，嘴里还在不停地说着什么。送出门外，到底没能赶上老人的步子，见他已站在门外的高坡上，一边交叉双手上下晃动，一边发出"噢——噢"的大声，大概是在为我们的前途祝福吧。

就这样，贸然寻访老子故址的远征圆满成功了。如果事先查看了《鹿邑县志》，也许能得到更多资料，但就没有了石碑，所以应该就此满足了。从太清宫返回时，听说有条小路直通鹿邑、归德府，按那方向前行时，村民们热心地告诉我们因为发水小路已经不通了。这样一来，不管愿不愿意都得返回亳州，顺着来时的二百里原路返回了。后来查县志了解到，安涛氏说的唐太宗碑现已无存，金代以前曾有过很多古碑，后来都悉数散佚，与太清宫有关的古碑遗物除了上述之物不会再有其他。

（记于南岳）

归德府颜真卿书八关斋碑

急急忙忙从亳州赶回归德府，却因闹同盟罢工，汴洛铁路三天前就不通了。什么时候恢复，没有任何消息。早知如此，还不如在鹿邑县多待上一天呢。不过，我平时对自己的每一天都是付出最大努力的，否则就不会心安理得，所以我从不后悔。我开始盘算今天应该如何度过，叫来店主，问去庄子庙晚上能否回得来，回答说不知道。又问开元寺和灵台寺，也回答说不太清楚，而他推荐的地方又都是我不感兴趣的庙观。第二天早上又打听了很多事情，可哪一件也答不清楚，只好让他去找个读书人来。这次店主拿回来一张字条，上面用漂亮的字迹写着"闻听祭祀老子，缘何打探庄子"，像是在还击我。我也写"昨天过鹿邑县参拜了老子庙，上月过曲阜参拜了孔子庙。此地乃庄子故地，必有其庙，请查吾意"，让店主拿去给那人看，结果写条的人自己来了。他名叫安涛，中年人，挺魁梧，是个鹿邑县出身的陆军中校，因火车不通，不得已在这里蛰居了三天，所以有些怨气。听说我是从鹿邑县过来的，很高兴，马上就过来了。他知识挺渊博，字写得也好，这样的军人很少见的。他正在那里生着脾肉之叹，恰巧就来了我这个东洋人，趣味又正好相同，马上抓紧时间开始笔谈。一开始双方都有些拘谨，只是泛泛而谈。他说"不知有庄子庙，查阅府志应为捷径"，我说"很想借来看看"，他答"凡读书人家中必有此书"，随之又告诉我："归德府有个文雅台，那里有颜真卿的八关斋碑，还有伐檀坑。伐檀坑是孔子召集弟子们在大树下习礼时，桓魋想杀孔子而砍倒人树的遗址。另外衙门里还有神禹碑，是蝌蚪文字。"这对我来说真可谓幸运。于是我决定在火车开通之前在此地寻访这些遗迹。这时，安涛氏好像也放下心来了，他问我："你怎么知道这里是庄周故地呢？"我告诉他："庄周是宋时蒙县人，古时的蒙县就是今天的归德府。"他说："此人于此地已失传，只有去查府志。"第二天看了府志，记着城南二十里处小蒙城是庄周故里，但问当地住民，说是现在已经没有了。又有人说曹州也有庄子故地。总之此地附近没有庄子庙。

就这样一问一答地谈了一会儿后，我出门去看城景，先顺便去衙门寻访神禹碑，那是一块元代做成的衡山古碑的仿制品。然后出至南门外寻找八关斋碑。这块碑被珍重地收藏在古开元寺址的碑亭中。知此碑的同时也了解了开元寺的命运。碑是一个八角的大石幢，很是壮观（图三）。颜真卿那样的武将能写八关斋报德记碑实属罕见。用了整整一天做成拓片，因天黑以后城门就不让过了，所以找了条小船回到了北门外的住处。说明晚了一拍，归德府实际上可以说是一座水城，四周被一片大湖围住，好像一座龙宫漂浮在水面上。中国是一个大国，一方面水缺得厉害，想尽办法也只能灌溉极少的一部分。而另一方面却又水满为患，要想尽办法去疏导放流。真是，不去实地调查就什么事情也搞不清楚啊。

（记于南岳至衡州途中）

图三：八关斋碑

图四：文雅台伐檀坑

归德府文雅台

晚上，满身疲惫地回到住处，安涛氏已经来等了好久了。他把借来的《归德府志》《鹿邑县志》拿给我看，特别指着鹿邑县的老子庙，无不自豪地开始讲起老子来。他只谈老子的《道德经》，笔谈中他问我："鹿邑县城里有座陈希夷的庙，去看了没有？"这虽然是个好消息，但遗憾的是知道得太晚了，我事先不知道，所以没能看成。浏览了一下县志，编得很不错，赞赏之余我问："我想要一本，在哪里能买到？"他说："只有到县里才能有。"还给我写了一句："在国为国史，在县为县志，在家为家乘。"

很不错的一句话，于是我写："金言""愿能共承家乘、共振家风"，安氏看了非常高兴。他只是通过读书了解，并没有去过实地，所以对我买来的神禹碑，拓来的八关斋碑都十分稀奇。因为有了安氏的存在，余下的两天我过得十分有趣有益，很是高兴。

第二天改变方向出至东门外寻找灵台寺，但怎么也没找到。只好转向，打算再去南门外看看，这时发现右手方向有一座独特的建筑，原来这就是文雅台，是孔子教弟子们习礼的故址，事情真是不可思议。这里有一位姓谢的先生，对我的来访大为欢迎，给我讲了文雅台的来历。笔谈进行了一会儿之后他写道："笔谈足以达意，莫用西字。"在这种事情上发挥起国粹精神，露出反对排日应该排西的口气来，原因是我的名片上印有西文字母。相互间能够做到思想沟通的话，心情竟能达到如此一致。同文同种的两国国民之间就应该如此才对。我又问他伐檀坑在哪里，他指着院里的八角莲花池说就是那儿（图四）。此台中心是孔子庙，庙后方有一个安放着老子石像的堂室。我和谢先生还有他的学生们在堂前一起合了影，先生非常高兴，搬出把椅子放在八角池边说想和我一起合拍一张。在意想不到的地方发现了意想不到的遗址，本来就已经十分高兴，还得到了如此敞开心怀的交流，令人丝毫不觉有异国之感。我在本年的旅行中发现了三块孔子问礼处石碑。一块在洛阳东门外，一块在鹿邑县升仙台，还有一块就是在这个归德府文雅台。我问谢先生哪一块最正统，先生执笔写道："此地乃习礼之处。乃后人自此开始主动问礼之处，孔子问礼事乃不真。"回答得如此明确。那么另外两块中，起码洛阳的一块应该可以肯定吧。但真要进行考证，恐怕也会掉进五里云雾之中。

就这样，在归德府的两天虽然没有找到庄子庙，但过得很有趣也很有意义。两天后没有了要干的事情，没办法，只好决定去停车场附近，在那里等待火车通车。这样的话决定进退时至少能够早上半天时间。第二天到了车站附近的客栈，找人去车站打听情况，回来说是车站上只有士兵，和火车有关系的人一个也没有，也不知道什么时候能通车。这天晚上，我开始搜集情报，看从这里到黄河有多少里地，从黄河那里再到京汉铁路的黄河南岸车站是否可以走水路，水路需要多少天，等等。根据情况也许需要溯黄河而上回到郑州，但这样路程就太远了。从车站到黄河有二百里，到黄河要两天，全程要五天，想想不可能再过五天火车还不通，所以还是静下心来，开始动手给朝日新闻写稿子。写完山东的三篇，就寝。第二天天不亮醒了，太幸运了，听见了火车的汽笛声，赶快跑到车站，乘上了开通后的第一班车。因知道消息的人不多，所以乘客极少，我舒舒服服地伸开腿坐回了郑州。我们从亳州出发后的第二天，高原渐君和中村英二君到了开封府，刚到就赶上了罢工，白白待了一个星期，等不及，取陆路返回郑州，正好和我同时到达郑州医院。他们两个人等于抽了个下下签，我是抽了个上上签。中国的罢工本来不是很多的，这一次听说是步调一致，从始至终都贯彻精神坚持到了最后。

（记于南岳至衡州途中）

魏·道凭造像

在山东济南府买了一张写有"魏武定二年道凭法师造"的拓片。道凭应该说是东魏唯一的学者,是慧光僧统的十大弟子之一。慧光是能和《十地经》的作者比肩的研究家,是"四分律"的学者,作为跋陀禅师的弟子,他还是一个屈指可数的禅学家。也就是说,道凭既是华严宗的祖师,也是律宗的祖师,并且在禅宗中也取得了重要的地位。作为禅师,因道凭与达摩不属同系,所以被后世蒙上了莫须有的可怕罪名,说他和菩提流支一起毒杀了达摩。这一点也可以证明道凭作为禅师处于拥有权力的位置。他的师父跋陀禅师是嵩山少林寺的开山之祖,在达摩之前就在少林寺。作为法师、律师,也作为禅师的慧光的重要弟子道凭也是"十地经""四分律"的学者。本来中国各地现存的许多重要造像中,出自佛教史上名人之手的为数极少,就连那背后有何等大德都难以想象,知道的唯有山西大同府云冈的石佛寺是由云曜的祈愿开始的。现在,见到写着道凭造,却搞不清造的是寺院还石像,而且也不知道实物现在还存不存在了。不过,这种事情如果不做实地考察就什么结果也不会有的,只听那些和我们住在完全不同世界的中国人说的话,结果只能是不得要领而终。现只知道这张拓片是在河南省彰德府西七十里处的宝山所拓,无论如何我要到当地去看一下,这个念头从在济南府时就一直挂在心上。

本来从北京到汉口的途中经停彰德府的行程最顺,但在彰德府找不到任何关系,而且听说那里没有什么人气,加之行李又太多,所以先到郑州,然后再轻装前往才是上策。以郑州为中心,先后去了开封、洛阳、嵩阳、归德,最后转向彰德府。正好有个关系人三迫富松氏在彰德府南面的汤阴县,帮我打听了宝山是否有寺院,还告诉我路途从彰德府或汤阴县都差不多,如果从汤阴县走他可以给我找一个中国人当向导。承蒙他的好意,我北上在汤阴县下了车,再仔细打听了一下,原来从彰德府过来能近二十里路。汤阴县周围常有马贼出没,车站虽小,却常驻着二十五六个士兵进行护卫。这附近有岳飞墓、扁鹊墓、嵇绍墓,对我来说这些排在第二位、第三位,所以直接乘车去了彰德府。城内虽有我想看的天宁寺,城外有定国寺,但这些排在后边,先直接驱轿向西来到五十余里外的水冶镇。稍事休息的那一家的邻居说是遭了匪,看上去已经无法住人了。听说当时来了不少当兵的，也趁火打劫了一番。那是两三个月以前的事，为此当地人都不信任当兵的。客栈老板忠告我的挑夫说，兵匪都一样，还是别招惹的好。我当然也不想让当兵的随行，于是从那里徒步向西南方向的宝山进发，路程比听说的要远，足有二十五里。从汤阴来的中国人也是第一次到这里，不认路，边走边打听，结果还是在山路上搞错了方向，进到了连路径都没有的地方。直到暮色笼罩过来的时候才终于找到了寺庙。透过黄昏暮霭隐约看到了唐代以前形式的四角墓塔，知道这里保存着古物，千里迢迢算是没有枉行，实在是令人高兴。

（记于石鼓书院附近客栈）

宝山灵泉寺

　　住持在彰德府，寺内只有一个不识字的年轻僧人。五六个农民看见我们稀奇得不得了。告诉我们说今年六月土匪太多，曾有个上百人的团伙来寺里要求供饭。现在南面也还有一些残兵，不过大部分已经转到东面去了。就寝时，同行的两个中国人异常警戒，说只三个人睡让人难以放心。但结果到天亮什么事情也没有发生。我们先从前峰开始，这里有座四角塔，是为纪念隋朝灵裕法师所建。相当高的前峰顶上有一座塔，登上去一看，是座新塔。寺院后面也有座四角塔，是为纪念唐代玄林法师所建，上面还有法师像。东边稍低处也有一座角塔，很新。如此，角塔中有隋朝灵裕和唐代玄林的两座。

　　我们还看到了两个石窟，一个在前峰的东侧，很小，里面安放着三尊坐佛。俗称为朱砂洞，但窟门上刻着"大留圣窟"，也就是说这里是道凭法师所造。遗憾的是三尊佛像都没有了头部，是用土块补上的。中尊的背光也被破坏，其他的还都完整。二尊的背光和三尊的衣纹有一种说不出的韵味。最让我感到痛快的是，三尊的躯体十分魁伟，展现出唐代的华容峰腰，其胸部，从正面看是前曲的，而从背面看则是弯着腰，有着足够的厚度。这肯定是北魏人理想中的躯体，与这样的躯体相配，想来容貌也应该是十分粗犷吧。

　　另外一个石窟在寺院西侧，俗称响堂洞。窟内窟外的刻文上都有"大住圣窟"的字样，相比之下还是这个窟更好一些。里面有三尊坐佛，每尊又附有两个胁侍，所以一共有九尊。坐佛两侧，一共六侧的上方刻着三十五尊佛像，入口的内面右侧刻着《大集月藏经》的经文，左侧刻着传法二十四祖像，入口正面两侧刻着那罗延天和迦毗罗天。那罗延天的右边有三尊未完成的弥陀像。在迦毗罗天的左侧，中间刻着小三尊和其他的许多纹样，上下都刻着《法华经》《胜鬘经》《大集经》《华严经》《佛名经》等文字。

　　这里里外都明刻着隋开皇九年的年号，可是却找不到发愿者的名字。种种迹象表明这个发愿者一定是一个大学者。开皇九年正好应该是灵裕在此寺居住的时期，所以我断定此处石窟一定是根据灵裕的心意建成的。灵裕本想做慧光的弟子，可当他来到邺都即今天的彰德府时慧光已经圆寂，无奈成了道凭的弟子。灵裕博闻强识，晚年时因遭遇北周废佛隐居山寺，白天讲授俗书，夜里研读佛书，其著述广涉内外、数量颇丰。

如果此窟为灵裕所开，则是他把师父道凭所开之窟称为大留（大留圣窟的字迹与大住圣窟同出一人之手），而把自己所开之窟称为大住。两方合在一起就是留住，灵裕一定是要表达留住佛法以至万世的愿望。他隐居的山寺应该就是这个灵泉寺吧。

以这两个石窟为中心，周围有数以百计的灰身塔。岩面上刻有宝塔，塔中心刻有佛像，上面或左右面上，有的只刻着圆寂者的年号名字，有的附有其人小传，还有的刻着长篇传记。刻有长篇传记的是，此峰上的灵裕，前峰上的慧休。慧休是灵裕的弟子，僧传上有其名，是玄奘法师去天竺之前的唯识宗的先师。玄林大概是慧休的弟子，如此，这座寺院就是道凭、灵裕、慧休、玄林这四代博学者的墓葬所在。仅此就值得三顾，更何况还有两窟、两塔和众多墓塔。能如此保存史料的寺院实在是不可多得。

院里的香炉台上写着云门宗派的字样，试着问了一些问题，可不识字的年轻僧人根本不知道什么宗派的事情，再问下去也不会有任何结果了。中国的禅寺多为临济宗，其次是曹洞宗。牛头宗和沩仰宗的发祥地我去了，结果都是临济宗。法眼宗的本寺现在不过也只是留下了法眼宗的空名而已。剩下的云门宗我还没有接触过，这里的云门宗派的字迹虽是有力的线索，但却又让人无能为力。

（记于石鼓书院旁客栈）

汉口的日中帝大同学会

原计划从彰德府向北到邯郸，再向东南近二百里去大名府。但进了十二月，天气是越来越冷了，江南地区还有很多地方也想去看看，只得割舍了大名府。返回郑州，接到了汉口田中哲严君的来信，说想让我十号去汉口。去年曾给田中君添了很多麻烦，今年也要承蒙关照，不过一两天的事情，不好意思回绝他的好意。虽然遗憾，但还是把原来计划中作为重点的巩县省略，回到洛阳整理未完的工作。今年也没能挤出时间去白马寺踏察，好不容易找了点儿空闲去看了一下郑州的开元寺塔（图五）就匆匆赶去了汉口。洛阳郑州期间承蒙同胞们周到照应，在此只有感谢。

到了汉口，承蒙濑川领事、贵布根副领事、中村英二、川副隆、栗本寅治诸兄的好意，把过多的行李处理停当，多少安了些心。日程只剩下最后的一个半月了，应该在何处踏察，考虑再三，决定把原来的目标江西省改成湖南。因为去江西省的话，无论如何也需要两个月以上，如果去湖南，中村君可以请长沙出身姓龚的一位先生和我同行。在汉口，曾就今年踏察的大概情况做了一次报告，详情无须在此赘述。值得特意写上一笔的是，日中两国绅士的帝国大学同学会首次在这里举行了。大家一直都想有一个两国绅士能聚在一起畅谈的恳亲会，由我方的法学士村上三郎、中方的交涉担当陈介等诸兄斡旋，这个夙愿今天终于实现了。此次聚会还兼有欢送教育厅长长路君去北京赴任和欢迎我来此访问之意。来参加的人有医学士、法学士、工学士、农学士，有东京帝大的，也有京都帝大的，是个很有味道的聚会。主持人陈介氏十分巧妙的日语致辞令人惊叹。听说他还精通英文和德文，担任涉外联络的要职是理所当然了。其他的中国人也大都讲日语。会场设在西餐饭店万国春，而要想期待将来的万国之春，正是要从眼下的日中两国间的精神交流开始。一方面排日的声浪尚未散去，而另一方面，作为文化交流第一步的大会现在得以在中央的大都会举行，我本人又偶然有幸参与其中，真是一件令人高兴的事情。我历来抱有一个志愿，而这里正是发表的好机会。我即席做了一个演讲，希望此会的第一项工作是把十八省通志以及湖北省府志、县志搜集到汉口来。虽然眼下不是一件易事，但所幸有中国学者在此，可以得到一些方便。此项工作如果能在这里开始，不久北京、上海、济南、青岛乃至郑州都会顺次启动，对中国的研究，无论是从地理方面、文学方面、实业方面、历史方面、考古方面以及其他各个方面来讲，搜集通志、府志、县志的工作都是根本。此外的一些山志、名胜志、寺志等可暂且置后。日本人了解中国的第一关就是这些通志、县志、府志，但太多太杂不行，所以首先从十八省通志加上湖北省的府志、县志开始入手，这是日中文化交流的第一步。

位于汉口对岸的武昌，古称鄂州，这里曾有一位名叫岩头全豁、性格冷峻的唐代禅僧。虽没搞清楚哪里是他的旧址，但洪山宝通寺里有一座塔（图六），从那里也许能得到一些线索，所以我到那里去了一天，但没能达到目的。问住持，说是黄鹤楼下的观音阁在岩头，会不会是那里，于是归途中过去寻找，可仍然未能找到。恐怕全豁的故址再也找不到了。

（记于湘江船中）

图五：郑州开元寺塔及经幢

图六：武昌洪山宝通寺塔

自南岳至衡州（一）

　　湖南省的中心是长沙。田中君给我介绍了一位在长沙的日丰洋行做事的甲斐龙一氏，所以先去那里落了脚，随后见了辻野邮局局长、古川君、池永领事，特别是见到了此地的大和尚道香和永光两位。这里的上林寺有一个佛教传播会，七年来一直从事着佛典刊行事业，由这两位和尚经营。道香和尚统管着岳麓山万寿寺的同时还统管着这里。永光和尚曾做过六年沩山的住持，所以胸中怀有复兴沩仰宗的志向。这些足以让孤客的心灵得到安慰。道香和尚说知道盐谷先生，我以为是说温兄之事，但却说已六十多岁了。还听说青山先生也来过此地。来到异地访到了知人的足迹，颇有空谷足音之感。

　　在长沙首先造访了对岸的岳麓书院，顺路过黄兴之墓，于城中寻访贾谊祠和曾国藩祠，此外就是去逛旧书店，解了离开北京后迄今之渴。每到一地我都如此逛旧书市，但在洛阳也好武昌也好都没能找到什么，而长沙却相当多。此地也有个聚会，是为欢送另外两位和欢迎我，在日本人俱乐部举行的，会上我应邀就有关修养一题发表了讲话。池永领事表示有意召开日中两国绅士聚会，大概会在我返回长沙后召开吧。我十二月二十五日出发，自南岳向衡州，在离衡州不远的樟木市湘河岸边送走了大正十年。一路上，在客栈，在寺院，惜时如金，将此稿完成，元旦在衡州度过，现在二号，身在赴湘潭的船中。

　　南岳距长沙一百九十余里，船票非常便宜。现在正是干涸期，因船行得太慢，改乘轿子。目的地是东南山路的大寺、祝圣寺，是唐代法照禅师的遗址，对我来说是一个重要的对象。以此地为中心要去踏察岳庙、南台寺、福严寺、传法院、铁佛寺、丹霞寺、上封寺。南台寺是石头希迁的故址，南岳唯一的曹洞宗，希迁塔在离寺院四里的山坡上。梅晓氏以前募集有志者赠送的黄檗本日本大藏经是此寺的骄傲，为这段佳话还特制了一块碑。福严寺是由慧思禅师开创、怀让开法的道场，但如今只纪念第七代祖怀让，慧思只有个开创者之名而已。寺旁有禅师的一生岩，稍远处有三生塔。从福严寺出来越过一座小山，有个马祖庵，别名叫磨镜台或传法院。这里是马祖接受怀让磨砖传法的故址。岩下有怀让的景胜轮塔，保存状况非常好，令人欣慰。从这里再向东南方向少许，小溪畔有个观音庵，是怀让曾经居住过的地方，但现在变成了一个小小的尼姑庵。再往上走是丹霞寺，丹霞天然的遗址。攀缘到顶就是南天门，这里属于南岳第二高峰天柱峰系。登至峰顶后下行一会儿，再登上前面更高的峰顶，那里有一座上封寺。此峰名为祝融峰，是南岳的第一高峰。寺院作为慧思的故址颇有名气。南岳一带除此之外还有九仙观、方广寺、神禹碑，但没有时间去了。就此离开衡州，去探访石鼓书院和濂溪书院的遗址。

（记于湘江船中）

自南岳至衡州（二）

关于南岳，如果让我明确发表感想的话，可归结为一长一短。短处是，除去石头和怀让的二塔之外没有什么更多值得观赏的古物。清代以前的石碑怎么会如此干净地一个都不剩呢，这大大地超出了事先的预想。而长处则是在宗教方面，满山无处不见行道念佛看经之人，态度超然，举止风雅，我到中国以后第一次在此地体会到了念经的真谛。泰山是道士的天下，嵩山一半一半，佛教不过是衰败的残余势力。而南岳是僧侣的天下，满山几乎到处都能遇到，而且大多数都身着僧侣装束，能识字的也很多。在这一点上，泰山就不用提了，就连嵩山也比不过南岳。遇到识字的僧侣时，笔谈甚至能够达到通过翻译们通译都达不到的深度。在福严寺时甚至连"日本僧侣也吃素吗"这样奇怪的问题都出来了。他们说素是指猪油[1]，问题问得很怪，回答他们说："表面不吃，里面我不识。"他们说："知道了。"大概是与他们自己的猜测吻合了吧。又问："日本僧寺是否开期传戒？"我不明白，他们告诉我是在头上点灸表明受戒，我说："日本没有。"他们问："那不受戒怎么能当僧侣？"我说："以得度为僧侣，各宗都开有学校，不完成一定学业的就不能做僧侣。"他们听了，似乎觉得有些奇怪。问曾经来过南岳的日本人，好像谁都知道水野梅晓和田中哲严二人。另外还有受田中君怂恿今年来访的村上素道氏，在福严寺还提到了盐谷氏，肯定是温君无疑。说是南岳有七十二峰，北面的岳麓山到南面的回鹰峰之间相距三百里之遥，方圆有八百里之广，看来果然如此啊。最后想说一句，南岳的山和日本的山很相似，岩石甚少。

（记于湘江船中）

---

[1] 此处应是笔谈时出的理解错误。

中国佛教史迹

山东的神通寺

东晋竺僧朗之遗址

山东名刹神通寺的创建人是东晋的竺僧朗。说明寺院之前,应该先回顾一下僧朗其人。

僧朗是京兆人,得道之后一直在关中讲学,前秦皇始元年(351年)移居泰山,与隐士张忠结林下之契。张忠被苻坚征用西行后,僧朗在金舆谷的昆仑山上另立精舍并常住于此。对闻信而来的百余崇拜者,循循善诱,孜孜不倦。西方前秦主公苻坚仰慕其德,派人前来邀请,僧朗以自己年事已高为由拒绝,但苻坚仍每月写信还赍赐资养。北方燕主慕容德也钦仰其德行及名望,封他为东齐王,并把两个县的租税都给了他。而僧朗只收下了租税,拿来充作了兴修福业的资金。南方晋主孝武帝致书僧朗,北方拓跋魏主珪也是又写信又送东西。连西方的后秦主姚兴也曾盛赞过他。由此可见僧朗的学德当时是感化了东西南北。苻坚在取缔僧侣时特意下诏曰:"朗法师戒德冰霜,学徒清秀,昆仑一山,不在搜例。"对泰山网开了一面。

金舆谷原本虎害颇多,不手持棍棒成群结伙就过不了谷,但自从僧朗来此地之后,无论晨行还是夜往都毫无危险。百姓感戴僧朗的德行,便把这个山谷称为朗公谷,从此以后朗公谷成了泰山南麓的一处名景。

泰山南麓有两处朗公的旧址,一处是神通寺,另一处是灵岩寺。两处都是僧传的金舆谷昆仑山的古刹,两者之间有什么相互关系呢?查《泰山志》引证《岱览》,古金舆山就是今天的昆仑山。此山又有昆仑和金庐的别名。昆仑据说是昆嵛的误称。引证《水经》《山东通志》,说是朗公谷在金庐山下,旧名是琨瑞溪。向当地人打听,被告知,隔河耸立在神通寺南面的就是金庐山。那么,这就是别名叫琨瑞山,僧传的昆仑山了。如此来看,金舆谷就是指山与寺之间的这条溪水,溪名或许就是叫琨瑞溪了。不管怎样说,现在神通寺已经荒废,连住持也没有了,所以只能是以《泰山志》和当

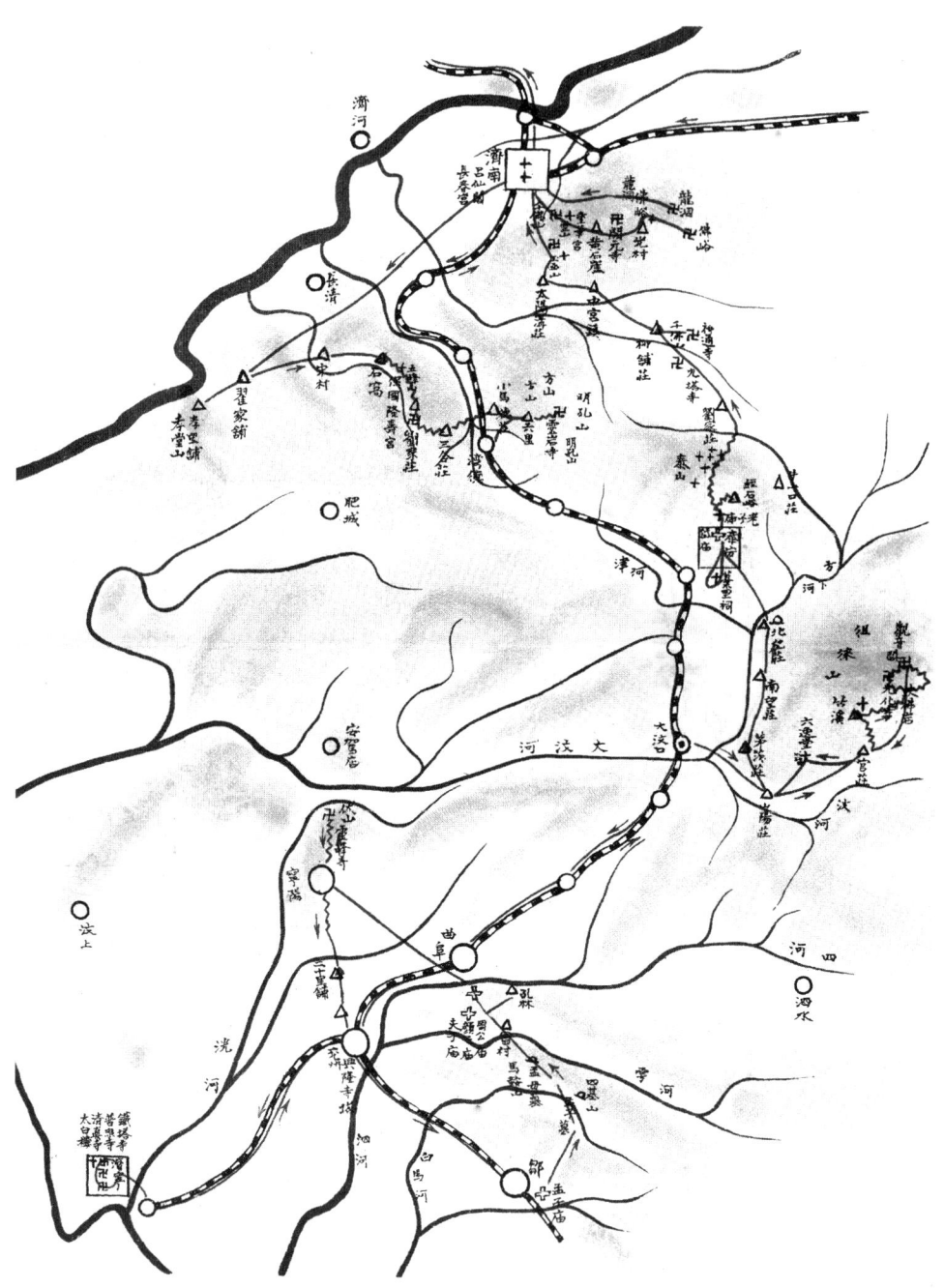

地住民所说为依据，别无办法。而灵岩寺现在不仅仍然是一座巨大的古刹，而且里面还有朗公之墓，东侧有朗公石，北侧有张忠的遗址野老庄。这些是否都应该认作是朗公最基本的道场，的确让人迷惑，不过，观察地势参照记录时必须以神通寺为基本道场。现在也还有保留着朗公谷之名的地点。如果把神通寺作为基本道场的话，那么灵岩寺是"时来此地讲法之地"的记录就得到了验证。两寺虽都有各自的说法，但目前应该考虑神通寺为基本道场的说法。

  大正十年十月十一日记事：

  由泰山向北方向下山，行约四十里，到达平地，再前行五里，到了牛山口庄。问了一下，说是到神通寺还要走四十五里。由于在条件艰苦之地连日辛劳，姓鲁的挑夫患了重感冒。他的身体本来强壮得应该能战胜恶魔，可却战胜不了病魔，声声诉说病痛难耐。行进前方仍是丘陵连绵，又找不到替代的挑夫，只好边鼓励他边前行。薄暮时分终于到了刘家庄，鲁的病好像更重了，说他一步也走不动了。还剩下二十多里，天马上就要黑了，又没有能够留宿的人家。因为没了扛行李的人，做向导的中国人主张就住在这里，但我还是主张，要住就住在神通寺，否则计划就会全被打乱。顾不得向导的脸色，我决意继续前行，拿出不菲的报酬又雇到了一名挑夫，把鲁托付给一家热心的农户，请他们帮助照看，然后趁着月色出发了。途中有一座名为九塔寺的古刹，很是让我心动，但时已夜半，只能徒过寺前，在柳铺庄这一小村处向右拐，说这里就是神通寺了。寺里有一个病恹恹、诉苦不已的八十三岁老僧，还有两三个农夫打扮的人。我觉得奇怪，问了一下，回答说这里号为涌泉庵，属临济宗，也是龙门派。那几个人都不识字，更别提佛教道教了。仅有的一点儿情况是从老僧处得来的，再问不出更多的东西。那些混在一起的白衣大士、泰山娘娘、斑疹娘娘，还有那些寺里人都身着世俗衣衫，这些都证明了中国北部各处可见的佛寺道教化的实情。所谓的龙门派大概是全真教的一个门派吧。九塔寺和神通寺里都没有住持，倒是这个小庵里有个八十三岁的老僧，虽然道教化了，还要搞形式，真是可怜。

  第二天十月十三日早上，来到神通寺遗址（图七）。因遭到数次破坏，只剩下形式上的一座小坊，没有人。前后左右丛生的荆棘之中还有不少石碑石塔。石碑中有大元至治年间所建的祖师兴公碑，见此足以。如同惯例，碑立在龟背上，戴有龙冠，正面叙述此寺之兴衰，背面题有宗派分行之图，刻着兴公法系。在众多弟子之中，有一人士日后颇为荣贵，学德十分了得，却迄今尚未为世人所知，其宋末人士也。石碑上刻有法系的甚为珍奇，但遗憾的是，石碑下半部被土埋住，没能看到全文。中国的寺庙里，每个时代都有祖师。遇有土崩瓦解后再重建之时都会加上祖师的名字，所以古刹里会有几个祖师。兴公大概是最后的一位祖师吧，其墓塔完好地保存在后面的塔群之中。

  塔的数量很多。其中最引人注意的是西北方的龙虎塔和隔着青龙溪与此相望的东

图七：神通寺全景

南方的四门塔。两塔呼应，仿佛可见巨刹当年的风貌。两塔以外还有两座形状与四门塔相似的石塔，其中一座是前面提到过的祖师兴公之物。与龙虎塔同形的有十五座。以上十九座碑，除了四门塔之外的十八座都是砖塔。另外还有二十八座石塔。仅这些数字就足以知晓神通寺是何等的名刹，自六朝到明代的漫长岁月中，这里又是有过何等的繁荣。

"龙虎塔"恐怕是从朗公塔演变而来的俗称（图八），中心呈四角形，四面刻着四尊佛像，佛像上下都刻有雕塑。里面的佛像是唐代之物，外部的塔身听说是元代所建，就是说仅仅就外部进行过修建。四尊佛像的面容与在我国常见的完全不同，表现出了一种中华民族的超然和随意，十分有趣。

听说四门塔上面有武定二年杨显叔的造像，还有景龙二年僧无畏的造像记。但登不上去未能亲眼所见。不过此为魏晚期所建，唐代加以重修之实毋庸置疑（图九）。这种形式的石塔灵岩寺里有两座，宝山有两座，嵩山有一座，都是唐代以前之物。塔本身也好，里面的四佛八罗汉也好都是石造，佛像用石灰石做成，稍加打磨即可出光，但遗憾的是这些石造像全部经过涂抹，没有一尊具有古色。

神通寺里有一个西方千佛山的唐代佛龛，让人喜出望外。黄色石灰岩制，石质尚好，没有后来加上的涂色、修缮的痕迹，缺损之处也比较少。寺院本身虽早就衰微了，但正因为没有经过明清时代的修缮，再加上此地是远离人迹的偏僻之地，所以古色才得以如此良好的保存。中心处有三个大洞，其他的小龛小佛数目众多，虽没能一个一个地数，但至少也要以百计。那些大大小小的佛像伸手即触，实在令人垂涎不已。三个大洞依次如下：

　　显庆二年　赵王福造　坐像　界定印　一丈
　　贞观十八年　僧明德造　并坐二佛　法界定印　两手膝八尺（图十）
　　显庆二年　僧明德造　坐像　法界定印　约一丈

外面还有武德年间有邻禅师造、显庆二年马都尉刘元意造、显庆三年长公主造、永淳二年王万元等造、文明元年赵旰等造，等等。三个洞内的佛像，二佛并坐的是多宝和释迦，其他的都是释迦。我想大概是因为中国的佛像不一定都要毗卢遮那如来的缘故。唐武宗年间，这个神通寺也曾被废止，但这些石窟还是被原样保存了下来。四门塔，能看出当时寺院对其十分重视，对里面的佛像进行了维修，可是结果却是使原物遭到了破坏。背面坐佛的下面刻着住持福胜宝山的名字，那是宋绍圣年间的人，四门塔佛的原有形状肯定就是从这个时候起逐渐失去的。《泰山志》以《泰山道里记》为引证记载说："千佛岩的悬崖峭壁上有一千个大小石佛，多为魏齐及唐人所镌，更有二十余部造像记。"不过现存的造像铭只能见到八部，如果相信《泰山道里记》的

图八：龙虎塔

图九：四门塔

图十：第五区左本尊半身像

记载，就应该还有更多的造像铭记出现，依照这些铭记可以了解魏晋造像的情况，但据我的大体观察，其中不会有比唐代更早的东西。

一时间，我的注意力全部集中在这些众多的碑呀塔呀、洞窟佛龛等上，结果去对岸的时间不够了，当时又没有意识到这个问题，其结果是只看了一座四门塔就不得不离开了。第二天行至三十五里外的中宫镇时才想起忘了去看朗公谷和三坛寺塔。当地老乡说朗公谷就在四门塔下面，那里有三座墓，其中之一就是朗公墓。传说灵岩寺里也有一座叫作鲁班洞的朗公墓，不去现场调查，难以辨出真假。关于朗公在佛教史中的位置有再调查的价值。如此重要的古迹，事先的调查再充分也不能保证做到现场调查万无一失、一次成功。

三坛寺塔是一座七级佛塔，在四门塔东面的岩壁上镌凿而成，名为三坛寺阿弥陀佛卒堵婆。此塔是否如同记载迄今犹存不得而知，但既然有记录就应该进行探访。

《水经注》记朗公为佛图澄弟子，《灵岩志》记佛图澄曾至灵岩寺。不知这些记录是以何为据，但应该都是事实。僧传中未提朗公的师传，但从年代上看可以说是佛图澄的弟子。此间相传着佛图澄的弟子道安和法汰登上泰山，法汰因感怀人之渺小而痛哭流涕时，道安加以安慰的事情。如果朗公是佛图澄的弟子，那么就与道安、法汰是同门之友，两人来泰山之事和僧朗日后进泰山多少应该有些关联。当时像道安、法汰、朗公那样寻求学德兼备的师长的话，则非佛图澄莫属。在佛教史以外的书志里见到把僧朗作为佛图澄弟子的记载，颇有参考价值，足可为佛教史补遗。

《续高僧传》中这样记载着，在泰山朗公谷山寺的北魏僧意传中说，寺内有高骊像、相国像、胡国像、女国像、吴国像、昆仑像、岱京像，此七像皆为金铜所制，俱陈放于殿堂之内，堂门常开，闲杂人等不敢入内，至今犹然。如此看来，至少在唐初此处应该有这些佛像存在。我认为山寺应该就是指神通寺，但记载最后的附记中有僧意和同侣的志湛，志湛塔现在在灵岩寺内，这样一来，是神通寺还是灵岩寺就又搞不清楚了。有关僧意的年代，一种说法是把僧意、志湛作为朗公的同侣，另一种说法是志湛传里把志湛作为朗公曾孙的弟子，并说志湛住在泰岳人头山衔草寺，寺为宋时求那跋摩所立，圆寂时，南方梁朝的宝志也听说了，并将圣僧涅槃之事禀报武帝，扬州的道俗皆面向北方礼拜。如照此讲述，则朗公谷山寺及人头山衔草寺的位置、僧意志湛的年代、与朗公的关系、志湛宝志之间是否有关、宋僧求那跋摩与泰山有无关系等一系列的问题都会被引发，且恐怕哪个问题都不存在具有决定性的史料依据。因此在这里，认为朗公谷的声名于元魏时代十分显赫，甚至可以牵动王室，随后又供奉诸国佛像从而引得世人景仰的看法，应该是行得通的。

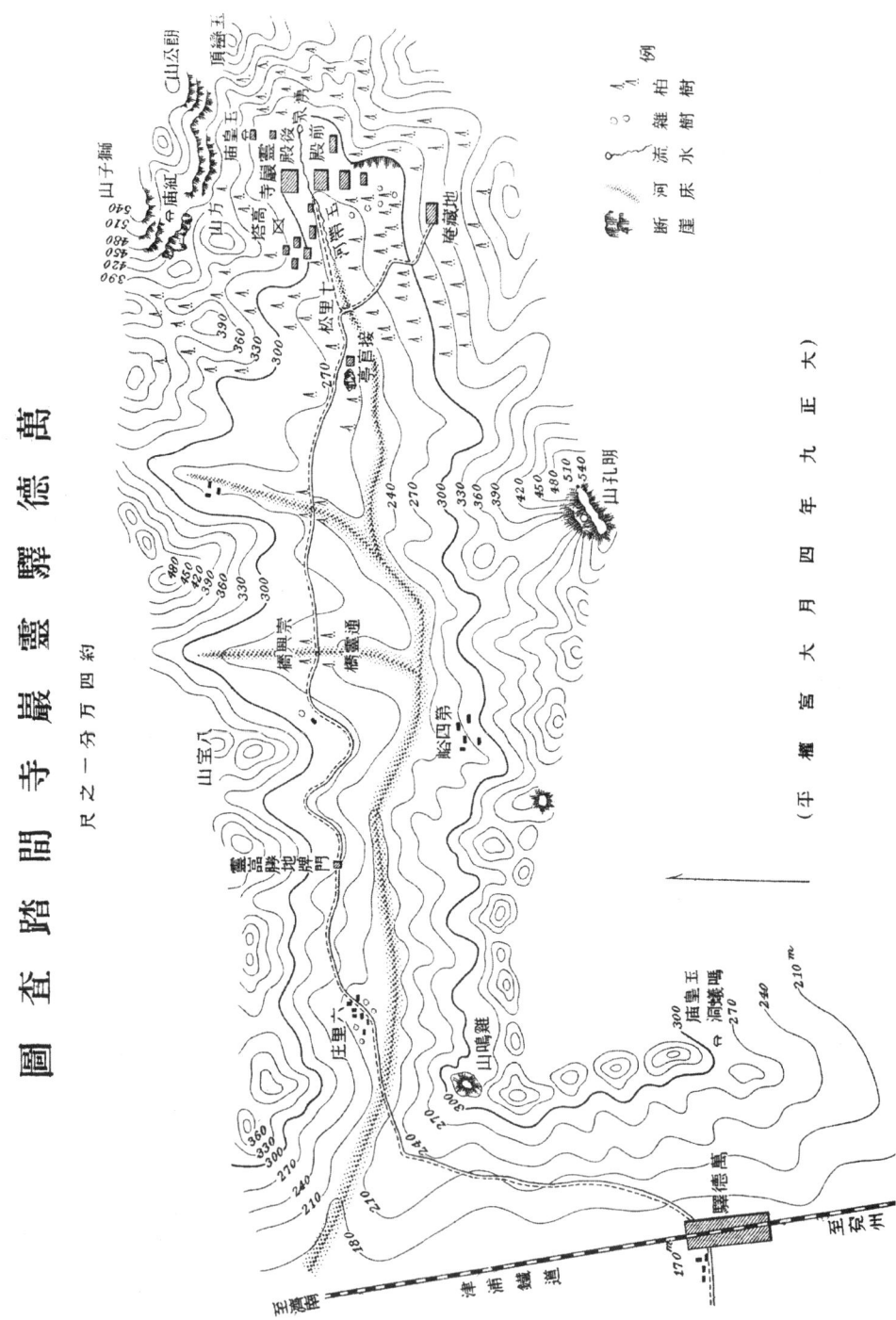

万德驿灵岩寺寻问踏察图

山东泰山灵岩寺

东晋竺僧朗之故地

　　唐相李吉甫在《十道图》中把润州的栖霞寺、台州的国清寺、荆州的玉泉寺、山东济州的灵岩寺称为天下四绝。上一次踏察时我去了润州的栖霞寺和荆州的玉泉寺，所以此次旅行一开始我就决定先去灵岩寺探访。这些寺庙不仅风景绝佳，而且都历史渊远，具有时代背景，开山之祖皆为名僧。栖霞作为南方三论宗的发祥地有学德高尚的僧朗、僧诠，玉泉作为天台宗的发祥地有讲授"法华玄义""摩可止观"的智显。这里的灵岩山有作为山东佛教创始人而道号广扬天下的僧朗。其中灵岩的僧朗为东晋时代人士，时代最为久远，在漫长的中国佛教史上应该属于初期，时间应是在北方佛图澄、南方竺浅的影响下佛教迅速传遍各地之后不久。为了逃避北方的战乱，佛图澄的高徒道安向南投奔襄阳来到新野，与同门竺法汰、竺法和作别后，法和向西入蜀，法汰向东入扬州，道安自己向南进襄阳。恰好与其前后，僧朗于秦皇始元年（351年）进入泰山。僧朗的法系尚且不明，但按前面的记述，大概应该与道安等人同门。如是同门，那么这些壮年教徒于战乱之时各处求缘四处流离的历史实情便不难想象了。灵岩寺是僧朗时时前来说法之处，寺志上记载，此寺名称源自朗公说法令乱石感动得点头之故，但实际上应该是由道生点头石的传说转化而来的。

　　九月二十六日，离孝堂山，路途艰险，行至五峰山下的石窝，住下。二十七日，巡视五峰庙，发现庭碑中有一块上刻着杜仁杰所撰青静崔先生传。下山后至刘家庄吃早饭，然后用了一点儿时间拍了一些属于伊斯兰教清真寺内部的照片。本日计划要早些到达灵岩寺，所以花钱雇挑夫来推独轮车。沿着山溪前行，路之险恶超出想象。虽说有路，但要么步行要么用牲口，否则实在难行。在这种地方使用独轮车绝对是超出常规了。但这里的大路都因发水不通，没办法只能走这样的小路。到三合庄不过二十五里的路程，独轮车由两个挑夫一推一拉，竟然费了五个小时。前面还有三十里，在这里把刘家庄的挑夫辞掉，再往前行路面刚刚平缓了一些，就遇到一条河面宽阔的沙河。挑夫先把我背过河去，然后返回去把向导张文山背过来，再返回去把独轮车拉了过来。挑夫的忠厚和辛苦让人又感动又同情，但事已至此，只能是顺其自然了。又过一村，到了小马德庄，庄户不少却没有可食之物。常言山东土地贫瘠，现眼见寒村为实了。走了一天险路，气力基本耗尽，天色已近黄昏，只吃过一顿早饭的挑夫开始喊饿，主张不再前行。对此，我十二分地理解，可是也不能就在这个连食物也没有的寒村过夜。我把仅剩的两个鸡蛋给了他，鼓励着他横穿过铁道，走完最后一段路程。到六里庄后有幸又找到了一名挑夫，让他帮助推车。这个挑夫名叫武生，说因自己前清不第，登不得龙门，只能在寒村干干体力活，其心境确实令人怜悯。天将黑时到了刻着灵岩胜境的石碑门前，稍事休息，过了通灵桥，天完全黑了，只能摸着黑往前赶路，幸好有武生带路，得以平安到达。饥饿加上疲劳，浑身累得像一团软棉花，走进客堂休息，看见墙上贴着很多名片，其中就有我邦的松本博士、羽溪学士、北村学士、阪东晴举四位。

名片递过去后，老僧高兴地欢迎了我们。他名叫寂章，长清县人，今年已六十五岁高龄。想他大概会是济门之士，一打听，却是曹洞宗，很是意外。问山东曹洞宗的寺数，答曰千余，再问成为曹洞宗的年代，答曰是自汉代以来。至此，我没有勇气再往下问了。老僧说这里没有任何文书和字刻类证明此处为洞宗，本来觉得没有希望了，可第二天在历代的墓群中发现了一块至正二年立的曹洞宗山休堂联道行碑。根据上面的记载知道了这里是从元代开始明确地成为曹洞宗的。后来又查阅了各种资料，得知此处宋代时有过云门宗的住持，也有过临济宗的住持，以后的乾隆年间，临济宗三十一世玉林到第四世的珏庵瑞也在这里做过住持。这些表明了近代之前宗派依属于做住持的人，但我认为，现在宗派应该说已经变成依属寺庙了。元代时，灵岩寺和嵩山少林寺之间有着密切的联系。少林寺的曹洞宗第十五代息庵也曾是灵岩寺的第三十九代，日本但州正法禅寺的邵元僧长期归属在息庵会下，因此少林寺的本塔和灵岩寺的分骨塔上都有邵元撰写的碑铭。

灵岩寺的建制还有很多值得一看之处。以千佛殿为中心，前面左侧处有五花殿的遗址，再往前南面有大雄宝殿。千佛殿右侧的西面高处有座辟支塔（图十一），再向西走数百步，有历代的墓塔林立，其中法定塔位于中心，背后北面的高处是惠崇塔。千佛殿是唐宋时的大雄宝殿，万历年间重修，石柱柱础上的龙凤和莲瓣的雕刻十分精美。五花殿为宋代嘉祐中琼环长老首建，原有两层架阁，龟首四出，极其壮丽，又名灵岩阁，明代曾经重修，但如今已经完全倒塌，能见到的仅是那些带有雕刻的石柱。横在大雄宝殿前的石柱大概就是五花殿的遗物了。大雄宝殿原本是个献殿，明代安置三尊大佛塑像之后得名大佛殿。辟支塔为十三级，第一、二层间和第三、四层间较为狭窄，再往上各层的间隔是相同的。顺着内部的台阶，能上到第八层。第四层的壁间嵌着一块刻有庆历年号的小碑，第一层嵌着三块，外面保存着八块。这些碑上面都是为建成此塔捐了款的人名。其中有嘉祐二年的年号。自庆历年间到嘉祐二年的十四五年间，正好明示了此塔兴建的年代，也正是建造五花殿的琼环长老的时代。那时应该正逢佛门繁荣达到最高点的时代。塔内第一层、第三层、第五层放有佛像。我见过很多塔，但原有的佛像能够保存下来的，我还是第一次见到。外面刻着捐款人名的八块小碑的四周，围着用石材雕成的佛像、狮兔、唐草、云纹等，刻工十分精巧，很值得一看。

林立的历代住持墓塔也形成一幅壮观景色。大概数了一下，墓塔有一百四十七座，另外还间或有三十三座石碑。寺中只有一座海会塔是宋代的（图十二），其他都是元

图十一：灵岩寺辟支塔及汉柏

明以后的。高度大概在二丈四五尺到一丈之间，中间部分有方形的、钟形的，还有五轮形的、椭圆形的、圆形的，各种形式样样俱全。居墓塔林中心位置的是开山始祖北魏法定塔（图十三），其后方高处是复兴之祖唐代惠崇塔。两塔都是方形砖塔，远承神通寺四门塔的形式，并都安置着祖师的石像（图十四）。两塔应该都是唐代所建。

现在寺域的东侧高处有一眼甘露泉。泉北的康熙、乾隆离宫遗址就是灵岩寺的旧址，北侧险峭的岩石山因形状四方而得名，称为方山。以这座山为中心，甘露泉外有名为黄龙、独孤、双鹤、卓锡、石龟的五眼泉水。大概就是因为有这些泉水的存在，所以寺庙、离宫等才会选择这里为址。沿陡峭的岩壁攀缘而上，约在相当于岩山胸部之处刻着乾隆的题词。在一个叫作可公床的地方刻着朗公传。所谓可公是指曾经在此处行道的明代名僧大观大师。再往上走可至黄鹤岩下。放眼望去，风光无限，想起四绝之谓，首肯心服。听说原来山顶还有一座宋代仁钦和尚修建的绝景亭，但现已不存。根据旧时记载，南崖下有石佛，曾有三门相通，架木为梁进入，但如今木已朽烂，石佛只能遥遥眺望。经过此地时给我们当向导的年轻僧人对此事只字未提，看来的确没有了探访的价值。再上行，向右转，从下往上可以仰见红庙。那是一个在山顶巨岩上开凿出来的洞穴，名为证明龛。龛中有五尊佛像，两丈多高的释迦牟尼坐像居中，左右有两菩萨，两罗汉胁侍。左右的四尊是原有的，但中尊却经过后代的修理，失去了原有的形状，实在让人遗憾。《泰山志》的记载中有"石龛宏敞，名证名龛，右释迦佛像，高丈余，旁右四行者像，皆因石为之，龛座刻宋之题名"，说的就是这里。我开始认为这些作为唐代之物说服力似乎有些不足，应该视为宋代之作，但后来查看《泰山志》，看到了唐大中八年乡贡进士牟玚所撰《修方山证明功德记》一篇，其中引用寺记，说此寺为旌表唐初的善子童儿舍身求法而建，会昌五年灭法时仅此龛佛像得以残存，大中六年杭州僧人子儒为之加上金彩装饰，石像有弥勒佛及胁侍菩萨的神兽共九尊。这样说来，此处为唐代之物不容置疑。不管怎样，此处该当灵岩寺之宝第一位，其次是辟支塔以及法定、惠崇二塔。

灵岩山原名方山，又名玉符山，位于泰山西北。神通寺位于泰山东北，寺前的朗公谷又名琨瑞溪，向西北流经玉符山，所以可以说两寺因琨瑞水而相互联系。北魏《孝文帝本纪》中有这样的记载："太和三年，于方山起文石室，五年，于山上建永固石室，石室之庭立碑，八年，幸方山石窟寺。"有人推测方山就是指灵岩山，但这种推测是错误的。那座方山在山西省。《寺志》中所写"晋时伊始，为苻坚所知，北魏时兴，唐宋金元时盛，至明，尤以万历以前为盛，天启之后渐衰，至清代复有起色"是该寺的兴衰概观。如从人物方面看，佛图澄曾一度游访，其弟子僧朗亦来此地讲经说法，普及佛教信仰，当时应该有过一些相应的建筑，但经北魏武帝时的禁佛，一切都荡然无存。孝明帝时，法定重新兴建此寺，故被称为开山第一祖师。隋文帝于开皇十四年巡行玉符一事指的就是此寺。至唐代，惠崇致力复兴，把寺址从甘露泉北侧移至西南侧，

图十二：灵岩寺宋代海会塔

图十三：灵岩寺法定塔

图十四：开山法定石像

宋代时，琼环长老更是大力扩建，殿阁廊庑逐渐宏伟，上面的题咏也逐渐增多，灵岩的寺号也是从这时开始的。

灵岩寺的北峪里有一座神宝寺，传说也是由北魏的法定创建，现在已经荒废。因没有搞清楚有名的那块开元碑是否尚存，所以取消了探访计划。所幸《泰山志》里记录了该碑碑文。根据碑文所记，当时有两座十一层的石佛塔，一座舍利塔，唐代的僧人明干、彦休、元质、神解、宏哲、惠冲、景淳、贞固、法将等相继入住，现在的寺主名叫惠珍。但作为当年开基人的正光元年的沙门明，应该是法定之误，肯定是把法定和远祖朗公搞混，又把朗公误认作明了。更有天宝九年李邑所撰《灵岩寺碑》中写着晋宋时有法定禅师，这应该是人名上的误差。此寺的开山始祖应是朗公无疑，碑碣上的类似错误颇多，应加以注意。

寺院的西南面有一座明孔山，远远望去，半山腰处可见一圆形洞穴，这也是一个有名之处，曾令明孔山灵岩寺之名享誉内外。据记载洞内有石佛像，但未能去现地察看。寺院的后面临近拂日岩，听说有座观音洞。那是座从北魏传承过来的寺庙，如果能去探察一下，我想也许能够有些意外的收获。

北周禁佛之际，无论神通寺还是灵岩寺、神宝寺都被废掉了。当时，僧人们从邺下逃往南方，直到隋代才依靠昙迁之力得以复兴。昙迁自归顺以后停留在徐州，主要讲授《摄论》，开皇七年（587年）应文帝诏率门徒十人进入长安，住在大兴善寺。当时应诏聚集的学者有洛阳的慧远、魏郡的慧藏、清河的僧休、济阴的宝镇、汲郡的洪遵等，每人各带了门徒｜人进京。一度曾被毁灭的佛教，依靠这样德高望重的名僧重新得以复兴，此中昙迁在度僧复寺方面所尽的气力最多。后因文帝恩宠有加，引起是非争议，为此写成《亡是非论》以示自己安然处之的态度。开皇十四年文帝于岱宗祭天之时，昙迁又为此地被废诸山寺及逃亡的众僧人请愿，希望他们能得到安置，得到了文帝准许。根据那一道敕命，河南王成了神通道场的施主，齐王成了神宝的施主，华阳王成了宝山的施主。见到了这样的注解，神通是旧朗公寺，神宝是旧静默寺，宝山是旧灵岩寺。由此看来,朗公、静默、灵岩三寺都遭遇了北周的禁佛，曾一度归了毁灭，到了隋代才又以神通、神宝、宝山之名得以复兴。

山东徂徕山映佛岩

齐鲁四山摩崖之一
宋代石守道遗址

隔着汶河耸立在泰山东南方的就是形状颇佳的徂徕山。唐代的李白客居仁城时，整日与孔巢父、韩准、裴政、张叔明、陶沔五人沉醉其间，自号竹溪六逸，被传为有名的佳话。这六逸故址我也想去寻访一番，但不过是顺便而已，我的第一个目的是想看看映佛岩上那有名的王子椿所书般若经。泰山上那有名的金刚般若经，在古今的石刻经中大概应是首屈一指。而隔汶河与之相对的徂徕山上也有般若经，实在是令踏察意欲在我心中激荡不已。自古以来作为儒教要地的齐鲁泰山及徂徕山上都有般若经的石刻，这些石刻是能让我们了解佛教如何支配北朝人心的指针，所以，在探访儒教故址的同时，也一定要寻找这些遗迹。另外，北宋时代泰山上有孙明复，徂徕山上有石守道，这两位成了复兴儒教先驱中的两大明星。如果去泰山就要探访孙泰山之迹，可能的话，与此同时当然也要访一访徂徕山的石徂徕遗迹。这与宋代儒佛两教之间的交涉问题也有很大关联。因此，映佛岩的般若经和石徂徕的遗址，还有李白的故址，促使我在山东踏察的计划中加入了徂徕山。实行起来会有各种困难，但顾不上许多了，我径直向着目的地出发了。

十月七日，在大汶口车站下了车，行三十五里来到山阳庄，休息了一会儿，徒涉过了宽阔的汶河，到达徂徕山麓。我并不知映佛岩位于何处，只是一味向南前行。向导张文山曾经到过一次竹溪，不管怎样，先把竹溪作为目标。过了名为官庄的小寒村，前面都是些断断续续的鸟径兽路，走了大约十几里后，到了花岗岩林立的溪水边。这里叫擦石峪，再稍稍向纵深处走，有一座隐仙观，那上面是怪石嶙峋的贵人峰（图十五）。这里有一户人家，打听了一下，说是映佛岩在离此处向东十五里的光化寺。又问六逸，说在向西十五里处。此时天色已晚，擦石峪本不在计划之内，商量今晚应该在何处住宿时，自济南出发以来一直负责行李的鲁挑夫说已经太累了。由于我太过于热衷自己的目的，疏忽了挑夫的辛苦，他们肯定是太累了。都是一样的人，将心比心，决定就住在隐仙观了。明月高挂山头，清泉淙淙流淌，真乃仙居之观也。曾听说徂徕山屡屡成为土匪集团的驻屯之地，但今到此地，看到的明明是一个清闲恬静得让人连土匪二字都想不起来之处。但仙居的食物可是不敢恭维，只有稗子面饼和掺了小豆的小米粥。不过，既然到了此地就不应该说三道四，而且即使说了也是于事无补。看挑夫和张文山也吃不惯，所以第二天一早没吃饭就出发了，期待着能在附近村落里找到比这里强一些的食品。隐仙观为明代所建，没有古碑。

图十五：竹溪全景

第二天十月八日，行至泰山前庄，在这里吃了饭。主食虽也是稗子面饼，但有豆腐和鸡蛋，比昨天的好多了。这次山东之旅，让我明白了稗子为什么会被当作五谷之一的理由。去光化寺的途中，不知什么时候开始搞错了方向，结果到了大悲阁。门外有一块题着"三笑处"的石碑，肯定是受了庐山的影响。阁中有一光化禅寺的木印，属于光化寺一点不容置疑。光化寺在大悲寺西方约一里，现在虽已衰败，但看门外竖立的宋碑就知道，此寺创建于六朝时代，是能与明孔山灵岩寺匹敌的山东巨刹。

映佛岩在光华寺东南数里，是一片陡峭的花岗岩，没有路径，寻找可行之处朝山顶进发。在此之前的平地路途中有不少石头，其中有两块巨石十分惹眼，上面刻着字。右边那块上的是四个佛名：

　　大空王佛　弥勒佛　阿弥陀佛　观世音佛

左边那块的正面和右侧面都有文字。正面有十七个空及王子椿等字，右侧面上刻着年号。这无疑就是出自王子椿之笔，古朴可爱，以此为准可以辨出王之书法风格（图十六）。

　　中正胡宾　大般若经曰｜内空外空内外空｜
　　武平元年　空空大空第一义｜　空有为空无为空｜
　　　　　　毕竟空无始空散｜　　空性空诸法空自｜
　　　　　　相空无法空有法｜　　空无法有法空｜
　　　　　　冠军将军梁父县｜　　令王子椿造｜
　　　　　　息道升（？）道□｜道昂（？）道□｜僧真造

映佛岩顶的一块分成三段（图十七）。
　　普□
　　般若波罗蜜经主　　　　武平元年 经文（此处略之）
　　冠军将军梁父县令王子椿　僧齐大众造
　　　　　　　　　　　　　　　□□慧游

根据《金石萃编》的记载，此石第一次出现是在聂氏的《泰山道里记》中，其中，第二段的"普□"读作普憎，"□□慧游"四字被认作类押状不可识。之后，《萃编》的著者王昶因与自己交谊甚厚的黄司马易言及此碑甚是详尽，乃用其说，将类押状不可识的四字读作"维那慧游"。现在普字下面和慧游上面都已完全剥落。王昶主张"僧齐"应该是僧斋，但即使读作僧斋意思也不通。梁父县是自汉代以来的泰山郡，属于北齐时改称东平郡的地区，位于徂徕山南面，王子椿当时是此地县令。

来到泰安府，想买石刻的两种拓本。但发现不但两种拓本各不相同，似乎连用的石刻原本也不是一种。年号一种是"武平"，另一种是"武平"；"普□"，一种是"普憎"，而另一种则成了"普薩"。本来没有的文字出现在拓本上，说明拓本不是从原本而来，无疑这两种拓本都是赝品。也就是说，用旧拓本做新复制品

图十六：王子椿书般若经大石

图十七：王子椿书映佛岩

时，根据制作者的判断，或者做成普萨，或者做成武平。相当不错的拓本也有如此炮制之物，文字等与原本大有出入，这在拓本的研究上，不能不视为大问题。再仔细观察，又发现复制品不像是出自石材。责问卖主为什么要卖假货，他就马上慌慌张张地离开了。这样一来，就更证明了那拓本是赝品。这些人甚至连徂徕山都没有去过。

确定了这些拓本都是赝品，接着又出现了新问题。映佛岩顶上的"普□"云云的两段文字，这里竟都能清晰辨读。《泰山道里记》以来，侵蚀剥落情况严重，全文应该早已读不全了。可为何眼下之物能够如此判然。究其原因，我认为这两段大概是来自新制的石刻。在实地查看刻岩时我就注意到，经文表面虽旧，但这两段文字却是刻在缺欠形成的新面上的。我就此问过寺僧，回答说是自古如此，但参照记录，再比较字体刻状，不禁生疑。如果不仅仅停留在疑问阶段，而是把这新面上刻的两段视为新刻，那么，钱大昕就是从友人聂剑光处得到的徂徕山拓，然后将其收入《金石文跋尾》中的。泰山的金刚经也应该同样是从聂处拓得，并断定是王子椿手笔。因为他没有亲见徂徕山实物，所以并未论及新刻与否。看来，研究拓本必须十分慎重。原物辨认不出的字，拓本复制品却能辨认出来，甚至竟出现了用能辨认的新刻来代替辨认不出的原物。这样一来，即使是从原地原石直接拓来的东西，也不一定就是当初的原版了。事至如此，对拓本的研究不能不说是极为困难了。今后徂徕山如果引起学界注意，那块剥落颇多却有十七空并王子椿造字样的巨石兴许也会被新刻取代。即使到不了这种地步，能辨读的拓本也会不断出现的。看泰山金刚经，现在不就已经有了深刻字版，也有了新刻字版，剥蚀掉的部分在不断地被填补，如果不在这里面区分新旧，就有可能再也见不到古笔真迹了。

山东齐鲁之地有四座摩崖。第一是泰山经石峪的金刚经（图十八），没有年月也没有题名。第二是徂徕山映佛岩上下的般若经，上面有武平元年的年号和王子椿之名。第三是邹峄尖山的刻经十种，有武平六年的年号。另外还有造像，上面有韦平振、韦子深、唐邕、韦太阳等的题名，但没有年号。第四是小铁山、葛山、冈山的刻经，这里有大象元年并二年的年号，没有题名。对于这些摩崖相互之间的关系，学者们的见解并不一致。《金石萃编》中把徂徕山和尖山视为同类。如果依此，则尖山也是出自王子椿手笔。《泰山志》则认为泰山和尖山都是韦子深所写。《金石文跋尾》主张泰山和徂徕山一样都是王子椿所书。说法有如此不同，但徂徕山上有题名，尖山上也有题名，这原本应该不成问题。剩下的是，泰山书是出自王子椿笔还是韦子深笔，对此，由于我没去尖山考察，也没见过拓本，所以不敢妄言，但心里是倾向钱氏的王子椿之说。

十月九日，前一天去映佛岩爬上爬下十分疲惫，但又不能空滞此地，踏上二十五里的归途。五里山路上上下下，到六逸堂故址的二圣殿、三清宫一巡，下得山来，经山阳庄至茅茨庄住宿，第二天十日，凌晨四点起床，能模糊分辨出路径的黎明时分启程，经南望庄至北望庄，在北门外求到了一块刻着石徂徕先生神道的明碑。作为石徂徕的遗址，除此之外没有找到别的。能得到这一件也应该满足。

石守道曾在此山下耕耘，被鲁人敬为徂徕先生。尝患文章之弊，佛老为蠹，著《怪说》，以之为儒者吐气。隔着汶河，对退居北岸泰山的孙复明执弟子礼。孙泰山因举进士不第而发奋，退居泰山学《春秋》，著《尊王发微》，为振兴士风尽力。宋儒复兴在很大程度上是靠此二人出的力。石徂徕的遗址已经去过，现在一定要去看看孙泰山的遗址。在去泰安府的途中，又徒涉过汶河，凡遇到合适之人便向他们打听孙氏，但没能得到什么像样的回答，倒是意外听说，孙氏的后代孙佩森就住在城里通天街。到了住地，马上前去拜访，堂皇的大门上挂着阖族共送的"泰山遗风"匾额，但此门一般不开。左边有一家天去堂药铺，正是孙宅，向面颊丰润的壮年主人打听泰山退居讲学的遗址，回答说不知道。他告诉我附近有一座二贤祠，里面有先生的字迹。既然来了就过去看看，原来是共祭孙石二人的祠堂。看样子不像能有什么先生的字迹。如此看来，与孙泰山有关的，是该以访问了那所后代的宅第为最大收获了。

后来读《泰山志》，里面有一篇石守道撰《泰山书院记》，文中提到那块碑在泰山西南麓三贤祠内，现已不存。据此记载，孙的退居讲学处应该是在泰山西南麓，那里有一座三贤祠。但我想现在三贤祠大概已经没有了。有人说，三贤祠今已衰败，那里什么也没有，全部都转移到城南汶阳桥北的天书观去了。这个说法像是事实。天书观现在已经成了学校，即使去了，也很难说能否找得到和泰山有关的物品。

宋儒的研究，于儒佛二教的教理关系方面十分重要，作为开宋儒先河的前导者，孙泰山和石徂徕二人值得特别注意。尤其是石徂徕在《怪说》中有排佛方面的议论，其就更是一个与儒佛关系问题有关的人物了。听说有石徂徕的全集，但因为一直未能找到，所以其中议论的内容不得而知。看其他文章的介绍，说是那些议论不过只是张口开骂而已，内容极为贫乏。不过，那的确给长期以来一直保持着沉默的儒教界注入了活力，仅此一点，我认为就是卓有成效的。

图十八：泰山经石峪

山东的石窟

山东地域不大，但古石窟却不少。仅我知道的就有下面所列之数。其中大部分关野兄已经踏察过。

一、历城县黄石崖——北魏
二、历城县千佛山——隋、后世修缮
三、历城县开元寺——隋、宋
四、历城县佛峪——隋、后世修缮
五、历城县龙洞——隋、元
六、历城县玉函山——隋、后世修缮
七、长清县灵岩寺——唐
八、历城县神通寺——唐
九、宁阳县伏山——宋、明代修缮
十、长清县莲华洞——隋以前
十一、益阳县云门山——隋
十二、益阳县驼山——隋

这些石窟中，莲华洞是过而未入，失之交臂，云门山、驼山是未得机会。其他九处都进行了一番踏察。石窟以外，山东省内巨大摩崖的数量也意外之多。其中有名的是泰山、徂徕山、尖山、葛山、冈山、小铁山。摩崖在徂徕山章里已经写过，这里集中记述一下石窟。

历城县黄石崖

历山南面，隔着峡谷，有一道可与历山匹敌的丘陵。丘陵山腰处有一座和佛慧山连绵但与厥山不同脉的别峰。这里很早就受到了金石家们的瞩目，但最近似乎来访者稀少，就连济南的有识之士似乎都把这里淡忘了。下至历山南面，来到有石窟的别峰下面。幸遇一农夫，问了路，顺别峰背面向石崖方向行进。倾斜的山体上没有路径，抓着石头，拽着草根，爬到与历山山顶相对的一边，自然形成的石窟还在更高之处。石窟下是一面摩崖。石窟里摩崖上都有刻像。摩崖上的刻像多已剥落，石窟里的基本上保存了原来的样子。左右两壁上都是中间一尊大佛，左右有小刻像围绕。中尊背光上的天人，具有典型的北魏时的特征。旁边还有宋人的铭文，这些和造像没有关系。下面摩崖上有很多铭文，以下这三个很是清晰：

孝昌三年敬造石窟

元象六年造弥勒像

兴（？）和二年刻弥勒像三躯

石窟的造像好像都是孝昌三年的。从铭文中有"历山阴"的文字来看，历山应该也包括这座别峰，而并不只是现在叫作历山的部分。同样，把历山山腰叫作千佛山，也应该是包括黄石崖部分的叫法（图十九）。

历城县千佛山兴国寺

这座寺院位于离济南最近的历山山腰偏上之处。寺域内最高处是一座舜祠，名为重华殿。殿内有一尊中年舜帝像，下面的兴国寺域的壁崖上有浮雕。正如《大清一统志》的记载，这些浮雕是隋开皇年间所凿，可见隋代铭文，但不知什么原因，后人总要在上面涂上一层泥塑，以致见不到原形。如果想把表面上的泥塑除去，那么里面的佛像多少会遭到某种程度的损坏。此寺是唐贞观年间所建，所以刻像的年代要比寺院本身久远。隋文帝听了昙迁的进言，让河南王重建了神通寺，齐王重建了神宝寺，华阳王重建了灵岩寺。山东省内众多的隋代造像肯定就是当时风潮的表现。山东之外也曾有过此类造像，但因禁佛基本上被毁掉了，而山东保留下来的相对多一些。

历城县佛慧山开元寺

此寺因《府志》上记的是本名佛慧寺，所以也叫作佛慧寺。五代宋初年间义楚所在的济州开元寺应该就是这里。义楚通读过三遍《大藏经》，尤其是作为《居舍论圆晖疏》学者著称。他认为儒家对于佛教的行文误解过多，因此误用也就很多，于是仿照白乐天的《六帖》著成《释氏六帖》一书，得到了周世宗的紫衣加身，并得明教大师称号。寺院中心处殿堂名为文昌帝，里面安放着释迦、老子、孔子三圣像，佛道并存。正面有一块众信徒的题名碑，上刻民国五年建，还有下面的文字：

长生古会　每年　五月十三日关圣帝君

九月十五日长生古佛

圣诞之辰

和关圣帝君并排的长生古佛是为何物？寺院后面有一个较大的洞窟，里面有一尊骑着狮子的帝君像，周围的壁刻基本上没有被修改的痕迹，其中有一尊被原样保存下来的小佛像，照此推论，帝君像应该就是文殊的变形，长生古佛就是指文殊变形而来的这个帝尊。洞窟左侧的摩崖上有很大一尊释迦像，但很可惜，那只不过是一尊被近世化、俗恶化了的粉饰泥塑。

图十九：黄石崖

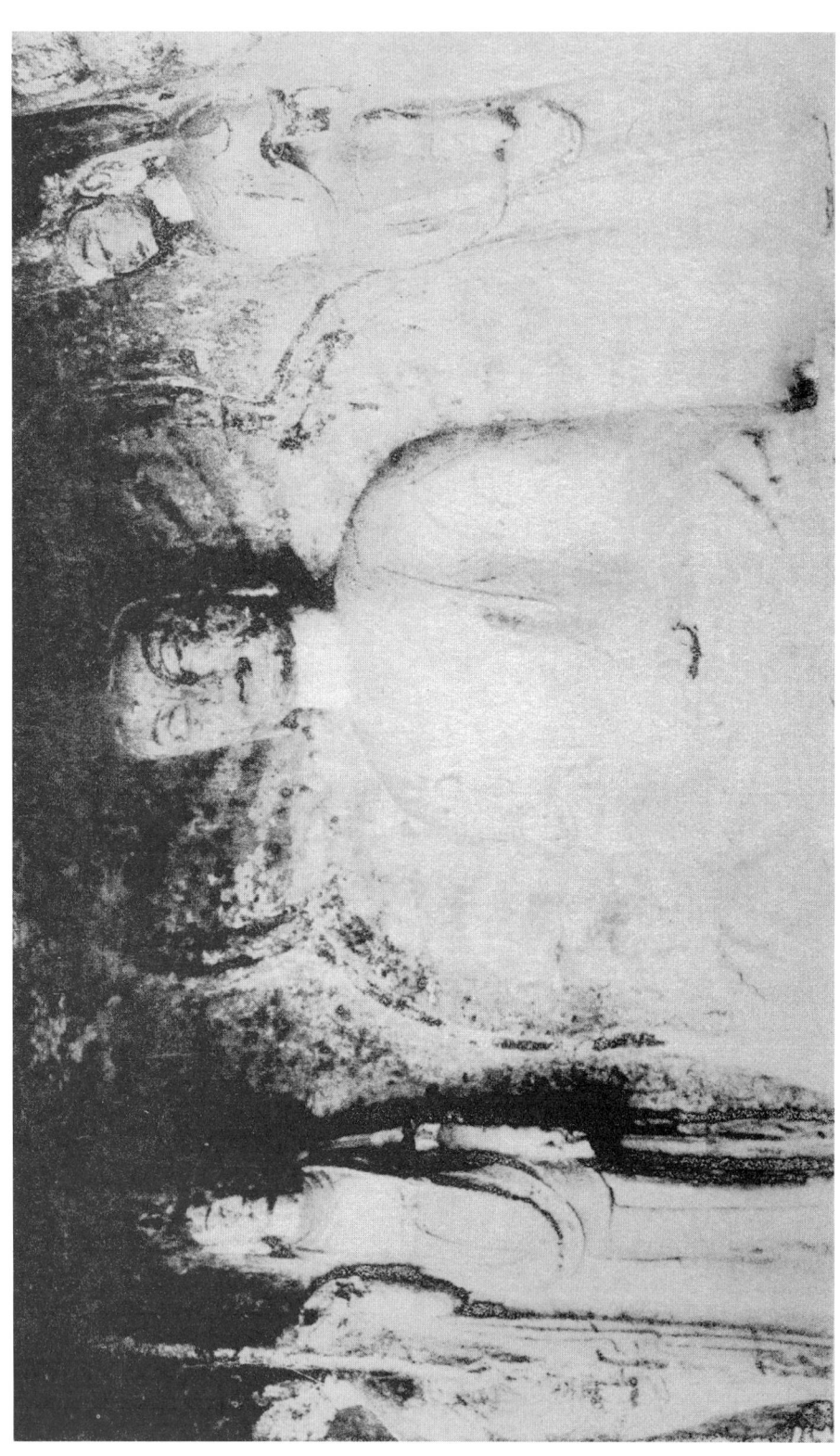

图二十：开元寺

此洞的右侧还有一个洞，上题"玄天上帝"。附近有小佛像，但全部残损，不值一看。与这里的情况相仿，寺后摩崖上的雕塑也是或被涂改或已散佚，所剩无几。

攀上寺后的石山，又见到几个如洞窟之处，但因天色已晚，加上在这个因闹土匪连住持都难耐的寺院不可能为我们提供膳食住宿，只好离开了。

与开元寺一路之隔的西南方向就是厥山。山上立着一座塔，山颈部有一尊阳刻大佛像，只有自胸部以上的部分，约有两丈多高。上下左右都有穿洞，估计以前应该有过遮罩大佛的亭阁。右侧有两座阳刻塔，旁边还有铭文，写着大佛是于宋景祐二年至三年重镌。重镌前应该是唐代之物。铭文中还有"齐州大佛山寺"的字样，由此可以推知，此阁为区别于佛慧山开元寺称为大佛山寺（图二十），山也随之被叫作大佛山。

历城县佛峪般若寺

寺分成左右两厢，右厢中间是达摩像，左右分别是关帝和老子像，制作都极为粗糙。左厢全部充作了迎接游客的大堂。半山腰处被苍郁树林环绕的佛峪是吸引高人雅士的景胜区。门前有一块嘉靖三年的碑，上面写着：

> 济南东隅三十里许，有山曰佛，而峪寺曰般若寺。然寺之设，其来尚矣，肇隋文建国之初，及唐而五代，五代而宋元，迄今盖千百余岁，诚亦古刹之所也。（以下略）

正如碑中所述，此寺兴建于隋初。比左厢屋檐高出很多的断崖上，有五尊阳刻佛像，肯定是隋代之物。不过表面被加上了许多近代的粉饰，原来的面目完全丧失了。后面的厨房用的就是原来的洞窟，不用说，里面的佛像早就无影无踪了。上部左侧处有个浅洞，里面有两尊阳刻的坐像，被煤烟熏得黢黑，特别是头部，黑得眉目都分不出来了。腰以下部分原封不动地保存着古时的工法，最值得一看。和大多数情况相同，只有那些从修缮对象中漏网被搁置的无人问津之物，才得以保存了原始面目。而其他越是在加工上费了心思的，遭到的毁坏程度越深。我在附近断崖周围上上下下地寻找了半天，没能再找出其他的刻像（图二十一）。

历城县龙洞山寿圣寺

这附近有一处吸引游客登览的大寺，门上标榜着灵感龙王庙之名。看碑上记刻，也叫作龙洞寺或寿圣寺。很明显是座佛寺，庙庭里有两块元碑，旧刻被削掉，重又施上了新刻。本堂祭祀着龙王，别堂中放着几尊粗糙的释迦、二罗汉、三观音的雕像。

图二十一：佛像

虽然表面上还是佛寺，可实际上却完全本末倒置了。

寺院周围都是百尺绝壁，西北方临向溪流的山腰崖壁上就是那所谓的龙洞。洞有两个，东洞在上，西洞在下。两洞会合之处左右的岩壁上有阳刻的佛像。右边一尊，左边三尊，大概有两丈之高，手法极为简约，却带有一种难以表述的奇妙韵味。很遗憾，因为是砂岩，所以大部分已经剥落了。西洞的外壁上也有一系列阳刻，是元代之物。旁边还有一个小洞，在人转身都不容易的狭隘空间竟连刻着七八尊佛菩萨，这大概是隋代之物。此处大概因为岩石质量不错的缘故，保存状况相当不错，但相机放不进洞内。《大清一统志》里有"石壁具神佛四十余躯，巧若天造"的记录，除此之外还应该有其他造像，但在周围找寻了半天，没能有什么新发现。

寺墙外面能仰望到龙洞的位置上有一块尊胜陀罗尼经幢，上有如下铭文：

赐紫雄辩清惠大师济南路僧录龙岩祖师慈光论主通公之塔
慈光圆明大师讲经沙门顺吉祥
佛灯广照大禅师传道嗣祖雪庵聪公长老
副院洪添　提点道然　监寺洪溥　洪基

虽无年号，但是元代之物无疑。因祈雨灵验而颇有名气。那个祈雨的僧人大概就是这个通公了吧。寺门因通公而得一时兴盛，但与此同时，道教化的祸因也开始在此胚胎（图二十二）。

历城县玉函山

耸立在济南南面的山叫玉函山，不过当地人更喜欢称之为兴龙山。山顶上有一座庙，庙里有无生殿、观音殿、碧霞元君殿、三教殿，看上去是一座很普通的有佛教分子参与的道观。玉函山中有隋代的石窟，但和这座道观毫无关系。在面向济南的北侧半山腰上，有七八个自然形成的洞穴，利用这些洞穴，里里外外地阳刻了一系列的佛菩萨。每一个上面都有隋开皇元年的铭文，但却都被涂抹上了泥塑，几乎看不出原来的样子，实在令人遗憾。能够看出原样的仅剩下外壁上一个小佛的垂衣和垂幕。

不过佛像的身躯即使被涂抹了，也不会失去旧态，能见到当时的印相就足够了。关于铭文，一路看过去，上面的佛像都加有这样的印相：

释迦——以法界定印为纵
弥陀——类于法界定印
弥勒——两手相交伏于膝上。弥勒像有二，左右两尊手的位
　　　　置反，但未定哪只手应在上

图二十二：龙洞

大多数的铭文都制成了拓本，位于高高断崖之上的三四处的拓本真可谓得来不易。除了隋代铭文之外，还有两帖元代的，一帖类似明代的。这些铭文与造像都没有关系。

长清县灵岩寺·历城县神通寺

灵岩寺背后的方山颈部有一个名为证明龛的洞穴，里面有一尊巨大的释迦像、两尊罗汉、两尊菩萨。释迦像经过后世修改加上了泥塑，但胁侍都保持了原样。如果去掉泥塑，释迦像也一定能够现出原形。

神通寺遗址的右方是千佛山，半山腰处有五个洞穴，洞外岩壁上也有很多造像。由于岩石质地良好、未遭后世加工，加之地处偏僻访者甚少等缘故，旧时风貌基本上被原样保存下来了。有关两寺石窟的情况已经别条记录，此处略去。

宁阳县伏山灵峰寺

伏山又称房山或佛山。《环宇访碑录》中，孙氏记述说石门房山上有唐代造像二十九个。《大清一统志》中记载："宁阳，其北为伏山，洞镌石佛，故又名佛山。"从记录上看，觉得有探访的价值，于是不辞远路来到了此地。寺院是个无住持的小庙，后面的岩石也极为矮小，没有制成大作的基础。寺本身由天王殿、大雄宝殿、观音殿、关帝殿构成，大雄宝殿内安置有三尊、二罗汉、十八罗汉和二天尊。本尊前的坛中嵌着咸平年间的三尊小像。有这些，也许也应该有那二十九尊造像。上下里外地寻找一番，发现了一个洞窟，是自然形成之物，墙壁上刻有二十六罗汉和释迦、文殊，上面还有一尊涅槃像。这些都是明景泰七年的改作。除去摩崖碑上的青苔，露出了下面这些文字：

重修灵峰禅寺碑记
（前略）古之石佛，政和□载，不敷岁月，施主郝嵩造立，
始建至今正统年间，火然废毁，景泰丙子，有功德主肃福能等（下略）
天顺元年光山涌泉寺翠详长老撰

如果相信此碑记，则改作之前是宋政和年间的作品。所谓的唐代造像，要么是未经现地考察出现的误差，要么就是我所到之处不是伏山。

山东的寺庙

曲阜的孔庙和济宁的文庙以汉碑的收藏数量之多而闻名。关于孔庙，因没有什么特别要记述的素材，原计划不在这里刊载了，但因青岛的大宫权平氏特意寄赠了孔庙及山东灵岩的踏勘图，为刊载这些资料，我简单地写了一篇短文，并决定将山东的寺观也一并刊在此处。

曲阜大成殿

曲阜的孔庙位居曲阜县城的中心，看上去好像是因有了庙才有了县的感觉。孔庙之外还有颜庙，城外还有周庙，相距不远处还有孔林。

孔庙以安置夫子像的大成殿为中心，背后有放夫人尊位的后殿，右路的启圣殿里有父君像，启圣殿后面的寝殿内放有母君的神位。左路的崇圣祠里安置着孔家祖先塑像。中路最后的圣迹殿里有一块刻着夫子一代图谱的明碑。这块明碑几乎全被磨损，拓本做不成了。用复制木版做的就是现在贩卖的"圣迹图"。左右位置是以中轴线上的殿堂神体为中心而言，但从视者一方来看，位置正好相反。大成殿前是大成门，外庭里众多的唐、元、清各代碑楼，大大为孔庙增添了光彩。过了碑楼是奎文阁，再向外是同文门，同文门里是汉魏六朝古碑的宝藏，拓夫们整日在这里制作拓本。再往前走还有大中门、弘道门，然后来到壁水三桥。这里的景致应该是孔庙之最了。再向外还有圣时门、至圣坊、太和元气坊、棂星门、金声玉振坊等多重坊门，一廊左右三门之中，位于碑楼两侧的毓粹门和观德门的规格较大。

孔庙中历史最久远的当属大成殿侧孔子亲手种植的桧树和崇圣殿前的孔府古井，还有井旁的鲁壁。虽是现代之作，但值得观赏的是大成殿石柱上的龙雕以及前庭坛道上的龙雕（图二十三、图二十四）。

复圣殿周公祠

离开孔庙，出陋巷石门，进博文门，左侧有陋巷井，再入克己门，来到退省堂。堂前有一棵大树，名为万年虎皮松。这里是颜庙左侧一隅，中心是复圣殿，安置着颜子像。以复圣殿为中心配置后殿、右殿、左殿，以及两庑的配置形式都与孔庙相同，只是规模小些而已。庭内有座乐亭，还有汉柏。从陋巷井、乐亭等的名称中颇可嗅出古典的郁香（图二十五）。

颜庙里当然住有守护之人。但从这里向东约一里处的周公祠，看样子来访者极少，没能见到任何人。里面虽有周公像，但整体建制远远比不上颜庙，规模甚小。

孔林

孔林在曲阜县西面。入节义门，过文津桥，穿雍正十年所建万古长春坊，进题有至圣林的二门，沿古树间甬道前行，越洙水桥，入享殿门，就是至圣林的区域了。从石造的华表、老虎、麒麟、翁仲之间走过，进入享殿，在右侧众多的墓碑中发现了沂水侯即子思之墓。三座驻跸亭左侧，面南而立的是泗水侯即伯鱼之墓。从这里向左拐，前行数步，右手方向就是文宣王孔夫子之墓。夫子墓右侧坡上有个小屋，传说是子贡结庐三年的旧址。

济宁府文庙

想在这里同时介绍的是济宁府文庙。作为文庙，这里和其他各县设置的文庙相比并没有什么更值得夸耀的地方，不过，在一间叫作明伦堂的室内藏有七块汉碑和画像石，值得特别予以注意。于汉碑数量上能够和曲阜至圣庙相比的只有这个文庙。藏碑明晰列出如下：

碑名	年代
益州太守北海相景君碑	汉安二年八月
郎中郑固碑	延熹元年四月
郭泰碑	建宁二年
司隶校尉鲁峻碑	熹平二年四月
尉氏令郑季宣碑	中平二年四月
朱君长	永建五年
执金吾丞武荣碑	
孔子见老子画像石	

邹县亚圣殿

邹县的孟子庙位于南门外。以安放着孟子像的亚圣殿为中心，旁边配有乐正子像，后殿贡着夫人神位，左侧有启圣祠，安放着邹国公像。庙庭里有一眼天震井，为我们

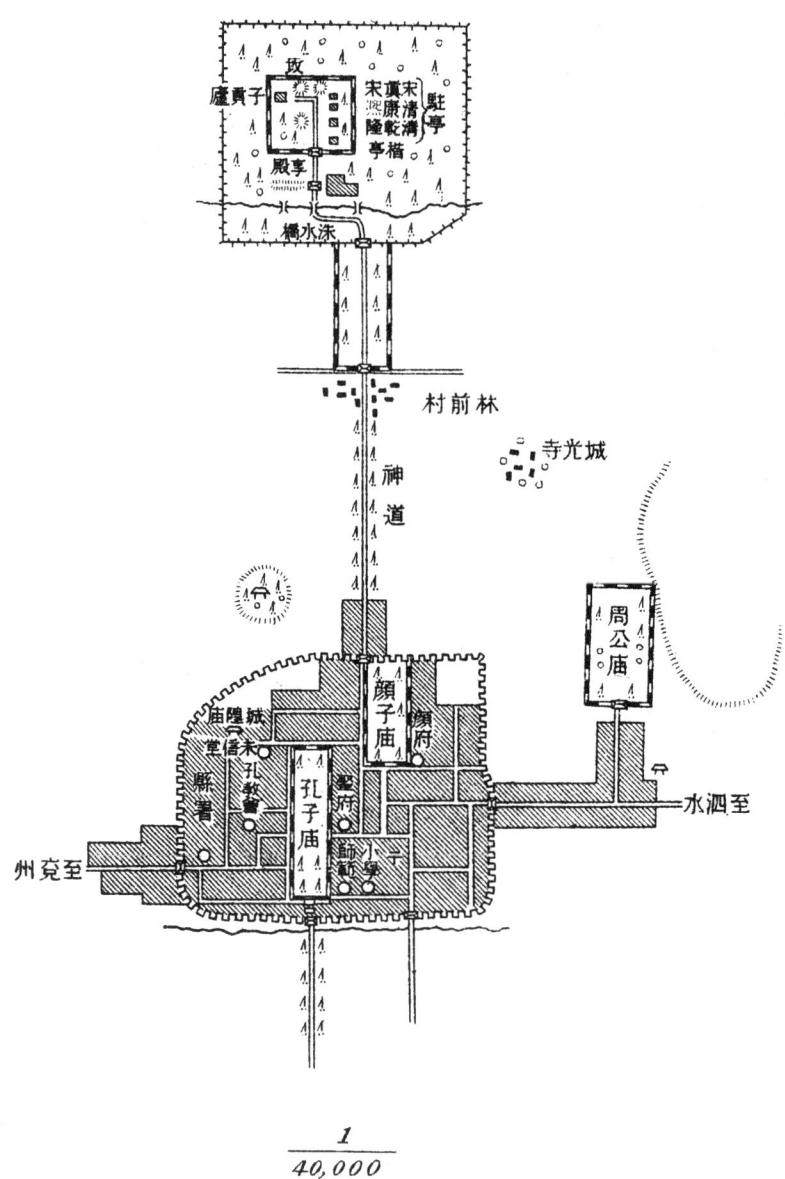

曲阜县城及至圣林

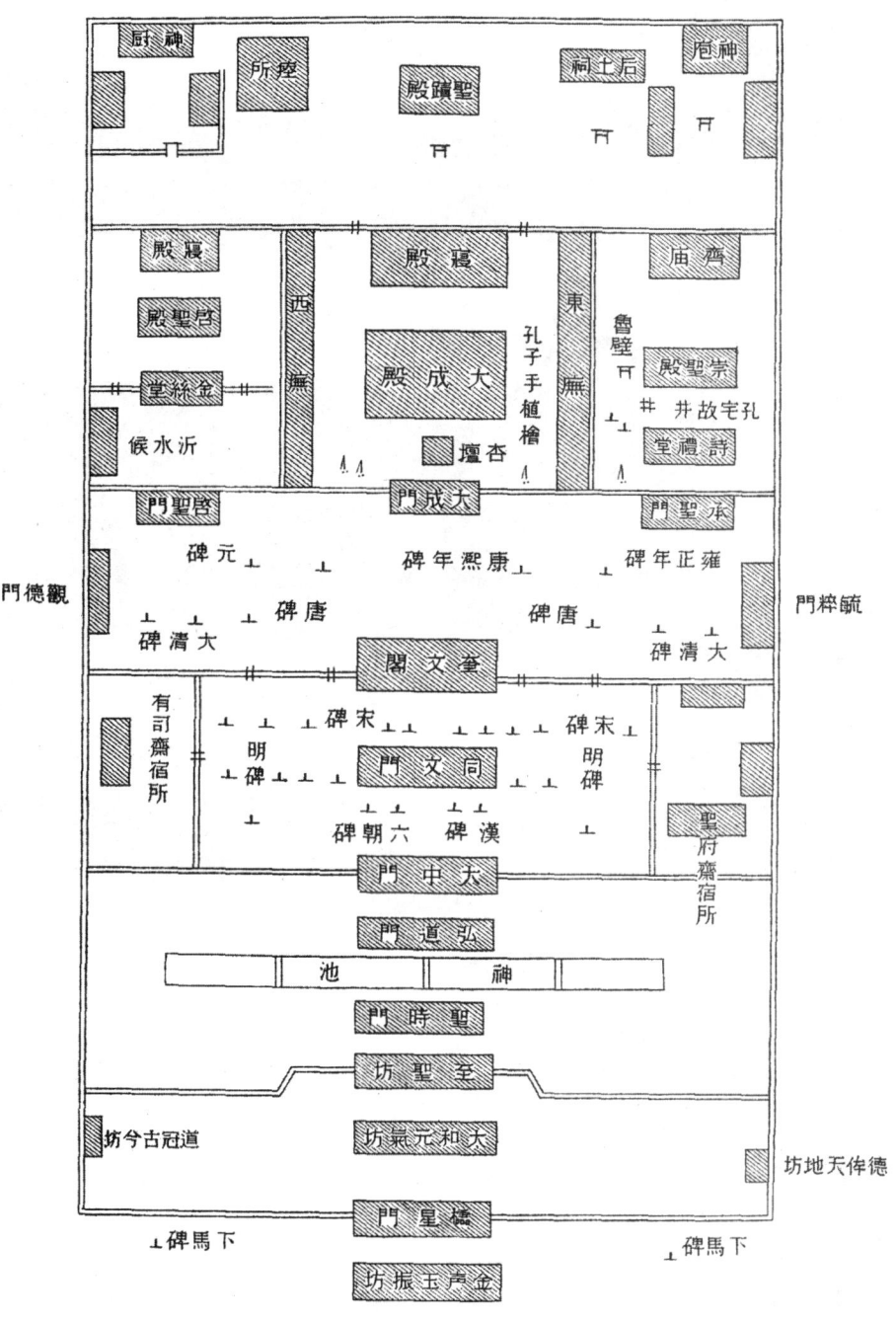

孔子庙

图二十三：大成殿

图二十四：夫子像

图二十五：陋巷井

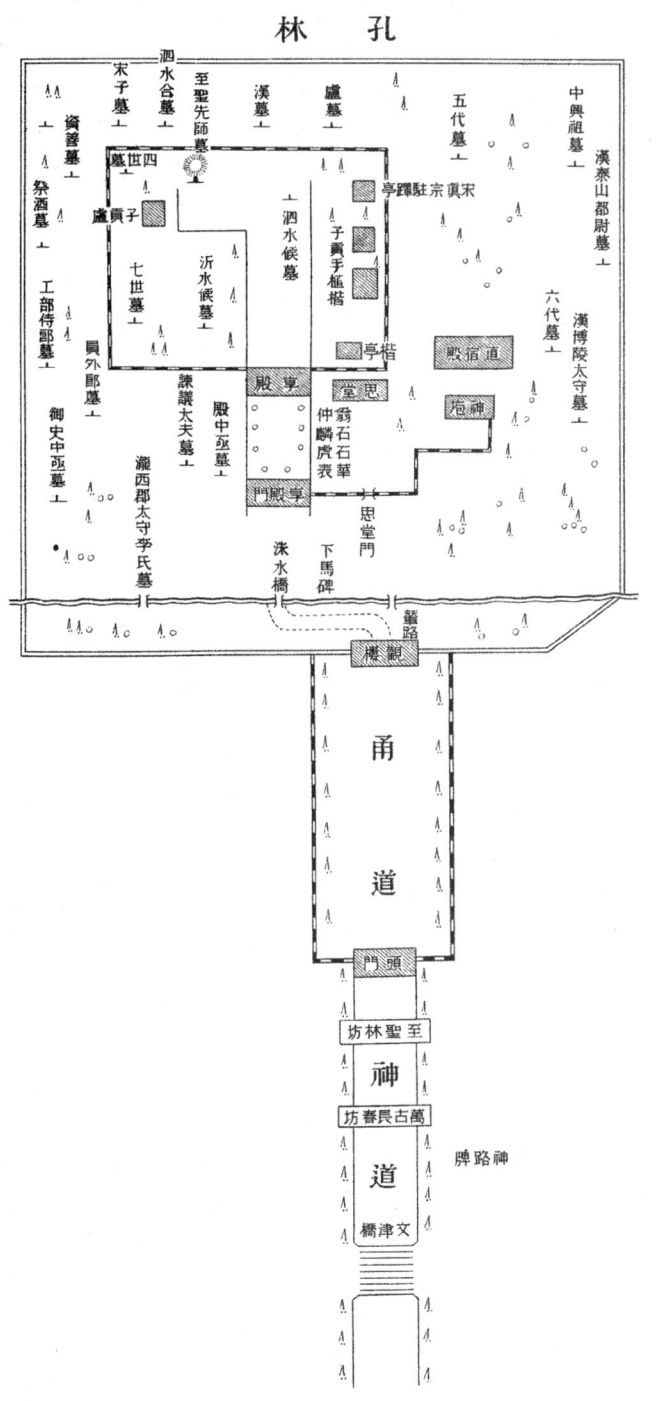

孔林

做向导的老人喋喋不休地讲述着那些不可思议的故事。靠近大门右侧的一阁前面立着两块汉碑。但孟子庙最可取之处当数那些苍翠的老柏树（图二十六）。

邹县南门外有一座牌楼，上题三迁故址，旁边立着一块碑，上刻孟母断机处。进去看了一下，是一座破旧的小庙。这里就是孟母最初的住处。

亚圣林

孟子墓位于县东三十里之外山顶山下的亚圣林中。通往亚圣林的路途两侧古树成行，在树木稀少的中国，这能让你远远一看就知道故址的位置。将进亚圣林之处有一座石桥，桥畔有碑，据碑文所记，俗称的山顶山还有另外一个名字叫作四基山。林中的拜殿很小。没有人开门，只好转到殿后，看到了一块刻着孟亚圣墓的大碑，后面还有一块刻着先师邹国公的小碑（图二十七）。

孟母墓

亚圣林西方二十华里处有一片丘陵，郁郁葱葱，一看就知道是个有来头的地方。通往这里的道路两旁古树茂密，坡上坡下都被绿色覆盖着。孟母庙和孟母墓就在坡下茂密的树林中。因庙中无人居住，不得而入。仅从外面看到一块和孟子墓同形，大小也一样的石碑。但这里是孟母庙，孟母墓的位置还要向西，那里有三块碑。

（左侧）孟子墓碑　贞元二年立　导江江张頵撰
（中央）大明邾国公邾国、宣献夫人墓
　　　　万历十九年　五十九代孙、翰林院世袭五经博士□彦璞林庙举事
　　　　孟承桂重立
（右侧）邾公坟庙之碑

这一带方圆都是孟家之墓，其中，宣统三年所立第六十八代孙、冠三孟公墓是最新的。六十八代墓最新的话，那么现今的孟氏第六十九代和曲阜的孔氏第七十二代远孙一起，都是这个大国的骄傲。

曲阜至圣林孔夫子、伯鱼、子思的墓碑也好，邹县孟亚圣的墓碑、孟母碑也罢，都是同形状同时代的新制，这大概是因为存在着一种随时代变化而更新的惯例使然。从满怀追溯远古情怀的角度来看，随朝代变化而更新换代本身是出于重视，这固然不错，但踏上故地本为追远怀旧，自然还是希望有一些当时的旧物为好。每一朝每一代更新的同时，如能把旧物悉数保存下来的话，那将会成为多么好的天下奇珍。文庙、岳庙，所到之处所见之物都是新制，因有惯例不藏旧，为表敬意各代新，我想这大概就是其中的缘故吧。

图二十六：亚圣殿

图二十七：亚圣林

泰安府岱庙

山东省的庙观巨擘非泰安府岱庙莫属。这里本应与南岳的岳庙、嵩山的中岳庙处于同等位置，但因泰山在五岳中的名声最高，故引来的巡礼者最多，所以比南岳中岳更显宏大。庙观的外廓建得如同城墙，开正阳、仰高、见大三门，一般从左侧的仰高门出入。进入庙中，内有配天门、仁安门，两门里的塑像以仁安门的更佳，仿照的大概是佛教金刚力士或四天王。进入仁安门，右侧碑中见一大石幢，表面尽已剥落，看上去像是站着一个幽灵，但从仅存的雕刻痕迹看，可以推断以前这曾是一块十分精巧的八角经幢。如果是经幢，就一定会是从什么地方移来的。本殿挂着峻极殿的匾额，甚是宏伟。但每一扇门都紧闭着，不许参拜者自由进入。和南岳和中岳相比，此处道士俗化更加明显。将四方尊崇集于一身的岱庙更应广开山门接纳四方香客前来进香才是。

庙庭里有个著名的宋代铁桶，左右为一对，雕琢之精美堪称庙中第一。刻在上面的铭文如下：

　　大宋国兖州奉待县献铁桶会首李谅
　　右众会人共发虔心谨舍净财共成胜缘伏望圣慈低照察
　　建中靖国元年五月　会首李谅等献

大殿右前方已充作贫民学校的区域里有一块残碑，据说是出自李斯之笔，但不可能是当时的原物。左前方的别院里有传说中的汉柏（图二十八）。

嵩里山祠

泰安府西南郊外有一座嵩里山祠。嵩里本是幽界之意，在这里也许可以得到一些有关道教未来观的材料，是个值得一看的地方，所以决定花少量时间去转一下。

森罗殿是这里的中心，里面有一尊塑像，名为督理幽冥森罗大帝赦罪天尊。那样子和阎罗王完全相同，大概是把阎罗王的究罪转换成了赦罪之意。以道教观念支配世界的最终境界就是赦免一切，以求安心，从这个观点看来，立意很有意思。胁侍左右是四值功曹，左右后三面墙壁上画的是地狱变相图。这里虽是在宣扬道教，但却无一不是佛教的仿效。

围绕森罗殿回廊的是七十五司。北京东岳庙里是七十二司，这里与彼处数字相异，而且司名也不相同，如（一）三甏[1]司、（二）举意司、（四）速报司、（六）刑戮司等。森罗殿前庭内有一块石碑，上刻元代至元廿一年徐世陆撰写的重修东岳嵩里山神祠记。

---

[1] 查无此字，且国内所列司名中不见此名，疑为作者误论。

图二十八：岱庙

此碑的左右两侧有一对巨大的古碑，不知是哪个朝代的，我推测大概是宋代之物。刻文所用皆是细刻小字，应该是记载了某种历史资料，但因碑体巨大，刻字太小，一时难以读完。我推断这也许是王钦若所撰之物，但从设置情况来看并不是很好，肯定是因碑体不断剥落才从某处迁移到此进行保存的。碑周三面用砖墙围着，还铺上了水泥，可那些水泥把文字都盖住了。

森罗殿左侧高坡上没有祠堂，只设了社首坛的标识。前面的两块石碑是此祠中年代最久远的。

新建长脚竿记　　　元丰三年
大宋禅社首坛之颂　王钦若奉敕撰

从这里沿石阶下行，右侧有一个相当壮观的八角大经幢。据《泰山志》记载，这是金刚经幢，上面刻有后晋天福二年和同六年的两个年号。而关野博士认为经幢是冥福寺之物，而且还收藏有同为冥福寺的另外两个石幢的照片。我在祠中寻找另外的两个石幢，但未能找到。不知道冥福寺位于何处，大概已在遭遇禁佛之后荒废，只在石幢上留下了名字（图二十九）。

祠中有地藏殿、相公殿，等等。每座殿前至门扉之间都立着万古流芳、报本追远之类的石碑，多得要用林立来形容。

听说府北门外有一座丰都庙，里面存有十王的记载。因想了解那里和佛教的关系，就过去看了一下。但那里现在已经变成了慈善院，就连庙宇的痕迹也没留下。有关物品有可能都迁移到嵩里祠去了，嵩里祠里有一座殿名就叫丰都。丰都和嵩里都是冥府，所以二者合一也算是顺理成章。

岱庙和嵩里祠是从徂徕山来到泰安府的那一天，即十月十日去的。同一天还去访问了城里的孙氏宅第和附近的二贤祠。孙氏是孙泰山的远孙孙佩森，二贤祠是祭祀孙泰山和石徂徕之处。

泰山斗母宫

十月十一日，登泰山的途中，先去拜访了北门外的老君堂。那里有一块碑，俗称鸳鸯碑，以碑上数段文字的字体各不相同而闻名。看碑是来此处的目的，但大门关着，没有人在，无奈只好放弃这里，开始上山，并决定行至斗母宫吃早饭。斗母宫是登山途中的第一个大庙，是个尼姑庙，出出入入的人很多。全宫由左侧诸殿形成，在佛教与道教的关系方面，有很多有趣之处。

本殿
　　主神斗母（呈千手观音面相）
　　配神二十天

图二十九：嵩里山祠冥福寺经幢

后殿
　　神体为三重
　　　主神送子观音（呈佛陀面相）
　　　中神白衣观音（呈娘娘面相）
　　　前神佛爷（呈布袋和尚面相）
东配殿
　　神体白衣、送衣等诸观音
西配殿
　　娘娘（呈宝冠菩萨面相并三体合一印相）

斗母宫不仅安置观音像、布袋和尚像，还把佛相称作观音，把娘娘相也称作观音，把菩萨像称作娘娘，把观音像称作斗母。佛和观音还有娘娘都混在一起，丝毫不加以区别。我曾在《访古贤之迹》一书中"张家口云泉寺"题下写过对观音和娘娘混同现象的预测，现在在这里，我看到的现实是，不仅观音和娘娘，就连佛也都混在一起了。

在形象和名称之间，存在着完全不一致的现象。我想这大概是因为当地人过于无知而造成的混乱。不过，当我读过本殿院中的一块康熙年间比丘尼性江立碑的碑文，知道了如按照他们的说法的话则不存在不一致，所以，可以说这种混乱是从康熙年间以前就已经存在了。

泰山顶玉皇庙

泰山顶上有很多祠庙。其中敕建玉皇庙居最高位，关帝庙居最下位，中间几处的排位是：敕建东岳庙、敕建青帝宫、敕建元君后宫、敕建碧霞祠、孔子庙。

东岳庙
玉皇庙　　　青帝宫　　　碧霞祠　　　关帝庙
　　　元君后宫　　孔子庙

碧霞元君祠是以泰山娘娘为主神。进西神门，本殿里是三娘娘，东配殿里是眼光娘娘，西配殿里是送子娘娘。院中有个香亭，香亭前左右各有一块一丈五六尺高的铜碑巍然矗立。一块是万历年间的，另一块是天启年间的。两块碑正确地表现了敕建之类的事情。在少林寺的大雄宝殿里我曾见过眼光菩萨，当时没能搞清是何等人物，现在看见了眼光娘娘，不由得让我联想，道教分子是否都转从佛教了。

有名的开元十四年御书纪泰山铭在东岳庙背后的摩崖之上。作为泰山唯一的古碑而闻名，全拓本之大，长超十五米，宽近六米。最高峰上的玉皇庙香火极盛，参拜者络绎不绝，庙方尽意招待来客，甚至把本殿都用来充作了客房。中庭里有一块用石栏围着的石头，说是古登封台，对泰山有着绝对的价值。但在小小的庭院中放上如此一块石头，很难引起更多的兴趣。倒是门外的无字碑，有人说是秦始皇所立，也有人说是汉武帝所立，现在仍像一个巨大的迷团，戴着桂冠站在这里睥睨着天下（图三十）。站在山顶向南望去，突兀的奇峰尽收眼底，背面可见后石峪的高大岩壁，东方是观日峰，西方是观落日处。

玉皇庙和观日峰之间立着孔子小天下处碑。想到孔子登上泰山，就是站在此处发出的小天下慨叹，我自己也不由得情绪振奋。还有竺法汰、道安二人共极绝顶俯瞰，感慨人类渺小而热泪盈眶。想到这些，更觉自己被这里深深地吸引住了。

从儒教的立场而言，天下的中心应该是邹鲁，而邹鲁的中心就是泰山。泰山对于儒教当然处于非同寻常的位置。孔子之后亲躬此顶以养天人合一之浩气的儒者何其多矣。宋初，孙复明移居来此山下，著《尊王发微》，成为儒教新兴的魁首，方圆四百余州到处都有文庙和泰山庙，从这个意义上说，泰山就是中国文化的渊源。

正是因为如此，泰山顶上建成了如此之多的祠庙完全是由于自然的趋势。但如果让我不客气地说出自己意见的话，那就是此处的祠庙太多了。过犹不及，太多了反而会让人觉得不足。最好是只留下碧霞祠和东岳庙两处，再把无字碑和登封碑不加任何装饰地放在峰顶，这样一来，将会让多少登山者陶冶情操，又能增加多少登山者的感慨啊。

长清县五峰山庙

从孝堂山去灵岩寺的途中迂回取道，想去五峰山看看山顶的隋刻莲花洞。但由于做向导的中国人先是带错了路，再加上中国人那不肯不耻下问的通病，结果是五峰山没去成，只在五峰庙转了一圈。满山树林苍翠，在中国北方地区很少能见到如此繁茂的绿色。这正是神灵之域的征兆。据说道士和县府之间为山林的所有权发生了争执，县府想把道士全部赶走占山林为己有。可是转来转去，最终山林归到政府手里，成了山林局的管辖范围。堂堂一座大庙，里面却没有道士，一味地任其荒废。山林的确应该好好保护，但是本应供养山林之灵的庙宇竟随着岁月流逝而荒芜殆尽了。

朝着庙的方向前行，首先看到的是一座小小的祠堂。堂中放着的大金钵上有下面一行铭文：

大明国山东济南府长清县五峰山敕赐保国隆寿宫

由此知道这个庙名是隆寿宫。进了大门，有座灵宫殿，再进二门，有座伏魔殿，里面安放着关圣帝君神位。接着是玉皇庙，院内碑中，有一块的背面刻着杜仁杰撰写的青静崔先生传，正面刻着崔氏像。崔讳道深，字玄甫，杜仁杰是当时隐居在山东的学者。

再往里，有一座以碧霞元君即泰山娘娘为主尊的殿宇，然后是镇武殿万仙楼，最

图三十：泰山顶玉皇庙

后是三宫庙。三宫又称三元或三清，指道教的三天尊，应该相当于佛教的法报应三身。

以上是寺庙中的主要部分，其他还有很多附属的小祠堂，从而知道此庙规模不小。一级又一级地登上数十级台阶，来到最后面的三宫殿时，就好像是升到了半空中，已经到达了相当的高度。来此地访问的时间是九月二十七日。

历城县白云观

九月二十二日从开元寺去佛峪的途中，行至光村时天色已晚，当晚就住在了一半充作了小学校舍的白云观。那里面有一张老子化身图，和上一节所记三宫有些关系，附记此处以做参考。

本堂安置有九尊塑像，中间三尊，左右各三尊。各像前立着的牌位上分别是大罗三清三境三宝天尊。中间的三尊是表示三清的三天尊。而前面提到过的五峰庙三宫、江苏茅山乾元观内大罗殿的三天尊都是这里的三宝天尊。左右的墙壁上有老子八十二化图，这种图在其他地方尚未见过，甚是稀奇。

前庭有两堂，祭祀着关帝和老子。另外还有祭祀以碧霞元君为主的五娘娘的别殿和十王殿，十王左右各置五尊。道观里有十王，这也是在其他地方没有见过的。白云观是具有代表性的道观，不仅有三天尊、老子、关帝、泰山娘娘等对于道教来讲十分重要的神体等理想的、通俗的祭祀对象，还有像十王、老子八十二化这样的珍奇之物。

滋阳县观音堂

从宁阳县去兖州城的途中，行至二十里铺时暮色已深，在当地观音堂住了一夜。那里所供神像对观察民间信仰来讲，可以说是代表之作。本殿里安置着三尊观音，胁侍右前是关帝，左前配二郎神。殿前相对有两堂，右堂上贴着一张写着土地大神的纸帖，里面供着三尊神，中间的是阎王面相的马王，右边是白胡子仙人面相的土地爷，左边是优雅文官面相的牛王。左堂里供着子孙娘娘、痘疹娘娘、送生圣母三位娘娘。外面还有一座别堂，上面贴着后稷纸帖，放着一个头戴帝王冠的庄家老塑像。这里供奉的每一体都适合于农家，与前项所记白云观相比，这里更明确表现出了民众的淳朴信仰。把这里和白云观放在一起比较，我觉得自己对上上下下的道教信仰，不，也许应该说是对民间的精神状态更为妥当，有了更明确的认识。

邹县法兴寺

在预定去寻访的山东区域中,历史悠久且长久以来作为名刹享誉天下的是泰山的灵岩寺和神通寺。二者皆为东晋竺僧朗的故址,同处偏远之地,踏察的成绩正如别项所记。徂徕山的光化寺虽有可以与灵岩寺比肩的历史,但只作为映佛岩的副产物,将其访问记录列在了徂徕山项下。灵岩寺附近有神宝寺的遗址,神通寺附近有九塔寺遗址,但都一并错过了。此外,邹县的法兴寺址、兖州的兴隆寺址、济宁的普照寺、铁塔寺等,原都在寻访计划之中,而且都去看了一下,所以在这里做一个简单的记述。

邹县法兴寺遗址处,仅有古塔一座,并无他物。在城内遥望时可见此塔俨然矗立。为此,十月二日一早,在去孟子墓途中,我们特意在此地驻足。但行至塔下,与远景之美相比,近景极丑。最下面一层的四个门中有两个被农家占作厨房和仓库,整体破旧得似乎马上就要倒塌似的。附近有个池塘,寺址之处全都成了民宅。所幸还留有三块碑,让我们知道了此寺之名为法兴。按照常规判断,此塔大概是宋代之物。

兖州兴隆寺

兖州兴隆寺寺址上有一座十三重塔。保存情况甚好,可以顺内部台阶登至第八层,这点与灵岩寺的塔相同。较之其他,此塔颇有特点。第八层以上的尺寸突然缩小,外周装着石栏,可依石栏环塔一周。按照规定,塔内第三层应该安放佛像,但此塔内有龛,佛像却只见到一个无头无手之物倒伏在地上。塔内部的上中下的三层有碑,按上层、中层、下层的顺序记录如下:

(一) □□张之妻郭氏计家二十口

　　　……

　　　大宋嘉祐八年三月……碑记

(二) 重建兴隆寺宝塔题名

　　　分守山东兖州等处地方……加二级林皋
　　　中宪太夫知兖州府分事六级　　李世敬
　　　儒学训导　　　　　　　　　　王向和
　　　文林郎知滋阳县事　　　　　　许天声
　　　典史　　　　　　　　　　　　甘志道
　　　　　　　　　康熙三十九年五月吉日立

(三) 大清康熙五十七年兖州府正堂金老太爷讳一凤捐资重修

据此记录可知塔于宋代嘉祐年间创建,康熙三十九年加以重修,同五十七年再度重修,所以能够以基本接近原形的状态保存至今。这座宋塔作为兖州的名物得到了保护,而寺院却消失得无影无踪了(图三十一)。

塔的西南面有一个六角的经幢,上面刻着《下生经》,可见宋熙宁五年的年号。《山左金石志》里的宋熙宁五年龙兴寺下生经就是这个了。经幢北面残留着西域飞来的文字。经幢原来是一块很大的八角千体佛幢,现大部分已经破损。不过虽然剥落处很多,但仍可看出混杂在千体佛中的菩萨像和文殊像,很是清晰。《金石志》里的唐睿宗先天二年兴隆寺僧九定等造像,大概就是指这里。此外,《金石志》里还有对唐懿宗咸通六年龙兴寺尊胜陀罗尼幢、咸通十四年龙兴寺陀罗尼经并序、宋太平兴国七年龙兴寺新修三门记的记载,但现在都已不存。

西南方向离开少许距离的苗圃中,有一块明永乐二十年的尊胜陀罗尼幢,旁边是清康熙五十七年立的重修尊胜寺碑记。碑记中有"尊胜寺与兴隆寺并列"的字句,可想而知,直到清朝还一直是尊胜寺和兴隆寺两寺并存。特别是兴隆寺,唐代时也叫龙兴寺,仅从名称上也能明确此寺是唐代始建的。我还去找过唐代法冲曾经居住的兖州法集寺,但没能找到,肯定是已经衰败了。

济宁普照寺

济宁府普照寺的创建年代不明。俗传是齐梁时的古刹,但不能轻易信之。大雄宝殿前有一块后唐宝历二年的尊胜陀罗尼幢,可以断定这是唐代以前就有的。大雄宝殿的台阶下面,以释迦坐像为中心,左侧有个观音铜像。台阶上面以观音为中心,观音身后的右侧墙壁前面,已被损坏的众多坐佛、菩萨、罗汉、天王排列成行。此殿腰壁的石板中夹杂着一些石阙和画像石的残片。殿后还有一个藏经殿,但没有什么值得一看的东西。门外有一座明代的十三层石塔,不太大,但形式上有一种均衡之美。金代时,此寺中曾住过一个叫照公的名僧,因此寺名就称为普照寺。照公碑现在都已被移入大雄宝殿内加以保管。

这座古刹现在成了山东第三监狱,变化实在太大了。充作办公室的正是大雄宝殿,如今的大雄宝殿一定是座毗卢殿了。如此规模的寺院没有住持,而是听任监狱长的支配,这是何等的变化啊。为积累研究资料,我打算拓下照公碑,正在准备,监狱长崔凯廷氏从他搜集的拓本中特意选出两张照公碑拓本送给了我,还几次请我们去办公室休息,其好意还是要感谢的。

图三十一：兴隆寺十三重塔

济宁铁塔寺

济宁铁塔寺是因有座八角九层的小铁塔而得名。本名为崇觉寺或释迦禅寺。铁塔的最下层有宋崇宁四年还夫愿常氏铸造的铭文。据塚本博士的文章介绍，明代玉梓的《修塔记》中记载：万历九年至第二年，楚龚公及君侯萧公等在常氏七层塔上又加上了两层，且加饰珠宝，并在檐端附上了风铎。我注意了一下寺院周围，如今已经找不到能够反映以上事实的石碑了，假使能找到，恐怕也会因损坏严重而难以读出个中原委吧。

传说此寺为北齐皇建年间创建，以前曾藏有一体北齐薛匡生造石像，但现在已不复存。本堂充作兵舍，三尊二天王之间成了纵横着的寝室，无法长留。侧面有座钟楼，现在与寺院不属同域，以前应该就是寺院的一部分。域内还有两块碑，但看不出与寺院本身有任何关系，碑下面刻着：天一会记碑。所谓天一会是清代出现的一个迷信团体。

济宁古礼拜寺

山东省、河南省内的穆斯林很多，仅看那些为穆斯林所特别设立的饭店就知道了。在体力劳动者聚集之处，一定会有挂着清真门小旗的饭馆。所谓清真就是指伊斯兰教，教徒们所属的寺院称为清真寺或礼拜寺。我本来没有余力去调查伊斯兰教的寺院，但偶然得闲，去济宁府古礼拜寺看了一下。建制很是正规，与普照、铁塔二佛寺无住持的情况相反，这里既有阿訇，也有信徒，寺内充满活力，显示出其宗教力量犹存。阿訇相当于住持。本殿正面没有放置任何显示本教教义类的塑像，只有一些装饰性的阿拉伯文字，大概是古兰经的箴言吧。看上去这些箴言和前不久在长清县刘家庄清真寺见过的不同，想必这些装饰性的箴言并没有统一标准。正面左右设有高高的台阶，此外，大殿之内没有任何他物。天井颇高，但没有天花板，上下四周都用细竹篦网住，像是织了一张竹网，以致天井上栖息着无数的麻雀，弄得满堂都充斥着麻雀的臭气。济宁的礼拜寺分为两处，我们去的一处俗称为东大寺，另外还有一个西大寺，但没有时间去看了（图三十二）。

图三十二：长清县清真寺内部

听说穆斯林甚至连乞丐都明确地区分本教和异教，不接受异教徒的施舍，同时保护自己所属的本教寺院，不允许异教徒进入，种族方面宗教方面都异常团结。所以我在进入清真寺时颇有些踌躇，不过，如仅就北京郊外、刘家庄、济宁三处的经验而谈，他们非但没有丝毫拒绝之色，反而表示出欢迎之态。礼拜寺的阿訇还特意换上法衣，高高兴兴地和我一起合了影。

北京白云观·京兆居庸关

按照预定路线，应该是在结束山东之旅后，乘津浦线南下至徐州，换乘汴洛线去郑州，然后以郑州为中心，北至赵州、彰德府，东寻归德府、鹿邑，西及嵩山、鞏县。但山东游历尚未完成，向导的身体就出现了问题，使得行动无法按原计划进行。人世间的苦乐尽在于此。没有了向导，不懂中文的我就成了哑巴，进退两难。没办法，只好又像去年那样不顾一切地舍身求缘，劳心劳力。去年是在没有计划的情况下完成了预期以上的游历。后来泽柳先生诚恳地指出我的行为过于冒险，所以这一回很早就开始制订计划，并反复核查，避免遗漏。但与人打交道毕竟和与自然打交道不同，在中国更是如此。反正条条大路通罗马，既然原计划实行不了，对我来说首先要做的是，前往计划外的北京，寻找旧盟友，争取知己同情，想出新办法。一旦下了决心就不再踌躇，又以只身哑巴状态向北京进发。不过这一次虽还是只身，但多少积累了一些经验，说是哑巴，也多多少少知道了些只言片语，和去年在沈阳盲目冒进的情况相比，这回可以说是十分轻松。我决定到了北京就先去总布胡同的渡边兄家，那是十月十八日。我提出两三天之内出发南下的请求，但如此突然的要求很难实现，好不容易争取到了二十六日出发的承诺。不过在北京滞留的七天过得十分有意义，用两天时间游览了去年没能去成的明陵、居庸关、八达岭。用一天时间再访了白云观，拍了七真人的照片，做了两碑的拓本。琉璃厂和隆福寺各用了一天时间去寻猎古书。这几天里，渡边兄就不用说了，丸山君、日野君也给了我很多关照。特别是丸山君，他本想陪我南下，但因现在手头的工作离不开，不能长期离开北京，所以特地推荐了一位名叫樋口义磨的青年为我做向导。至此，南下准备就绪，第一步从赵州开始。之前，先加上几笔白云观和居庸关的情况。

白云观去年去了两次，老律殿内的七真人，殿前的两块石碑和四御殿里的观音给我留下了很深的印象，所以这一回，在新向导樋口君的陪同下，十月二十二日又去观赏了一次。白云观是金代兴起的新道教全真教的中心。全真教由金代王重阳倡导而兴，王重阳有马、谭、刘、邱、王、郝、孙七大弟子，世称七真人。王重阳为全真教开山祖师，经过马、谭、刘，由邱长春任第五代掌门人。我去年离开北京之后，在山西省龙山发现了道教的石窟，里面就有全真教兴盛时建造的七真人石像，引起了我极大的兴趣，并拍下了照片。当时我就想过，如果能把白云观的七真人也拍下来的话，就可以做对比分析。这一回我如愿以偿了（图三十三）。

介绍了一下邱长春及七真人的事情，没想到竟引起了学术界的注意。为此，我想尽可

图三十三：白云观七真人之中

能地再多收集一些有关资料，所以得陇望蜀式地做成了老律殿前两碑的拓本。所谓两碑，一是邱长春行业碑，另一是七真事迹碑。虽是新制，但所记事实无误。此外邱祖殿前有邱长春事迹碑，但因过于巨大，拓本短时间内做不出来，只好作罢。

四御殿的小观音，在道观而且是在天下闻名的白云观里，竟会有一尊佛教的观音像，这对我来说十分有趣。本来全真教从一开始就标榜三教合一，引入佛教思想并不奇怪，但实际上不仅是在思想方面，就连最普通的礼仪做法，包括观音脱胎换骨而来的众多娘娘也仍不能满足，以致发展到供"观音像"，颂《观音经》，两教完全混淆在一起了。白云观中的这尊观音像正好成了这种癖病的实证。有关两教的混淆，不仅只出现在道教方面，佛寺方面的混淆甚至更深一层，对于这一点，我在《访古贤之迹》中，在此次的记事中都随时有所介绍。

邱长春在去阿富汗时，往返都经过了居庸关。出行塞外一定要经过此关，此处地势险要无比。行至此关之前，先经过了明十三陵中最具代表性的成祖长陵。陵区由碑亭、陵寝殿和门楼构成，碑亭中的碑石和殿前的香坛石、陵寝殿的榉柱都巨大得惊人。碑、坛都是仅用两块浅赭色的石灰石做成的。碑石的柱子高一丈六尺、宽六尺、厚三尺以上，碑座高四丈、宽两丈、厚四尺以上，两张香坛各高一尺八寸、宽二丈二尺、厚六尺以上。陵寝殿的巨大支柱共有二十四根，每根粗一丈五尺七寸。从南口到明陵有三十五里多路，骑驴往返相当疲惫。

居庸关位于南口到八达岭的途中，所以还是骑驴比较方便。关门有四个，前后都连着长城的城墙，戒备森严，大有一夫当关万夫莫开之势。其中最有名的是从南口方向过来时的第二个关门，上面刻着汉、藏、满、蒙、夏、梵六种文字，是四个关门中最高最大的。门的朝向是从东南向西北，门内左右两面墙壁上，以六国文字为中心，文字左右一边一个天王像，合起来是四天王，当然是喇嘛式的。文字和天王的上方，左右各有五尊佛像，印相相同。不仅左右两侧相同，而且同侧的五佛中有两尊也是一样的。这样一来，十佛的印相就只有三种了。不过中间一佛的右手有向里向外的区别，算上这一点就是四种。五尊佛像周围都用千体佛修饰（图三十四、图三十五）。

天井由五个曼荼罗构成，完好地保持了原有的风貌。中间的月轮里有一尊系着降魔印的坐佛，周围是八朵莲花，每朵莲花上有一尊坐佛，更有一个大月轮将八朵莲花围住，大月轮四围有菩萨，外侧为方形坛状，方坛外侧又有大月轮，最外面是围着月轮的方坛。关口的南北是两重城墙，向北的一面开着垛口，向南的一面没有。两重城墙既可以威慑北方侵敌，又可用佛像显示出关门的庄严，让人感受其中的寓意（图三十六）。

元代的成吉思汗对全真教教祖邱长春给予了特别的优遇，但另一方面也给山西省石壁山玄中寺下过圣旨，还再三给河北省赵州柏林寺的月溪和尚下过圣旨。这些事情通过上一次和这一次的调查均已明确。除此之外，给予古寺名刹的特殊保护也不难想象。山东泰山的灵岩寺里就留有元代的圣旨碑。再往后，到了成宗的时代，在河南省正定府的临济院里

图三十四：居庸关佛像之一

图三十五：居庸关四天王之一

图三十六：居庸关全景

立了临济正宗的碑碣，由赵子昂为此碑撰文。这些足以让世人知道，元代宫廷与佛教的关系绝非一般。邱长春的高徒宋披云刻印道藏以定道教教义为基础，因其中加入了一些恶搞历史的伪书成了与佛教之间争端的起因，遭到了佛教徒们的齐声谴责。为此祥迈长老特意写出《辨伪录》，致使朝廷敕令正一教的张宗演、大道教的李德如等论证其间真伪，结果烧掉了伪书，并令当时被全真教占领的许多佛寺恢复了原状。这个事实可以说明元代朝廷还是相当公平、秉理办事的。从当时的情况看，元代初期的佛教出了不少能够继承前辈的人才。在当时的佛教徒中有一些人把皇帝视为佛陀化身而作为应身佛加以敬仰。对支配着广大版图威力无比的皇帝以应身佛之义视之，此种追随之举一方面不乏轻薄，但另一方面也显示了佛教徒们是因看到了统理正法、弘扬正法的事实，从而出自内心的喜悦把皇帝视为法王的。

南宋时，儒教有朱子，道教有王重阳，佛教有大慧、圆悟。三教人物如此比肩之况是任何时代都无法比拟的。其中，佛教不愧其常年积累，势力堪称第一。儒教在中国国民精神上有不可动摇的基础，到了宋代，又出现了像周子、张子、两程子那样的哲人，所以到了朱子的时代，在有识阶层里便更是有了极大的势力。道教方面，宋金元的鼎立引起人心动荡，趁此机会，靠简明的道义和洗练的人格，王重阳所倡导的全真教在很短的时间内便风靡了整个江北。三教的势力虽按佛、儒、道的顺序排列，但基本上可以看作呈鼎立之势。

与金同是起源于北方的元，随着其势力的扩张，精神界产生了许多疑虑和不安。尤其是宗教家们，因为不知新政会以何种态度来对待宗教，所以都难免有些杞人忧天。但事实上，元的统治者对于宗教教义的理解要比想象中的深，施政方面也很合法，比起一般的政事，正法一事更受到新皇室的重视。看到这些，教徒们不由得会感到异常的惊异和喜悦。这些大概就成了把皇帝看作是佛陀化身的原因。

对教义有了如此理解的元代，那时的居庸关被长城壁垒包围在中间，以五重曼荼罗装饰其顶，以五佛配列其左右，以四天王保护其四方。曼荼罗中央的主佛都是将慈眉善目的一面朝向朔北方向，这让人们感到了其中包含的寓意。如果仅仅是为了使番民畏服，那只要连绵的长城和厚重的城门就足够了。在这样的地方特意地加置佛像，当然，仅有佛像不足以表示庄严，但杀戮与佛陀，当完全不协调的二者被放在一起的时候，深刻的意义就产生了。我想，这其中一定不乏这样的理想，那就是希望外埠住民们也能以佛教慈悲为怀的精神行事。只要有了这种理想，凡是通过此关的内外住民，尤其是外藩，接触到佛的慈眉善目，杀戮之心一定会有所收敛。不管当初的寓意如何，只要能够给内外住民们一些慈眉善目，就应该说是此关的佛力所在。

河北赵州柏林寺

唐末从谂和尚的遗迹

只要是听说过有关禅的话题，哪怕只有一次，恐怕就不会不知道赵州和尚之名。从谂禅师的知名度在禅师之间恰似如雷贯耳，他的居所就在河北省的赵州。同时代的临济禅师的居所正定府离此处不过东南一百三四十里。从大陆中国的角度来看，可以说两位大禅师是相邻而居。佛教界因六祖慧能是南方人，所以凡是称得上禅家祖师级的重要人物几乎都在江南地区，只有临济和赵州两人不在此例。二人居于北方的事实应该予以特别的注意。以四喝三十棒而名震天下的临济与以至道无难统理大众的赵州是当时丛林派的双璧。因此，五代以后直至明代的漫长岁月里，前来寻访两位伟大禅师遗迹的人一直是络绎不绝。大雄宝殿后面的弘治碑上记着这样的文字："当时游访者必先柏林、次临济、次五台，其为名刹可知矣。"这是赵州儒学家陈纪的撰文，而不是柏林的一派之言。所谓柏林指的是赵州和尚当时居住的观音东院。

关于从谂和尚，有人说他和临济同是曹州出身，也有人说他是青州临淄人。不管是哪里，都属黄河以北，特别是青州属于山东省，向北方更进了一步。从谂在嵩山的琉璃坛受戒之后成了出家之人，但对经律只是染指。去江南池州跟从南泉普愿之后俄而便参到了佛心。以斩猫予教闻名的南泉，飘逸之中深藏玄机，清高之下隐含悲切。得到清高之人南泉的传授，赵州于是也销声匿匿，选此赵州僻地为居所。但其举止不久便以赵州法道之号在丛林中被广为传唱。传说他八十岁入道，一百二十岁圆寂，如果相信这个说法，则赵州应该比临济年长，但作为禅师是临济的后辈。然而从所达到的修禅境界而论，我想两个人应该可以称为难兄难弟吧。为纪念两位伟大的禅师，同在宋代建成，又同在金、元、明年间重修的两座外形相仿的宝塔，可以看作是两个难兄难弟的标志。

从北京去郑州的途中，先到赵州访问，这是事先计划好的。十月二十六日夜抵达石家庄，本想第二天以石家庄为基点，去赵州走一个来回。可是一打听，古佛寺和柏林寺就不用提了，就连赵州都没有一个人知道。之前曾有个知道赵州之地的人告诉我们，与其从石家庄去不如从高邑县前往更为方便。从石家庄走是一百二十里，从高邑则是九十里。能乘火车之处尽量乘火车，所以决定第二天先乘火车到高邑。向中国人问路时，根据我的经验只问一两个是不能放心的。在石家庄车站我又向警员打听，可是竟连九十里路外的赵州都无人知晓。不管怎样，先乘车到了高邑再说。可是到了站前的庆安客栈再一打听，说不过只是五十五里路，古佛寺的事情虽然不明，但知道那里有个柏林寺。这个情报让我们大受鼓舞，当即决定改乘轿子前往。一望无际的平原，农地耕种状况良好，道路状况也不错，山东无法与此处相比。下午四点左右进入赵州城城门，环视城内，四周都是些田圃，丝毫没有在其他地方见过的繁华景象。现在赵州只不过就是一处小村落，难怪连附近的人都不知其名。问过路人是否知道柏林寺，没有结果。来到有几户人家的地方，左方能看到一座塔，说是名叫白塔寺。反正去了就能知道情况，于是让轿子前行。来到向寺院方向转弯的地方，看到那里有一个不错的石塔。是为纪念奉写佛顶尊胜陀罗尼经所建，经文最后有大宋的年号，可以认定此为宋代之物。高约四丈，全塔施有精致的雕刻（图三十七）。想来此塔虽不知与赵州和尚有什么关系，但至少是和古佛寺有某种因缘。这座白塔寺就是柏林寺，又称古佛寺，也就是当时的观音院。

现在的柏林寺里最值得一看的是灵塔。大雄宝殿和大悲殿锁着门看不到里面，左边的方丈已经被充作了赵县农会事务所。被俗称为白塔的灵塔有七层八角，与临济塔形式相同。不同的只是临济塔为九层，而这里是七层。塔南面有如下题铭：

特赐大元赵州古佛真际光祖国师之塔

题铭上面安置着一尊青铜佛像。佛像仅此一尊，其他各面都没有。远远向上看去，左手里好像拿着一个圆东西，但看不出是什么。塔脚部塑有佛传，从仅存的铭文中可见"道宝塔""神通塔""圆寂宝塔"等字，可知这是为记录纪念佛陀的八大灵塔而作。做工甚是粗糙，字刻得也很难看，想必是近代修缮时所为。塔前有块明嘉靖十八年真定元峰撰写的重修塔碑，记录着明代重修之事。另外大雄宝殿前面也有灵塔记碑，是明成化十六年临济二十四世慧杲所撰，记着此塔是遵旧制于金代建立，还记有圆寂之时只付茶毗不设坟墓的和尚遗训。如果依此和尚无墓记录的话，那么这座塔就是纪念禅师的唯一物品。而且，现在的塔如果是金代所建，则所遵的就是金代之前的旧制，由此知道宋代就有了这种形式，同时，根据前面的明碑记录，可知此塔经过了明代的重修。搞清此塔的修建年代，随之推算就能得到临济寺清塔的年代，即临济塔也应该是金代所建。不过，两寺都应该在那之前就已有塔（图三十八）。

大雄宝殿后面有一块元代的月溪圆明朗师之碑，上面刻着三篇大元皇帝的圣旨。圣旨是成吉思汗和世宗对月溪和尚所下，旁边立有陈纪撰明碑，上载寺志及月溪事迹。

> 按志及古碑，创建于汉，始名观音院，南宋中，更名永安院，
> 金天德中，改为柏林禅院，我朝国初，改今名。在晋唐兴替无所考，
> 五代时，祖师真际，化行燕赵，赐号古佛真际光祖国师。大元时，
> 祖师月溪，禅价高重，赐号普照月溪大禅师。
>
> 是二师者，先后相继，培植恢拓，亦至矣。

图三十七：柏林寺附近尊胜经幢

图三十八：柏林寺全景

文中写此寺创建于汉代、晋唐兴替不明，但此寺不可能是汉代所建。赵州和尚的唐末时已有此寺，年代不会比唐代更远，认作是唐代之物似为稳妥。当初之名为观音院，赵州和尚居住时名为东院，应该是有了相当的规模。南宋年间改名为永安院，金代天德年间又改称柏林禅院。灵塔的修建应该就在此时前后。明初改名为现在的柏林寺。根据塔南面的题字，大元时赐予赵州和尚古佛真际光祖国师的敕号，所以，俗称的古佛寺必须是这以后的事情才对。至于对大元时有此敕赐一事，不能不看元初时的圆明朗公的事迹。朗公曾数次接过成吉思汗和世宗的圣旨，又是拥有普照月溪大禅师称号的高德之人，虽然隔世，但继承了祖师赵州和尚衣钵。明碑中赞颂"是二师者，先后相继，培植恢拓，亦至矣"也是理所当然的。而像月溪禅师，他的名字恐怕没有在什么书册上出现过，但因有元代皇帝的敕赐，想来也应该有在佛教史上刊名的价值。这样看来，柏林寺自唐末经过宋代直到金元明代都是一座名刹，只是随着赵州城的衰颓而破败，最后就连维持小小的大雄大悲两个殿堂都困难了，现在的两殿大门紧闭，从外面只能见到大悲殿内千手观音的头部。而这尊观音像是清代晚期的拙作。

方丈已被充作农会事务所，只有其中的一部分还留予寺院方面寄寓之用。打开正面的龛门，里面安放着赵州和尚的塑像，背后还有全身和左右半身的和尚石刻像。作品都出自一人之手，石刻虽然是清代晚期所作，但站在面前却能给人一种似乎是在与和尚相见的感觉，肯定是和尚的肖像或是有什么来历。寺里有一个十四五岁的小和尚，听说是上代住持的近缘。小和尚还有个叔叔。小和尚不识字，叔叔出门了。不知是否出于对农会会长的惧怕，当我提出要做和尚像的拓本时，小和尚只是躲避。既然老远地来到此地，真不想不得和尚真拓就空手而归，可是对小和尚和他的叔叔来讲，这似乎是一件很难的事。没办法，只好决定先去别处，改日再来。可正在这时，农会的赵桂林会长来了。递过名片，说明了来意，要求做佛祖像的拓本，会长说除了正面的，左右两边没问题，很痛快地就答应了（图三十九）。拓和尚像，不是从寺院关系者，而是要从农会会长处得到允诺，这实在是主客颠倒，对此我本人也不满意。可是我对小和尚和他的叔叔该说的都说了，限于寺院的现状，不得不承认这真是一件没有办法的事情。

方丈的左侧有一处高坡，好像是坟墓。半坡处有两个六角石幢。其中一个好像是金代之物，幢面下方的字被削去，改造成了乾隆年间贯宗和尚的宝塔（图四十）。我认为这处墓冢大概就是赵州古佛祖师的，但因金代的石幢已被改造成了清代之物，此外又没有任何佐证资料，相反却得到了和尚有不修墓遗训的否定材料。不过对于此寺来讲，能够具有重要位置，有资格拥有如此墓冢的禅师只能是赵州和月溪二人。如再限定到金代以前，那就只有赵州了。

就这样，我们在寺院附近的同丰客栈住了一夜，圆满完成了对赵州古佛遗迹的调查。此外，在高邑车站前的庆和客栈吃饭时，试着问了各种问题，知道他们是第一次见东洋人。在车站前尚且如此，去赵县的邦人恐怕以前从没有过。在柏林寺做拓本时，有很多人前来围观，他们都不知道日本，唯独有一个小学生知道我国的名称。历史上曾经悲歌慷慨的赵都，现在却是麦秀渐渐兮，以狗子有无佛性之案令学人死活相争而名震天下的赵州，如今的遗址也只剩柏林尚示原貌而已。但我还是因能来至此地，得以见到和尚真性，面对塔身，联想和尚身后有元代月溪禅师，又知道了此处为锡赉名刹，有众多游访者前来此处并共游临济寺，有了相应的收获，心里感到十分高兴。

图三十九：赵州和尚像

图四十：柏林寺石幢

洛阳怀古

在郑州和大家一起共庆天长节,尽情感怀一日。第二天十一月一日,直接去往洛阳。虽有护照检查,但比起去年来手续要简单得多,颇感当地世风稳静。由岛田氏介绍的森长氏已经到了站前的集云客栈,所以决定马上到同客栈住下,然后以此处为中心,探访城区、北邙山并近至龙门远及嵩山各处。

在城区的活动还有一项就是搜寻古籍,到达的那一天就去城里转悠,可一家旧书店也没有找到。那天陪我出去的是一个挑夫,或许该怪自己用人不当,可是之后又经过再三的寻找,才知道此处没有旧书店。这是何等的凋零啊!曾几何时的"洛阳纸贵",现在不过是空有其名,实在令人慨叹。寻找古籍不成,唯一的希望就寄托在龙门的拓本上了。承蒙森长氏的好意,由他做向导,这一次取得了大致可观的成绩,另外作为副产物还尽情观赏了北邙山的土偶,并且在龙门和西安等地得以观赏各种遗址文物,令此行十分满足。

龙门

据记载,龙门有座义净之塔矗立在北面的高冈之上,菩提流支的墓冢在西原,金刚智之墓在伊川右岸,神秀之墓在龙门,义福之墓在奉先寺北岗,圆测的白塔在香山寺北谷,慧忠之墓和神会之塔在党子谷,如果能够有幸探访到其中之一,为之拂扫苔藓,则是吾辈之幸事,为此一到龙门我便开始留意这些地点。

龙门街的南端,伊阙的北方有一座老君庙,因占景胜之地利,我便首先去了此地。没有发现古碑,但中庭里有一件刻着开元十九年尊胜陀罗尼的石幢遗物,我想这或许会是义净塔的附属物,但上面刻着龙门菩提寺,日期也与义净的圆寂不符。如果在潜溪寺和奉先寺周围寻找则需要大量时间,仅住一夜时间是绝对不够的。

根据现在已知铭文的记载,龙门石窟的开凿是从太和七年(483年)开始的。该铭文现在老君洞中。但那是新城县孙秋生等二百人的工程,该工程于十九年后的景明三年(502年)完成。魏王室最初与此发生关联的事是洛阳迁都后第二年的太和十八年(494年),太妃为祈愿母子平安建造了一尊弥勒像,此像于太和二十二年完成。孙秋生等人的开凿成绩中肯定也包括了太妃祈愿的这一尊。

弥勒像完成两年后的景明初年(500年),宣武帝下诏给大长秋卿白整,命其按代京灵岩寺石窟建制,在洛南伊阙山上为高祖和文昭皇太后开凿两个石窟,这两处石窟不知是现在的哪一洞。初建时要求窟顶高要去地三百一十一尺,但因难度过大,正始二年（505年）依王质之言，为减少徒劳之举，转移到了一处距地一百尺，南北一百四十尺的地方。南北一百四十尺暗示着两窟是连在一起的，所以不会是老君洞和宾阳洞那样二者分开的两洞。到了永平中期，中尹刘腾为宣武帝再造一窟，窟数共为三所，于正光四年（523年）全部完工。据记载，从着手到竣工花费了二十三年时间，用工是八十万二千三百六十六人。这样的三所石窟，到底是哪三所呢？根据《魏书》的记录，这三所石窟应该是并排在一起的，如果是并排，那么老君洞该不该算在其中还需要商榷。暂时先做如此考虑，结论更待日后研究。

有名的褚遂良书伊阙佛龛铭在潜溪寺四窟中的第三和第四窟之间的外壁上。石窟里面有与时代并不相符的造像，外面更有与时代相异的铭文。四窟中，除宾阳洞以外，其他各洞在有关年代的问题上，学者们的见解都不一致。龙门石窟的概况我已在《访古贤之迹》中介绍过，此处不再重复。

香山寺

隔着伊川与潜溪寺相对的是香山寺，白乐天的坟墓就在那里。现在由于土匪出没，常人难住，就连名刹也没了住持，任其荒废。遥想当年，与白香山[1]同时代的元和年间，这里有一个名叫伏牛自在的禅师，他是马祖道一的门下，与共仰同师的丹霞天然成了莫逆之交，其人风貌如现眼前。丹霞与一休禅师有些相似，想来丹霞的朋友也应该具有与此相似的风格。丹霞横卧天津桥惊煞了郑公，慧林寺烧木佛吓坏了众人的时期正是其和伏牛交往的时期，白乐天的皈依也肯定是因为有了这些禅机。伏牛所作《三伤歌》广为世间传唱，这证明了那些看似飘然的禅师们也一样有渗溢血泪之处。

白乐天的墓碑是康熙年间之物，前面的另一块大概是明代之物（图四十一）。

香山寺南面有一座看经寺，是一座道化了的普通寺院，当然也无住持。再往南去的岚山尽头，有两个相邻的石窟。北室置有坐佛（图四十二），南室里有座高台，台上有三尊坐佛，后壁上刻着千体佛，壁脚上刻着迦叶之后的二十五祖及《金刚经》。千体佛几乎都被凿掉，一尊完整的也没留下，但二十五祖还都有。在这种地方刻二十五祖十分稀奇，后来在宝山的石窟里看到了作为传法圣师刻着二十四佛，这种做法在传播佛法上很有意义，此处的二十五祖一定是有表示迦叶之后传统的意思。唐代重视传统，在雕刻之中附上这些一定是为了表达这层寓意。我认为这座石窟肯定和禅家有关，三尊佛像下面说不定就是禅师之墓。如果这里真是禅师墓的话，神秀应该就是此墓之主。这个想法还仅仅停留在疑问层面上，不过是我身临其境时出现在脑海里的想象，把它原样记下来而已。如果我的这篇记事能成为一个契机，

---

[1] 白香山：白居易。

图四十一：香山寺白乐天墓

图四十二：香山寺石窟内佛像

今后在龙门的某处找到和上述名僧知识有关的墓碑墓塔,那将是我的望外之喜。听说香山寺北面的山谷里有圆测的白塔,估计现在已经是痕迹无存了。

洛阳东大寺·千祥寺

洛阳城中的巨刹,以俗称的东大寺为最。门上挂着敕赐护国迎恩寺的匾额。金刚殿、天王殿、大雄宝殿、钟楼等都同常规,大雄宝殿的三尊十八罗汉亦如惯例。左右墙壁上画着佛传和华严会,画本身谈不上好坏,但题材十分有趣。殿前有两块天启年间的石碑,记着此寺为明代所建。这是一座普通的临济宗寺,有个壮年住持,识字,教小和尚们念念四书。迄今历访过的寺院中,我还是第一次见到对小和尚施教。刚刚因在洛阳城中找不到一家旧书店失望,现在看到寺院中的初等教育,多少使自己失落的心境得到了一些安慰。听说前不久冯国祥的部队曾在这里驻扎,使寺中颇受损失。方丈手里存有《罗汉野录》《观音树林集》《杭州府志》等,在现时的中国寺庙里实属少见。

千祥寺很小,规模上无法与东大寺相比,但其中的一部分用来作存古阁,因而出名。存古阁中所藏之物并没有什么特别珍贵的,住持将这些做成拓片,售与喜好之人,权作收入。如此贫寺尚能在院内摆上桌子,招收学徒,读书识字,不愧为洛阳寺院的独特之处。这里属于曹洞宗。听说东大寺的僧人们除属千祥寺之外,还有把关帝庙当洞门从属的,其中缘由不得而知(图四十三)。

洛阳东关外孔子入周问礼乐碑

孔子庙在东关外,庙旁有一块清朝所立"孔子入周问礼乐至此"碑。来到洛阳,每当见到这样的石碑心中都会生出一种莫名的感慨。洛阳的整体位置自东汉以来变化很大,这从白马寺的位置即可明了(图四十四)。现在要指出周代都城应在何处更不是一个简单的问题。至于孔子入周问礼其事、老子其人,更是疑点重重,从考证的角度来看基本上是不值一顾。但是孔子入周接触到了难见首尾的神龙般的伟人,从而在心境上产生了飞跃,回来之后弟子猛增,对这种说法不应怀疑。入周的确是孔子生活中的一大转机,探寻周地,寻访洛阳也是很自然的事情。事实关系做不出更肯定的结论,但假设方向在东门外一点应该不予反对。有此碑就有了追忆往日孔子事迹的契机,于文教是桩有效之举。而对此生感慨之念的并不只我一个人,在我去嵩山期间曾特意前来访过我的甲府中学校长田村氏也说过,他看到此碑时也是感慨难禁,来洛阳一路上受到的辛劳都因见到此碑得到了报偿。可见幼时刻入脑中的四书印象是多么的深刻(图四十五)。

图四十三：洛阳千祥寺

图四十四：洛阳白马寺塔

图四十五：孔子问礼乐碑

图四十六：北邙山地下家屋

北邙山

　　远眺北邙山时，山上尽是蜿蜒的丘陵，但从洛阳一步一步地走过去，脚下虽踏丘陵却不觉。常年以来这里作为墓地，丘陵的内部都是连绵的古坟。山上有村落，但地下所建宅第远远多于地上。放眼望去，周围只见树木或墙壁，但走近再看，挖入地下之处有门，门内有院，院内三面是土房（图四十六）。里面不乏由这样的土房构成的楼堂宅第。下雨时，雨水似乎能够全部吸入地下，不会淤积。听说有些村落全都是由这样的房屋构成的。而居住在北邙山的几乎都是从甘肃省移居过来的回族，就是这些人从地下挖出土偶拿到市上去卖。土偶多是耕作时挖出来的，好像每家每户都多少有些藏货，不过可以说没有一件是完好之物。这个族群的成员相互之间有着很亲密的情感，擅长团体活动，即使自家之物卖不出去，也会把同族的别家介绍给买主。而在普通的汉族人之间就看不到类似的行为。这些进入汉民族之间生活的回族人深知，只有抱成团才是他们最好的自我保护方法，所以自然会发挥团结的长处。在洛阳，在北邙山，我见到了很多土偶，以唐代之物为主，上溯六朝下至宋元，涉及时代相当久远，但除四天王之外，与佛教有关之物可言皆无。从时代上讲应该有很多与佛教相关的东西，但四天王之外不见其他，只能说明土偶属于中国特有的系统，而且是从佛教传入以前就开始的传承。

　　十一月十六日，这一天好像是阴历上的吉日，在同一时间同一地点遇到了三起葬礼。第一起最为奢华，以丰乐会的白字红灯笼为先导，跟着一队乐人，看上去一点儿也不像是办丧事，后面倒像是在庆贺什么。过了一会儿，左右六人为伍的僧人道人走过来，右列的道士奏着乐，左列的僧侣穿着袈裟，迈着整齐的步子。其后是丧主、副丧主、坐着女眷的轿车，一行人按例号泣。第二起财力上略逊，没有道士，只有僧侣奏乐。第三起更逊，既无道士也无僧侣，只有奏乐。

　　后来我又在郑州见过一起只有道士的葬礼，是在从沩山归来途中的一座道观见到的。几起间相同之处是，从颜色上、从乐曲音调上分不清是婚礼还是葬礼。至于葬礼是佛教式还是道教式，其间有何区别，目前我还没有收集到能够判别的材料。或许其间的混杂程度已经到了无法判别的地步。

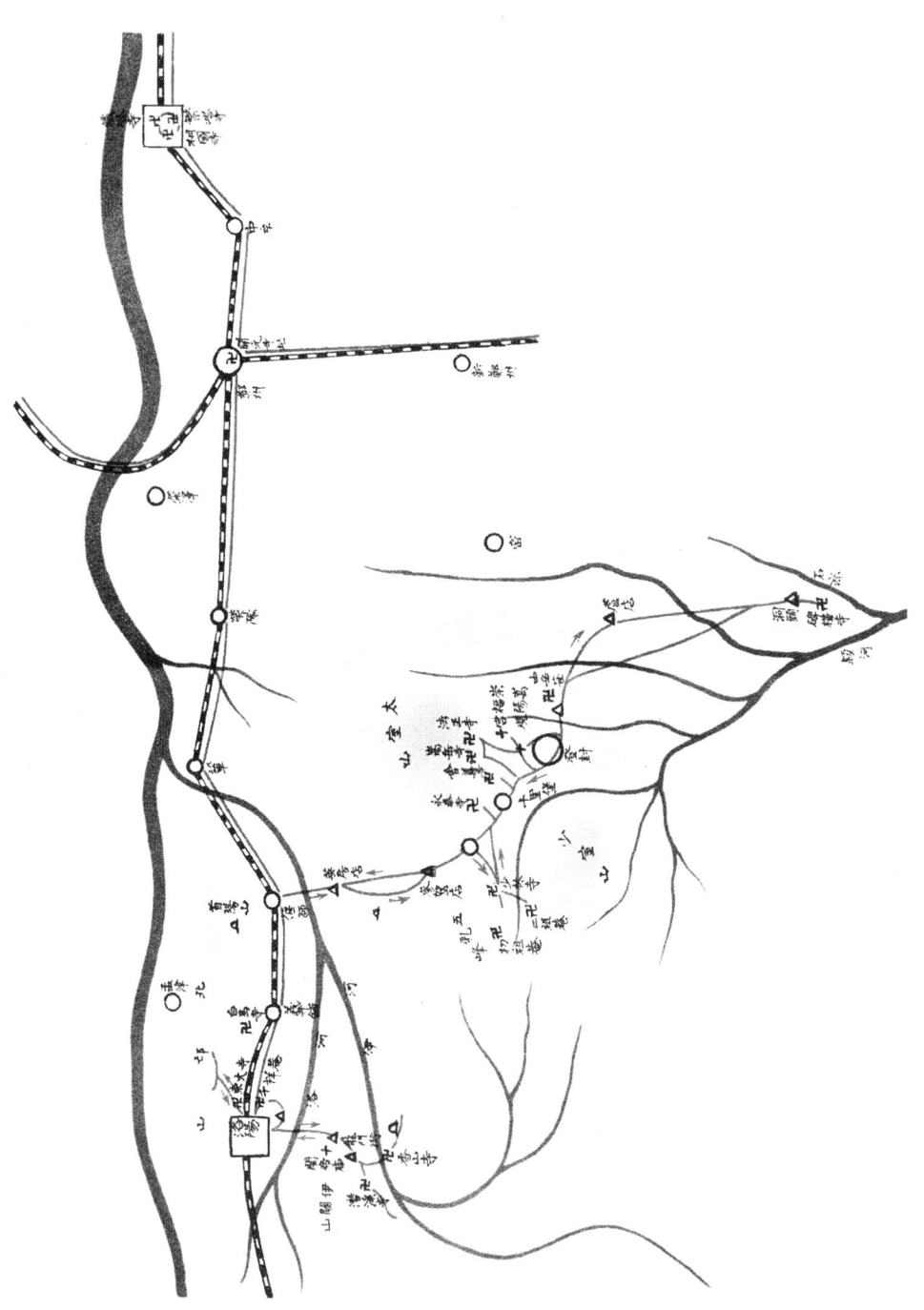

河南嵩山少林寺

梁代达摩大师遗址

　　五岳中最高的是古来富有盛名的中岳嵩山。前往嵩山要在偃师县下车之后徒步而行。这是十一月六日。与得森长氏同行，跟着一个姓朱的挑夫，借辆小车装上行李，冒着始感寒气的初冬之风启程向南，边聊边行。渡过被风吹浊的洛水，在号称是这一带都会的参驾店歇脚吃午饭。全村人都是穆斯林，想来山东省、河南省的穆斯林的人数必定不在少数。是村民们觉得外国人稀奇吧，四面八方地聚来了很多人，我正好想弄清前行路径，向他们打听少室山、太室山，可竟没人知道。我指着应该是少室山的山问山名，回答说叫雨塞山。后来我们登上二祖庵，看到所用文字原来是御塞山。村民们也不知道会善寺和永泰寺，不过少林寺之名还是知道的，由此可见少林寺的知名度之高。不愧是南北朝以来迄今已有一千四百余年历史的巨刹，而且一直是以少林寺称之。自创建以来一直使用同一寺名的并不多见，山东的灵岩，天台的国清，荆州的玉泉，庐山的东林、西林，安阳的宝山，金陵的栖霞，这些都是古今同名之处，除此之外恐再无其他。曾经颓灭后又重建的，需要更名，如若是数寺合并也需更名。古今同名是以自古至今未生变迁为条件的。在动乱频发的中国要想保持无变状态十分困难。经历历代的变迁，或更改了名称，或改变了地点，使得踏勘工作变得十分困难。若是如前述那样的名刹则困难就少得多了。

　　行进途中，在邻近府店镇的右手方向见到了一个大墓，周围有无数小墓散落。看上去像是个有来头的古坟，向当地人打听，说是达摩大师之墓。把达摩之名安在这种地方虽然有趣，但没有必要为此认真。倒是也想前去游览一下，不过此次我们的目的是为了探访达摩遗迹，不应为这样的地方分心，所以只管向前赶路。到了府店镇再一问，说那里是吕后太子墓。虽然不能全信，但比起达摩墓之说多少与事实相近些吧。不过，能联系上达摩之名，说明此地住民的脑海中有达摩的位置，想来有趣。

　　出参驾店，越过一座山丘，自县道右拐再行五里就到了少林寺。这座山丘与少林寺背后的五乳峰山脉相连，山路上时有土匪出没。朱挑夫听了当地住民的警告，一个劲儿地劝说薄雾时分不可沿山右拐，但这种时候是犹豫不得的。日近黄昏时分我们到了少林寺山门前。少林寺隔着一条名叫小石河的溪水与少室山相对，面南，位于五乳峰下。广域说是在太室少室并称的嵩山之中，狭域说就是位于五乳峰之下了。五乳峰不在少室山三十六峰之中，而是在少室山的阴面，一般把这里叫作少室阴山。顺便说一句，太室山有二十四峰，少室山有三十六峰，太室山以高驰名，少室山以峻享誉（图

中国佛教史迹 | 151

四十七）。嵩山是两山的统称，早在三代时期就有其名，汉武帝、唐太宗都曾登临极顶。尤其值得一提的是北魏灵太后于熙平二年率九嫔公主一行数百人登上嵩山，乃致中侍中崔光上表进谏一事，这一方面说明北魏皇室遗传了豪奢之风，另一方面也说明了皇室与嵩山之间的密切关系。少林寺为孝文帝所建，会善寺是孝文帝的离宫，嵩岳寺是宣武帝的离宫，嵩阳寺是宣武帝创建，明练寺是孝明帝之妹开基，由此可知北魏与嵩山的关系。而灵太后是宣武帝之配孝明帝之母。宣武帝时，其为孝文帝也为自己开凿了龙门三大石窟，花费了二十四年，用工八十余万，得以大成，尽显刚健之风。灵太后登岳时，正值龙门三窟兴建完成过半之际。自朔北起事，以恒安为都，开凿云冈石窟，长于征服高山峻岭的跋陀族南迁后，一定是想以嵩山为养息之地，以求常愉其中。踏勘嵩山之旅，仰承塚本博士记事、关野博士照片，并承指示之处多矣。

少林寺

　　少林寺位于少室山北麓，背依五乳峰，间隔小石河溪水，面南，朝向少室山。距偃师车站只有七十五里，一进入嵩山地界即可望见（图四十八）。不用说，少林寺是因达摩在此面壁九年而闻名，但在达摩面壁的二十三年前，此寺就已为跋陀禅师所创建。跋陀以及佛陀的事迹虽然不尽详细，但禅师常常于闲林中静坐一事该无疑问。最初，禅师来到恒安（大同府），受到孝文帝款待，住进别院。太和十七年随帝南迁到洛阳，先是安居静院，后因酷爱林谷，屡屡前往嵩岳，帝敕令于少室山建寺使居，此寺便是少林寺。其弟子中有道房，有年少的慧光，而道房又度僧稠，所以僧稠也可视为是其弟子。慧光参与了《十地经论》的翻译，作为最初的研究者在被仰尊为地论宗之祖的同时也被尊为四分律宗的祖师，还受陷害背上了毒杀达摩的恶名。僧稠在深山幽谷苦磨苦练多年之后，在跋陀禅师面前阐其所证，并因此得到了葱岭以东禅道第一人的认可，成了驻嵩岳寺的大禅师。这些弟子称跋陀为祖师三藏。达摩来时，不知道跋陀是否仍在世，但在北齐时代名声显赫的慧光和僧稠当时仍在嵩洛一带活动是不争的事实。在达摩面壁的九年中，不知道有多少人居住在少林寺里，这一点没能搞清，难免遗憾。不过，根据上述所记，可以推察出在少林寺创建及达摩来魏的当时，北方禅法是如何的一种情况。关于慧光和僧稠，我还将在彰德府和宝山两节中再次提及。

　　菩提达摩是南天竺人婆罗门种姓，倾心大乘佛教，冥心寂然无为，是个学问高深之人。据道宣所记，达摩为以法开导边地之众，先达宋境南越，后又北上至魏。这个时期应是刘宋，涉足之地应是南越，北上则是晚年之事。但这与一般所言，即达摩自广东上陆，直接觐见了梁武帝，一席对话并不投机，所以与越江而入魏的说法大不相同。但现在还没有足以判定孰是孰非的材料。

图四十七：少室山

图四十八：少林寺・初祖庵・墓地远景

入魏以后，随其所止诲以禅教。但当时全国盛行的只是讲授，而对定法多生讥谤，并无人授之，这些说法又都是出自道宣之笔，而与一般所言，即入魏之后直接进了少林寺，自普通元年至大通二年（520—528年）九年面壁的说法相悖。但道宣是慧可的门下，一般传其游化嵩洛，并不闻他与少林寺有过冲突。所谓相悖，一指所到之处诲教，二指九年面壁，不过我倒是觉得道宣之笔更接近于事实。

时日稍后，心怀远大志向的两个沙门道育和慧可接触到了定法，参悟了道之所归，并亲和供养达摩四五年（《慧可传》里记为从学六载），达摩为其精诚所感，诲以真法。所谓真法不过是入道的方法，提倡理入或行入这两种简明的做法。理入亦称藉教悟宗，即深信含生同一真性，被客尘妄想所覆，舍妄归真，凝住壁观，进入无自无他、凡圣等一、坚定不移、不随他教的境地，这就是寂然无为、与理冥符。前面的"藉教悟宗"应该就是只依《楞伽》一经，后面的"不随他教"定是含有唯依此经、心不他向之意。这便是如是安心之法。理入的中心是深信真性，真性尚未自我实现故而凝住壁观。面壁传说所依之处必定就是这种壁观。且所谓壁观并不是要面对有形的墙壁，而是要面对意念中的墙壁而观。

行入即实行之法，在报怨、随缘、无所求、称法的四种行法中包含了其余诸行。所谓报怨行，是说修道行人，若受苦时，当自念言"是我宿殃，甘心甘受，都无冤诉"，并以此苦痛为契机更进一层识达。所谓随缘行，是说一切毁誉得失皆从缘生，缘尽还无。得失从缘，心无增减，则逆顺皆可保持内心平静。所谓无所求，是说有求皆苦，无求即乐，智者应与世俗相反，安心无为，形随运转。所谓称法行，是指与真性清净之理合一的生活。

据道宣所记，自有理行二入法后，达摩以此法教化魏土，有识之士皆奉其教，皈依领悟。达摩语录盛行世间。达摩自言年一百五十余岁，游化为务，不测于终。我们由此可知达摩语录于唐初在世间广为流传之貌。其中一百五十岁、不测于终的这些用语，我想怕是混入了同时代从波斯来到北魏的菩提达摩的传说。

道宣此记与载入《景德传灯录》中的弟子昙林传几乎是同一物，不过后者把不随他教改成了不随文教。虽然这只是一字之差，但对于禅家来讲，这是一个重要的变化。《续高僧传》里只依《楞伽》一经之说表现其骨格，而《景德传灯录》里的不依文教则变成了所谓的不立文字之意。我认为《续高僧传》中的道宣传和《景德传灯录》中的昙林传之间存在着某种因果关系。想要做出定论并不容易，不过从成书时间上看，必须承认《录》是《传》的传承。如果把《录》作为后，恐怕就要取以下的顺序：

按《传》所记，把其中含有道育、慧可之名的达摩传作为当时之物的话，则应该由第三者来执笔。除道育、慧可以外能做这个执笔人的，应该是在慧可传中出现的慧可的同学林法师。说是慧可的同学，但是否同是达摩弟子这一点不明。暂把他一同作为达摩的弟子，虽无证明但也没有矛盾。那么，林法师是何许人也？看译经录，当时北魏的译场中有一个姓林的学者。这个人应该就是盛讲《胜鬘经》的林法师。如此，林法师与昙林一致，在作为慧可同学这一点上，将其视为达摩弟子，由他写下包括慧可、道育在内的达摩传。

这里面又出了许多疑问。（一）如果说只有两人得达摩传授真法的话，那么其他人就都没有得到真传，也等于昙林在传中亲口坦白说自己未得真传。这样的达摩传真的会以弟子昙林的名义写出来吗？（二）昙林在菩提流支译场中是有其名的人，看不出他与达摩之间有什么关联。当然，他不是禅师，所以以林法师之名出现在慧可传中是恰当的。把他作为达摩的弟子有何根据？与其说他是达摩的弟子，倒不如说他是菩提流支的弟子更为妥当。（三）昙林若是菩提流支的弟子，那么与林法师同学的慧可也就成了菩提流支的弟子。这样一来，菩提达摩被隐去，菩提流支却浮到表面上来了。将禅法传入北魏的跋陀和菩提是搞不清楚的两个人。同期还有佛陀扇多和菩提流支二人，跋陀和佛陀扇多在慧光传中似乎被混在了一起，也许本来是一个人后来被误认为是两个人亦不可知。菩提达摩和菩提流支之间或许也会有什么因缘存在吧。

达摩作为真法传与慧可、道育二人的理行二入法门中的理入法门，在《金刚三昧经》中可见原样。这部经虽伴有许多疑惑，但其内容与缘起方面都十分明了。还有传说的达摩嘱咐给慧可的四卷《楞伽经》，那也是缘起系的经典。当时，通过菩提流支、佛陀扇多、勒那摩提这三个的三藏，世亲法门首次传入，身在其译场的慧光作为《十地经论》的学者，处在中国佛教教理史转折的重要位置上。《金刚三昧经》《楞伽经》从内容上看与《十地经论》相同，都立于北印度缘起系。而初次将法传入中国的人，虽先有求那跋陀罗，但依然应该说菩提流支和佛陀扇多等为初次。一般来讲，达摩与菩提流支等不同，是立于南印度的实相系，《楞伽经》也好，《金刚三昧经》也好，都是立于北印度的缘起系，这一点不能忽视。佛陀三藏是慧光的悟禅之师，菩提流支是昙林的受教之师，菩提达摩是慧可的悟禅之师，把这些事情连起来考虑，就形成了一种假设。我一直认为，菩提流支、菩提达摩，以及著有禅道重要经典《达摩多罗禅经》的菩提多罗，这三个人之间存在着复杂的关系。于同时同地又来了波斯的菩提达摩，于是达摩身上就出现了种种混杂，种种附加，想区别其真相实在不是易事，不，应该说是不可能的。现在我们只能说，在东魏到北齐时期的邺城，顿悟禅以《楞伽经》为本十分盛行，而以己一身来具体体现顿悟禅的是慧可，慧可有一个禅师师父。至于这个禅师师父是何许人，只能听凭学者们去各执己见了。

少林寺的建制规模十分宏大。进入山门，穿过铺设在左右众多碑碣之间的坛道来到天王殿。这正是寺域的中心。大雄宝殿居中，后面高出一段的是法堂。大雄宝殿左右有厨房和客室。大雄宝殿和天王殿之间，左右对称有三组建筑，从里向外数，第一组左侧是藏经楼，第二组右侧是鼓楼，左侧是钟楼，第三组右侧是跋陀殿。位于左侧厨房和藏经楼之间的是那那殿，所谓的"那那"就是紧那罗神，跋陀是此寺的开基禅师，开基禅师只寓居在如此的一个小殿里，不能不说是主客颠倒了。不过我原来以为，在因达摩而闻名的少林寺，恐怕已经没有了关于跋陀的记忆，现在见到了犹如告朔饩羊一般残存的跋陀殿反而觉得有些意外。目前该殿正在重修。法堂前和钟楼前有碑碣，钟楼后面的荒废区域中也还留有众多碑碣。

法堂后面还有别院，高出一节，进入小门，里面有初祖庵，左右有翼殿，右翼安放着娘娘像，左翼是满墙的拳法壁画。殿后有白衣殿，再往后更上一层的院里，前面是佛祖殿，后面是毗卢殿。其间的左右两边是观音殿。最后的那个院落像是新近附加的。

这样的建制在年代上不会远过明清两代。只有鼓楼（图四十九）和钟楼两处是元大德年间之物，其造型相当美妙，只可惜钟楼已被损坏殆尽。与建筑物的新建成正比，里面安放的佛像当然也都是些新物。其中跋陀殿里的跋陀像、初祖殿里的达摩像更是弱冠，丝毫没有禅师的风貌。恐怕在禅机欠缺的时代，连雕像都要像这样做成受人喜爱的样子来迎合大众的口味才行。《碧岩录》中所见的达摩，于研究方面虽不宜予以肯定，但如果从把用在马祖以后南禅师家身上的那种磅礴气魄拿来表现达摩的角度来看，现今中国到处可见的祖师像倒也不成问题。既无禅机又无气魄的时代精神原封不动地表现在这里的祖师像上了。元代以前的祖师像中绝对找不出这类弱冠孱柔，这一点从雪舟画的面壁像中不难推测。

如此，众多殿堂内的雕像中没有古物，没有什么值得特别注意的。但以那那殿内收藏的下记三碑为首，寺域内有众多碑碣。

一、三尊浮雕像（魏末？）　　　　　　　　　　　　　　　那那殿内
二、千佛（表里）阿弥陀佛（侧面）像　东魏大平三年　比丘洪宝铭　那那殿内
三、释迦（表）弥勒（里）像　北齐武平三年董洪达等造　　　那那殿内
四、金刚经　唐高宗咸亨三年王知敬正书　　　　　　　　　　藏经楼壁
五、秦王告少林寺主教　开元十六年立　　　　　　　　　　　钟楼前

秦王举义兵之时，少林寺僧志操、惠旸、昙宗等捉僭者王世充献上故获嘉奖。文中世民二字为亲署，在金石文中自古有名。但下方加上的开元十六年，裴漼撰并书一文中说捉的是王世充之侄王仁。另外还记：北周灭佛之际，少林寺也遭废毁，不久于五年后大象元年在长安洛阳各建寺一座，其中洛阳的陟岵大寺就是少林寺。

背面刻着：

太宗赐少林寺柏谷坞庄御书碑记
六、大元重建萧梁达摩大师碑　至正七年欧阳玄撰
七、开山裕公碑　　　　　　　延祐元年　钟楼后
八、第十一代凤林珪公行状碑　至正九年　天王殿前

图四十九：鼓楼

九、第十五代息庵禅师道行碑　至正元年　天王殿前

此碑作为日本但州正法禅寺邵元撰文之物，很早就引起了考古学家后藤葆真氏的注意。息庵名义让，从古岩自山东灵岩寺移至少林寺，继承其法之后，辗转南阳、洛阳、嵩阳、山东等地，最后管理少林寺。邵元亦隶属于息庵一系，因熟知其人故请撰文。

十、敕赐祖庭少林释氏源流五家宗派世谱碑　法堂前
　　嘉庆七年　彼岸海宽撰

此碑虽新，但在反对临济宗势力为曹洞宗吐气一点上，加之载有曹洞宗系谱，故于研究方面值得关注。关于法系研究将另外起稿论及。一般认为少林寺元初之前承继的是临济法系，但实际上自延祐元年裕公辞世时起就明确地开始渐次承继曹洞宗法系了。裕公被称为开山是因之前寺门衰微，从法系上看没有相应寺主的缘故，是裕公改革了旧制，弘扬了禅法，为嵩山佛教致了大力。裕公是曹洞法系有名的万松行秀的弟子。

此外还有很多少林寺历代住持之碑：

第十九代嵩溪禅师定公
第二十一代松庭禅师（洪武）
第二十五代凝然改禅师道行（景泰）
第二十七代从公无方（成化）
第二十八代月舟禅师行实（正德）
第二十九代古公仙公（正德）
洞宗第二十四世当代传法小山禅师行实（嘉靖）
曹洞宗第二十六代道公碑（万历二十七年董其昌撰并书）

代从少林寺排，世从洞门排，所以小山是洞门第二十四世，少林寺的第三十代。

记录上记着寺里有梁帝皇嗣出家的灵运禅师功德塔碑，但我没有找到。记录说是天宝九年所立。

天下禅寺大多属于临济宗，可想象中更应该属于临济宗的少林寺却从元代以来就归属了洞门，且其法系一直维持到今天，很是让我意外。更因我邦佛教关系来此地访问之人不止一二，却迄今没能搞清此事，这也让我感到意外，庭内所立碑碣之中不是有明记为曹洞宗第二十四世的碑吗？对此，不仅是邦人感到意外，后来我去沩山途中，在宁乡县访问佛教会时提起这件事，一位识字并立志再兴沩仰宗的壮年僧人说："我们一直听说祖山是五宗并存在一起的。闻属曹洞宗一说实在意外，为此值得一叹。"

图五十：初祖庵

从他内心暗暗叹息一举来看，可以感觉到他是想说少林寺并不属于哪一个宗派，而应该是五宗的共同祖山。这好像是最合理的解释，可其实并不如此。少林寺与其说入洞门，不如说是向往洞门。嵩阳的会善寺、永泰寺、法王寺都属洞门，唯独嵩岳寺属于济门。从表面上看，少林寺与其他三寺之间存在着应该称为本寺还是分寺的关系问题。登封县一带的寺庙皆归在少林寺的管辖之下，因此肯定会有三寺的住持都来自少林寺这一层关系。

初祖庵

初祖庵位于少林寺西北二里处的小坡之上，有前殿和后殿。因前殿内部的石柱上刻有明代重修的铭文，所以此殿为明代以后重修一事确定无疑。不过研究建筑学的关野博士明言主张此殿是宋代的木造建筑。后殿有面壁庵之名，内部墙壁上刻有金代李纯甫所撰《重修面壁庵记》，并排还刻有《新修雪庭西舍记》，两文均是金兴定七年所撰（图五十）。

背后的五乳峰山腰处有达摩洞，一般都说这里就是达摩面壁九年的旧址。但少林寺里有一个慧可侍奉达摩的立雪亭，如果照此说法，则少林寺内必须要有面壁之处。有关达摩的传说是越传越多，相关的旧址也是不断增加，所以现在的说法不能全信。大概最初只不过是在少林寺，后来加上了初祖庵，又加上了达摩洞。像那块原本是在这里，如今已被移入少林寺中的达摩影石，就应该认为是一种传说的升级。初祖庵内外石柱上的雕刻以及庵内外壁脚的石刻颇佳，都是宋代之物。

庵内外虽有许多碑碣，但都是新物，没有特别值得研究的价值，唯有李纯甫的《重修面壁庵记》独展头角。纯甫其人，怀有经世之志，但一旦知道自己仕途不爽，便隐归乡里，纵酒自放，与禅僧士子交游，酒酣则辩强，不尝废著。他晚年喜佛，力探佛之奥义，自类其文，凡论性理及有关佛老的皆称为"内藁"，其余文字皆称为"外藁"，由此亦可推知其意向。他有对《楞严经》《金刚经》《老子》《庄子》的解注，也有《中庸集解》《鸣道集解》等论著。因自号中国心学、西方文教而遭儒教徒抨击，但其精锐见解值得一观。他在《重修面壁庵记》中说："有菩提达摩大士自西方来，孤唱教外别传之旨，其子孙遍天下，波及学士大夫，潜符密契，不可胜数。"还说：

> 其著而成书者，清凉得之以疏《华严》，圭峰得之以抄《圆觉》，
> 无尽得之以解《法华》，颍滨得之以释《老子》，吉甫得之以注《庄子》，

图五十一：二祖庵

李翱得之以述《中庸》，荆公[1]得之以论《周易》，东莱得之以议《左氏》，无垢得之以说《语》《孟》，使圣人之道，不堕于寂灭，不死于虚无。云云

对此，儒教徒们哗然而攻，纯甫遂在《新修雪庭西舍记》中论道：宋儒诸生的排佛是阳挤而阴助者多矣，排佛最甚者胡寅的对手乃止于破戒僧。他以回击诸儒时的同一笔法论述，最后以"佛典精髓不在拟老庄之处"作为结语。

二祖庵

与初祖庵隔一条小河，二祖庵在小河南岸钵盂峰峰顶。钵盂峰是少室山三十六峰之一，从峰顶看是在西面，而从少林寺看是在西南面。距少林寺八里，路径甚为险恶，至此实为不易。钵盂峰顶四方自成一"井"字，故此处又号四方井。二祖庵很小，里面安置有二祖像，面相略过年轻但气度尚可。庵前后各有一座金代砖塔，另除两块嵌入墙壁的明碑之外再无他物。依此可知此庵起源于金代即南宋时代。与初祖庵不设住持任凭狐狸当家的情况相比，这个不便的峰顶却有人常驻，甚可为慰。他们正在庭院内晾晒收获的谷子（图五十一）。

站在庵前放眼南望，少室奇岩迎面高耸。齐眉之处是一块巨岩，东道的素会和尚说那叫疗臂台，是慧可疗臂伤之处，因故得名。又言《说嵩》里称此处为炼魔台，又名觅心亭，慧可立雪之后，坐庵面山，为台起了此名。说来，觅心亭、炼魔台、疗臂台都是指南面的那块巨岩。事实与否于今日议论已毫无意义，不过必须承认所有有关初祖庵二祖庵的传说都有很深的含义。有关慧可将在彰德府一节详述。李白是走遍了三十六峰的人，传说顶上有四座天门，现在仍有三门可见，只有西天门欠缺。不过这些都是可望而不可及。据说那里宛如众仙人往还之处，西天门应该就是从二祖庵能够看到的山顶部吧。可是西侧的路径过于险峻，难以登攀。听说以前顶上还有一座寺庙，不过现已无存。

初祖庵与二祖庵之间的小石河北岸是少林寺历代的墓地。林立在橡树丛中的墓塔让人感觉分外壮观。从形式上看，有四角形、四层六角形、九层六角形、锥形、幢形、喇嘛式等等，诸形皆具，相互错综。从年代上看，唐代仅有一座，其他都是元代以后所建，未见宋代之物。从墓地情况来看，应是元代以后至清代中叶最为兴盛。唐

---

[1] 著者引用时省略，按著者原引译出。并录出省略之处以供参考："荆公"：荆公父子；"无"：伊川兄弟得之以训《诗书》"；"以说《语》《孟》"：以说《语》论《孟》。

代的一座墓塔是四角形（图五十二），上题：

大唐东都敬爱故开法临檀大德法玩禅师塔　　贞元七年

唐宋时代，住在如此巨刹中的人，坟墓都不个别单建，而是和其他地方相同，大多埋在共同的纳骨塔下。但我没能找到这样的塔，也许少林寺域内称为下生弥勒塔的就是。墓塔壮观标志着寺门的隆盛，但从佛教精神这个角度看，不设个人独墓的时代才应该被看作真正的隆盛时代。佛教的隆盛退去，寺门的隆盛兴起，从某一方面解释就是精神上的隆盛让位给了物质上的隆盛。而随着精神逐年逝去，物质也会在某一时间瓦解。现状就是这样。

少林寺特别应该关注的是唐代于此设立戒坛一事。隋代时，从四分律宗的资云和洪遵开始，应该就已经奠定了基础。虽然一度遭遇灭佛，但从收录在《金石萃编》中的义净所撰《唐少林寺戒坛铭》一文可知，长安四年（704年）戒坛得以重建，并于开元三年（715年）由学生张杰书撰写了《戒坛记》。会善寺里也设有戒坛，那是在大历二年（767年），比少林寺的戒坛重建晚了六十三年。如此，少林寺是北魏以来的名刹，唐初蒙太宗嘉奖，至少于唐初即建戒坛，玄奘、怀恽、大彻等也都曾居此寺。以后经唐宋，但未闻再出佛教史上的名人。戒坛地位也被会善寺取代，早早地便衰微了。

唐初，王世充僭越称王时，少林寺僧昙宗等拒之，随后擒住王世充献予秦王世民。其义举受到嘉奖，得赐柏谷坞庄四十顷土地。由此事可知，当时的少林寺已拥有僧兵。如当时中国那样的动乱无常之处，动辄就会成为被掠夺的目标，因此，作为容易被大股势力充作驻屯之地的山中巨刹，为了生存自然有必要执戈自卫。其中，邻近洛阳的少林寺肯定曾是被掠夺屯营的绝好目标，因此在南北朝后期，迫于形势，武装僧兵便应运而生。日后，少林寺拳法又称棒法天下闻名，这样看来，一山的年轻僧侣们与其说是研究禅法，不如说是研究拳法。祖师堂左翼的堂内墙壁上画满了拳法的壁画，这也说明一山僧人是如何为自己的武艺精湛而自豪。画中有和印度人一起练武的场面，好像是在说拳法也和佛法一样是从印度传来的。有文记载："明嘉靖末年，倭寇侵犯江浙，兵备道任环曾召少林寺僧退之，月空率领三十余名僧众，朱发靛面，手持铁棒，御敌于松江，终将倭寇击退。"现今此说法仍传，僧房前摆列着兵器。但从拥养着二十多个私家兵的情况看，可知拳法已经衰败。现在的这二十几个私家兵不仅是为了自卫，还时时为县民征讨土匪，起到的作用和当年的僧兵是一样的。

住持本应受钦命隆重任命，但自清朝灭亡以后，此类盛典就已废止，或者说是因为没有相应有资格的人选，所以现今没有住持。不管怎么说，现在少林寺的衰微是不

图五十二：唐法玩禅师塔

争的事实。较近的康熙年代时，还曾有过一个名叫彼岸海宽的学者，可是现在一山僧人中连识字的都不多，首座甚至不知道《景德传灯录》。会善寺的僧人说，清朝期间登封县一带曾不论宗派统一管辖，而民国以后秩序全乱，各寺都各自独立做主了。这大概是事实，唯有永泰、会善、法王等寺因属曹洞宗，所以如今仍处少林寺下风。

河南嵩阳的寺观

永泰寺

永泰寺由北魏孝明帝的妹妹开基，当时称作明练寺。至唐贞观三年，以山居不适合尼僧为由被废。神龙二年，嵩岳寺的道莹奏请为永泰公主重修，寺名称为永泰寺。这一经纬记录在寺域内的唐永泰寺碑上。此寺自开基以来以尼寺闻名，从少林寺去往会善寺的途中，从左方进入太室山西麓少许便可到达。现在的建制已是衰微之极如苟延残喘，但不愧曾为知名古刹，留有许多遗物：

  门前唐天宝年间石幢
  寺右侧大唐中岳永泰寺碑　天宝十一年
  大门前院的八角香炉台（上面有屋顶，下面的石台由四条屈体蟠龙构成）
  寺后的万佛殿

这是一座砖造建筑，方形，只在东侧开一门。且所有的砖全部做成了佛龛或佛像的浮雕，内壁和表面的外壁上全部都是佛像，正应了万佛殿这个名字。年代虽然不明，但类似这种的方形建筑物属于古式，也许还得上溯到六朝时代。唐碑中写这是明练尼所建二古塔之一，正如塚本博士所言，此塔是稀有的中国现存古代建筑物。

除上述以外，以寺院为中心，大大小小的三重、五重塔以及七级、十一级的砖塔共有十八九座。其中寺后北面高处矗立着两大砖塔，一座六角七级，另一座六角十一级，尤为引人注意。唐碑中见有隋代大卒堵婆，有为唐代寺主真藏尼建造九级浮屠的记事，但搞不清应该是哪一座。不管怎样，这两座大砖塔大概都是唐代之物（图五十三）。

像这样搜寻遗物并不是我的目的，之所以留意这些遗物只是为了了解寺庙的背景。《说嵩》一书中记载此寺的创始者是梁武帝之妹，而唐碑却说是北魏孝明帝之妹。哪个说法是正确的还下不了结论，但从地点上看，并和其他诸寺的草创期相比，我认为看作北魏之物应该比较妥当，所以前面都采用了这种说法。北魏时期开凿了龙门石窟，在嵩山之上建造了许多寺院，再多造一个尼寺也不奇怪。至于开基人是皇妹一说，对了解佛教与魏皇室的关系来说很重要。孝明帝即位的那一年，灵太后率从者数百人登上太室山一事前面已经提过。太后登山，皇妹为尼，龙门石窟的工程同时也正在进行之中，我想这些似乎更能说明魏皇室与佛教之间的关系。现今寺门属曹洞宗一事已屡屡道过。

图五十三：永泰寺大砖塔

会善寺

　　从少林寺向东走十五里,在邢家铺朝山的方向再行五里左右就到了积翠峰下的会善寺。在嵩山范围内,这里是仅次于少林寺的大寺,属于曹洞宗,在元代墓塔上见到,这里的住持也是根据敕令来决定,但现在和少林寺一样也没有住持。

　　根据宋代王著的《会善寺碑》记载,此寺原是北魏孝文帝夏天的离宫,后来成了六祖名流澄觉禅师的精舍,隋开皇年间改名会善,进入唐代呈弘兴之状。寺内众多高僧中有一人名叫道安,开皇四年生,景龙二年圆寂,有一百三十四[1]岁高龄。其弟子中有一名为慧远者,即破灶□[2]为其建成了此塔。此事见于开元十五年所立大唐嵩山会善寺故大德道安禅师碑[3]。道安、慧远的师徒名分,一百三十四岁的高龄,令人生疑之处颇多,但景龙二年圆寂,开元十五年立碑一文已被收入《金石萃编》。现在此碑已嵌在寺院墙壁之上加以保存。字迹几乎全部磨损读不出来了,确认为古物无疑。那么,道安其人为何许人也。是否就是嵩岳慧安,是否就是与第六祖慧能同出于第五祖弘忍门下的人呢?如果如此,慧安实际上就应该叫作道安,应居住在会善寺才是。寺内也确有一处,名为会善西塔安禅师塔院。

　　最初师事于慧安,慧安圆寂后,转从韶郡的慧能,得到印可之后,回到嵩阳,住进了会善西塔安禅师塔院的净藏禅师,实际上是此寺继慧安之后的高僧。天宝五年圆寂后,被称为受慧可、僧璨、道信、弘忍等宗旨密传的第七祖。寺院西面的苗圃中建有净藏的身塔。这是一座六角砖塔,在此寺的遗物中当属首屈一指(图五十四)。我们就是通过这座身塔的铭文知道了还有净藏这样一位同时受了北方慧安、南方慧能之法的高僧。六祖法嗣的南岳怀让,好像也是走了一条同样的路径,最初师事慧安,受其启发又从慧能善成大事。从怀让和净藏翻看回去,前出的道安应该就是净藏的师父嵩岳安大师,我想安大师应该就是一般被称为慧安的那个人。

　　同时代还有一位景贤大师,与慧安、慧能同门,属大通神秀的法嗣。开元十一年圆寂,同二十三年建唐景贤大师身塔并记,应该有过和净藏之塔一样的实物,但现已无存。听说碑应该还留在寺后山坡的某处,去找了一下没能找见。碑文中有"达摩西来,历五叶,授大通"之句。据此我们可以了解到,与慧能同时,除北方的慧安之外还有被正式称为北宗大通法嗣的景贤在此,且与慧能法嗣的净藏同住一寺。这样一来,

---

[1] 一般为"百有廿岁余",此处写百三十四岁疑是著者笔误。

[2] 原著此要标为□,作为不明之字。查一般读作"坠",即破灶坠。另下记《全唐文》中为《破灶刊》。录出供参考。

[3] 宋僧,《全唐文》三百九十六。"盖去禅师生于大隋开皇四年,灭于有唐景龙二年,春秋得百有廿岁余能。……道远惟光,敬久弥福。嵩岩焚余,起幽灵之塔;涓城化渐,置招提之寺。……是以弟子慧远者,袭明承庆,演未裕源,东传之法而载极乎天,北流之妙而不坠于地。……建塔僧破灶刊。开元十五年十月廿一日建。"

图五十四：会善寺净藏禅师身塔

一般所说的南宗北宗之争似乎就难以想象了。南北之争恐怕是从马祖时代开始的，而那个北宗，我一直认为应该是单指神秀法系的。此事于此处不应过于深论。

寺内设戒坛又是以后的事情了。回廊里保存着的代宗御书碑上写着的戒坛牒是大历二年的事。碑背面的戒坛碑记上写着此碑为贞元十一年陆长源撰。根据此记，戒坛最初是元同律师、一行律师为设置五佛正思唯戒坛而开基，后因河洛烟尘一时颓废，上都安国寺的乘如上报朝廷，遂有诏申，命安国寺藏用、圣善寺行严、会善寺灵珍、惠海等作为住持，每年开建道场，四时讲律。此坛被命名为琉璃戒坛，连那有名的赵州和尚都是在这里受的戒。会善寺的戒坛比少林寺重建的戒坛还要晚上六十三年，但因有元珪禅师为嵩山神灵授戒的传说而闻名，且一直兴盛到了元代。我想，元代时少林寺里的戒坛大概已经没有了。寺院东南方向的苗圃中有八个元代的六角砖造墓塔，还有两个明代的。砖塔上刻有如下的文字：

敕赐……诸路释教都总统万安都坛主	延祐元年
故戒坛会善寺	延祐二年
宣授嵩山戒坛会善两寺	延祐
宣授戒坛会善寺第一代	至治元年
宣授……释教都坛主	至正三年

这些碑一起看过来可知：第一，敕令授任住持。第二，此寺戒坛主兼任诸路释教都总统之重要职位。第三，"戒坛和会善"这种有两寺之表现，有时会成为"戒坛会善寺"这种作为一寺的说法。第四，其后的称呼仅用"释教都坛主"几字，说明戒坛已经占有了十分重要的位置。想来，戒坛隆盛时的会善寺，其势力恐怕已经达到了能够与少林寺相抗衡的地步。

从戒坛上考察少林、会善两寺的关系，而后将倒伏在寺前苗圃中刻着《佛祖宗派之图》的明嘉靖年间的巨碑拿来和少林寺刻着《五家宗派之图》的碑碣相比，颇有令人首肯之处。这详细刻着佛祖宗派的图中，除天皇道悟之外，还有天王道悟。天皇是承青原法系，而天王是马祖的弟子。如果把法眼、云门二宗都视为马祖门下的天王系流，则不仅临济、沩仰二宗理所当然地承了此流，就连云门、法眼二宗也都成了马祖门下的派生。而从青原、石头的法系中出现的仅有曹洞宗。这些肯定都是临济宗门徒的主张，所以会善寺至少在立此碑的明代之前应该是属于临济派的。少林寺的彼岸之所以根据《五家宗派图》主张除天皇之外不应该有天王，大概就是为了反驳会善寺的这种主张吧。这块巨碑如今倒伏在田圃之中，而且有关曹洞宗的部分全部欠缺不见，想来绝不该是偶然，肯定是会善寺成为曹洞宗以后才有意为之的。

戒坛的故址上有一座宋开宝三年的戒坛院古塔，刻着阿弥陀佛像及铭文。此外还有刻着金大定二十五年戒坛院威光山主塔铭的。旁边的田圃里倒伏着唐碑，唐碑附近横放着身首不全的天庭纹样的石像。如参照《说嵩》的记录来看，唐碑大概应是梵文经碑或者是隶书碑。寺左侧的田里还有个方形的石龛，内壁上线刻着菩萨和天庭。龛内没有他物，但如按《说嵩》记载，这大概就是唐代景岑禅师的舍利塔了。

如上所述，会善寺的遗物颇多，其中包括于研究方面颇具参考价值之物。最后需要补充的是，在同一戒坛遗址处，石室中存有一块"中岳嵩阳寺碑"。据碑文记载，此碑为东魏天平二年所造，碑冠及侧面的雕刻均具有北齐之特色。两面都刻有佛像，正面的下半部还刻有铭文。《说嵩》中盛赞此为唐代以前书法之冠，故此碑在金石家之间甚是有名。铭文最后刻着，唐麟德元年改名为嵩阳寺，改观名之际移至此处。

嵩岳寺

这里原本是北魏宣武帝的离宫。永平二年帝下诏命冯亮与沙门统的僧暹、河南的尹甄琛共同于景胜之处建寺，起凤阳殿、八极殿，明帝正光年间命名为闲[1]居寺。《说嵩》里保存的"嵩岳寺碑"上记此寺为孝明帝的离宫，大概是因为把闲居寺命名之时当成了寺之起源，因此混淆。到底是倾注国财兴建的巨大佛寺，拥有僧众七百余，殿堂逾千间。当时修建的十五层塔，是"发地四铺，凌空八相，方丈十二，户牖数百"，说的大概就是现存的这座十二角十六级的砖塔吧。如果真的如此，那么现塔就是北魏时代之物（图五十五、图五十六）。据《纲目》所载，永平二年，魏主亲讲佛经，建永明闲居寺。说得具体一些就是宣武帝建的寺，明帝起的名。永明寺当初是为了来到洛阳的三千余僧人所建，闲居寺是指前面提到的冯亮在嵩山的建造。冯亮建成闲居寺后隐居道场寺，日日手不离《孝经》，于道场寺终其一生。道场寺应该就在闲居寺的附近，但其故址不明。时至孝昌元年，胡太后削发出家，修道于闲居寺。北周灭佛之际，此寺曾一时改成道观，塔改为祭坛，但于隋开皇年间得以恢复，仁寿一年改名为嵩岳寺。唐时，武后扈从高宗临幸嵩阳时，曾以此寺作为行在，以后中宗在南辅山顶上为大通禅师建造了一座十三级浮屠。只有碑文存世的《嵩岳寺碑》中记载："达摩菩萨，传法于可，可付于璨，璨授于信，信咨于忍，忍遗于秀，秀钟于今和尚寂。"其中秀就是指大通禅师，其弟子寂当然就是指普寂。从寂之名前冠上今和尚的做法看，此碑应该认作是为普寂而立，碑文中达摩之后的付法传承和会善寺的净藏、

---

[1] 作者所用原字为"间"，以下数处皆作"间居寺"。疑是作者将"闲"之旧体"閒"误作"间"。译文援用国内通称的"闲居寺"。

图五十五：嵩岳寺十五级塔

图五十六：砖塔部分

景贤在禅宗史上都十分重要。另外，普寂居住在嵩岳寺、慧安居住在会善寺的事实对了解二人的事迹方面有所帮助。普寂实际上是会善寺创始人之一——行禅师的师父。与普寂同时，还有一个名叫崇慎的禅师，和普寂一样也是大通的弟子。这是通过从寺域中挖掘出来已经破损的小塔铭文中得到确认的事实，嵩阳的南辅山上为大通建十三级塔的经过亦可因此得以确认。

从金石文的记载中可知，嵩岳寺附近曾经居住过一位名叫大证云真的禅师。云真以如下顺序，即：

大通神秀—大照普寂—广德—大证云真

接受了大通法系传承，属于少林禅学。云真碑上有题字：大唐东京大敬爱寺故大德大证禅师碑铭，字出自著名的徐浩之手，这足以说明云真虽长期以来在只重南宗的佛教史上被人忽略，但仍不失为是在佛教史上占有一席地位的人物。

嵩岳寺的现在已经没有了往日的绚烂，寂寥的寺域内只剩下一座石塔在那里讲述着遥远的梦，再无其他有价值之物。嵩阳范围内仅有这一座寺属于临济宗。很想登上这座北魏遗物的古塔看看，但其损坏情况严重，攀登恐有危险，只好作罢，令人遗憾。在寺域内转了一下，后面的田圃里倒伏着一块大历四年的碑，也许这会和大证禅师有关，但因字面伏在了下面无法观看。

四天王殿的檐下横躺着几块有唐萧和尚铭的残碑。根据上面的字迹知是梁武帝的第六世。这些好像都是最近才从地下挖掘出来的，尚未被金石家们所知。另外在前面的土墙上嵌着一块已经残缺的罗汉洞碑，是宋崇宁年间之物。字迹笔画很细，碑上龟裂又多，甚是难读。旧物正在逐年破损，但每每又有新的发掘并得以保存，文字大国之举，令人欣慰。

听说寺后的山脚下有个罗汉洞，还有个三祖庵。三祖庵是僧璨接受慧可传法的地方，但从研究的立场出发，没有需要去访查的意义。

法王寺

与嵩岳寺一丘相隔，东北方向就是法王寺。法王寺是嵩岳地区最古老的寺院，号称是北魏永平十四年佛法刚刚传入时兴建的。据《说嵩》记载，同时期兴建的寺院还有洛阳的白马寺和巩县的慈云寺。此寺起源的确久远，三国时代就被魏赐名为护国，晋永康年间在寺前又增建一刹，号称法华，充作北魏孝文帝的夏季离宫。隋仁寿二年创舍利塔，命名为舍利寺，唐贞观三年，承敕令修补佛像时改名为功德，开元时再改为御容，大历年间，又更名为广德法王寺，至后唐时分成了五院，用历代旧名，为护国、法华、舍利、功德、御容各寺，至赵宋时复令用法王寺之名（图五十七）。

图五十七：法王寺

寺后面有一座方形的大砖塔，和永泰寺那两座七级、十一级的大塔十分相似。住持说是为释尊所建，但我觉得应该是《说嵩》上写着的那座寺后卧龙岗左侧的元珪禅师塔。如此的话，毗卢殿墙壁上嵌着的那块唐元珪禅师塔碣就应该是从这里移过去的。而大雄宝殿前有唐开元的年号，刻着元珪禅师舍利宝字样的香炉在另外的塔上放着，大概也是从此塔移过去的。《说嵩》里有这样的记载："石匣内函舍利，已遭毁劫，仅匣空存"，就是说当时石匣还在塔中，而现在连石匣也已被搬到外面来了。这个元珪禅师曾为岳神授过戒，此事被写入其传记颂为大德。《金石萃编》中保留着"大唐嵩岳闲居寺故大德珪禅师塔记"一文。据碑文记载，此人是无师自悟，及少林尊者开示大乘，咨禀至道，晚年居庞坞阿兰若，开元四年七十三岁辞世。弟子仁素等刊此贞石。庞坞在会善寺后面，禅师为岳神受戒的地方就是在会善寺戒坛。闲居寺不是指嵩岳寺的旧名间居寺，而应该是指庞坞的禅师隐居处。塔记是对法王寺内的塔而记，所以塔记碑才会在法王寺的域内。

法王寺的建制与会善寺不相上下。金刚殿的遗址上有四五块元碑，寺后与嵩岳寺相间的山坡上，登封县道的道旁都有元代的砖塔，这说明此寺的兴盛一直持续到了元代。碑和塔都是住持之物。坡顶上有一座六角三层的砖塔，是月庵海公之物，海公的道行碑混杂在金刚殿遗址的诸碑之中。法王寺现在属于曹洞宗，这一点已经提过数次了。

嵩阳观

嵩阳观位于嵩岳寺与登封县之间，是北魏时嵩阳寺的故址。司徒裴衍创建此寺并为寺主，大塔有数十仞高。寺中曾经有过数百僧人，梵宇之胜，甲于中土。曾有帝王统后宫人等，命车驾前往亲临此观之例。唐麟德年间改寺为观，将嵩阳寺碑移至会善寺保存至今。碑为天平二年所建，碑冠及侧面雕刻具有北齐时代特色。刻文为唐代以前之物，故在金石家之间甚是有名。碑两面均刻有佛像。看碑文可知：大德生法师于太和年间以司空裴衍为寺主构千善灵塔一十五层，始就七级，缘差中止。大弟子沙门统伦、艳二法师，完成其师遗愿之外又建两塔，各为七层。另有高足沙门统遵法师，缮立天宫，兼造白玉像一龛。所谓天宫，大概是指遮盖此碑的殿宇之类。我们根据此碑碑文了解到太和年间就有了生、伦、艳、遵等大德和沙门统，建成了甲于中土的嵩阳寺，寺域内有十五层高的塔。这些为我们调查魏王室与嵩山的关系提供了众多的材料。

现在的嵩阳观，旁门挂着登封县农事试验所的招牌，正门上挂着嵩阳高等小学的扁额，有名的嵩阳书院的痕迹仅仅剩下了下面这副柱子上的对联：

嵩岳名山　　阳城古地
书藏万卷　　院集群贤

内部已空，并没有什么值得一看的东西了。虽有不少碑碣，但没有古于明代之物。根据记载应该有尊师碑、真君秘诰石碣、元五祖七真堂记碑等，但都没能找见。仅剩下唯一一块"大唐嵩阳观记圣德感应颂碑"，今天仍然威风凛然地屹立在门外。此碑为天宝三年所建，开府仪同三司李林甫撰文，大中大夫裴迥题额，朝散大夫徐浩书。王世贞称赞说，辨此书，以肉取胜，亦有自态，应视为宝（图五十八）。

此嵩阳观是隋朝初期隋炀帝为安置道士潘延之用，唐不过是承继其后而已。将嵩阳寺改成观，大概只是为了扩大规模。到了唐代，嵩山上有一个名叫潘师正的道士，其弟子中有吴筠、司马承祯等人物出现，同时代还有一个叫孙思邈的道士。这些人都是道教史上的名人，因此附记于此。听说元代的邱长春祖祖辈辈都是嵩阳一带的望族。这大概也是邱长春弟子静虚要来崇福宫的理由。

崇福宫

崇福宫位于离嵩阳观不远的东北方。承汉代万岁观、唐代太乙观之后，宋真宗时改为现名。这里是魏时天师寇谦之、唐时真人刘道合隐身修炼之处。到了宋代，此处作为祝厘之所建成祈真、保祥、本命、元神、御容五殿，设提举、管勾等官职，令朝臣领命供职，将遭贬犯官悉数发配至此。范仲淹、司马公、程明道、程伊川、杨龟山、朱文公等先后有二十二位名贤曾于此地度过一时，仅凭这一点嵩阳就不愧为一处名胜。这些贤人尝试着排遣自己的郁闷心情，曾建有奕旗、樗蒲、泛觞三亭，但其他二处皆已没入草莽，仅剩下了曲水的石畦（图五十九）。宫前有元代的崇福宫修建碑，除记有前面所及变迁之外，还记有全真教由重阳而起，至邱刘谭马四杰展翼，邱长春的高徒静虚仙侣来此等事迹。此外，根据塚本博士的记录还应有元代大德十年所立"北魏嵩山登真寇天师传碑"以及"唐故蝉蜕刘真人传碑"，但很遗憾错过了。这里虽是一个小宫庙，但远处有寇谦之的遗址，近处有全真教徒静虚的传教遗址，里面还有宋儒之巨擎两程、朱杨等关联的旧址，值得一看。

离此处不远有一块名为启母石的石阙，那附近的田圃里也有石阙。启母石是汉代的颖川太守朱宠于延光三年所立之物。原来曾有过一座开母庙，现在庙已无存，只剩下了这个石阙。嵩阳有太室、少室、开母三个石阙，其中古时状态保存得最好、石材面上刻着的铭文画像都能够清晰辨认的，开母当数第一。太室石阙在中岳庙前的田圃之中，为汉代阳城长吕常于元初五年所建，残存有隶书、楷书的铭文（图六十）。少室石阙原属于启母涂山的一座庙，庙衰败后仅存下了石阙。只能辨认出诸人的爵里姓名等数十个大篆字，推测开母石阙也是同时代的制造物。

图五十八：嵩阳观

图五十九：崇福宫曲水石畦

图六十：太室石阙二枚

中岳庙

中岳庙是为祭祀五岳中海拔最高且中外闻名的嵩山而建（图六十一）。庙的起源久远，应该可以上溯至汉代或更远的秦代。最早庙建在山顶，后来下移至山腰，在出登封县向东八里之处。庙的规模宏大，但已经荒废。回廊里还留有一些和北京东岳庙相仿的塑像，但都已经残破不堪，只有立在宝库四周的宋代铁人依然独自抖着凛凛威风。庙内外有北魏碑一座、唐碑两座、宋碑五座、金碑四座、元碑一座、明碑一座、清碑六座，为数不少。其中特别值得注意的是最早的北魏碑。碑上题着"中岳崇高灵庙之碑"，是北魏文帝太安二年所立，文字虽然剥落得十分厉害，但因充分显示了北朝时的雄健笔锋，被金石家们视作珍宝。金石书中将此碑作为寇谦之所建，但文中有"寇君名谦之"等语句，仅据此看此碑也不会是寇本人所建。更不用说寇在幕后搞的那场魏武灭佛在武帝驾崩后就停止了，之后的文成帝马上发诏书恢复了佛法，所以文成帝时所立的此碑不会经寇谦之之手一点就不难理解了。

鸠摩罗什翻译的佛教大思想、大精神被完整地得以传承，成了中华文明转向的指导原则。加之连年不断的民族大动乱，要求汉民族的觉醒，带来了转向的机运，所以寇谦之的时代正是这个文明转向的时代。同时代的前辈，庐山的慧远也在新思想中寻求同一的原理，不过，嵩山的寇谦之是从原有的旧思想中寻觅，所以和佛教所持的态度正好相反。但双方都受到了鸠摩罗什的影响。寇谦之以罗什第一次完成的全译中给予佛教界生活规范的戒律为鉴，制定出了《新科诫》，廓清了道教，并做出了驱逐佛教之举。这些都表现为魏武的灭佛，这次运动一时间看似赢得了胜利，但于大势上却并没有什么影响。

碑楼寺

从登封县出发经过中岳庙向东二十七里，到达了一个叫芦店的地方。从芦店往南行十五里就到了洞头。附近有那条因唐代文人石刻而闻名的石淙河，河附近有一座碑楼寺。寺中立着一座巨碑，建造年代不明。两侧的佛像也好，冠饰的雕龙及侧面的纹样也好，都能成为北齐时代的代表大作。写着碑是豫州刺史刘碑所建，而与之联名的一百一十人也都是刘氏一族（图六十二）。碑上盖有遮顶，遮顶上有碑楼寺的扁额。庭院内有一个开元年间的五层方形小石塔和一座嵩宁年间的六角经幢。侧面有僧房，但无僧人，住着些农户。听说是因为此处孤立在原野之中，常常遭受土匪掠夺，僧侣们不堪其害全都离此而去。有关刘碑的背景现在还没有搞清楚，但和嵩阳寺碑放在一起并与少林寺收藏的董洪达碑进行比较时会趣味盎然，可以看到自东魏至北齐的一种特色被全然发挥于其中。

我原以为碑楼寺里不会有人，但现在有些农民居住，真是一种幸运。从洞头到这里有二里多地，搬着梯子，早饭前就出发，把一丈多高的大碑上沉积了数百年的尘埃一一扫净，再做出拓本，真不是一件寻常的事情。早饭兼午饭吃的是从住处带来的干粮，干到下午一点就把带来的拓纸全部用光了。我们在洞头住的是土房，从郑州到洛阳的途中，这种洞穴式的土房见到了不少，正想着有机会能看看那种土房的内部结构，刚好就赶上这里的住处就是那种土房，真是十分有趣（图六十三）。这里是乡下的小都会，吃的也是嵩阳寺院没法比的。我们在这里过了很惬意的一天半，临行前问需要交多少费用，店主拿出算盘说随便你们给多少吧。真是又质朴又可爱，一行人没办法，硬让他说了个价钱。离开这里进入登封县，想找个好一些的旅店恢复精力却没有找到。我以为是因为天色已晚，客栈都没有了空房，后来据塚本博士的文章知道了城里就没有客栈这类设备。还想买些拓纸，结果也没能买到。在一间满是灰尘的房间里勉强过了一夜，八天来的努力致使疲劳到了极点，累成了软棉花似的身体横在大车店，第九天的十一月十四日，披着星星出发，听着从少室山麓传来的土匪抢劫的枪声，取捷径经吕庄，在英房店踏上归途，天擦黑时回到了洛阳。三个人都累得不轻，前几天本来说过归途中要登上嵩山山顶，可是归途中谁都没有再提起这个话题。

听说我出门的几天中，有甲府中学的校长田村喜作氏前来拜访我，他是在郑州的法国饭店听说了我在洛阳才特意一个人赶过来的。我们还从未见过面，在异国他乡想找人却没能找到时肯定会更失落。幸亏森长氏的家人在，陪着去看了洛阳的几个地方，这多少能让他略解愁眉而返。没能见上面虽然十分遗憾，但也是件没有办法的事情。

图六十一：中岳庙主神

图六十二：刘碑侧面

图六十三：洞头土室客栈

河南鹿邑县太清宫

老子故宅址

在中国佛教史的研究中,无论如何都不能把道教等闲置之。道教可以说是迷信蠹毒的根源,对于道教,我本人在研究方面没有丝毫的兴趣。但是,因为道教与佛教有着不可分割的错综关系,所以又不能置之度外。追溯道教的起源其实也是追溯汉民族的起源,道教作为宗教的一种形式得以形成是在佛教起源的东汉明帝之后约六十年,沛国的张陵在蜀地的鹤鸣山得到太上老君的天启时开始的。当时就有了"老子入狄为浮屠"的说法,据此来看,道教的形成是受了新来的佛教的刺激。像汉民族那样具有保守性质的民族,把老子与浮屠相提并论,说明在此之前就对佛教有了相当的理解。如果认为道教的起源与佛教有关系的话,那么在研究上就更应该作为佛教史上的问题占有一个位置。桓帝于延熹八年派中常侍左悺去陈国的苦县祭祀老子,又于翌年九月亲自在濯龙宫祭老子,以文罽为坛,加饰纯金扣器,设华盖座,奏郊外祭天之乐。此时与月氏的娄迦识、安息的世高在洛阳开始大规模地翻译佛典的时期相交。老子于这个时期被神化,想来应该是受了释迦牟尼在佛教中地位的刺激。明帝时,最早已有楚王英对黄老陈辞微言,对于了解崇尚浮屠仁祠的经路过程给予了暗示。如果认为道教的起源果真与佛教有关的话,那么对于道教而言取其主尊之位的老子的故居,自东汉以来受到朝野尊崇的当时的苦县,就应该去进行实地调查,这也是我的夙愿。

在洛阳新结识的森长氏给我介绍了一个姓朱的挑夫,他虽然不懂日语,但很了解日本人的习性。承蒙此番好意,借得朱挑夫的同行,我们于十一月十九日从郑州出发东行去归德府。乘火车还有河合彦治君同行,但到了归德即从商丘车站开始,就是我和朱两个人了。这是和朱结伴的第一次出行,难免有些心中无底,但这与达到目的毫无关系。原计划是直接去安徽省的亳州,一打听,说是从车站到亳州通汽车,大概是美国人经营的,在此地经营也不知合不合算。而对我来说有汽车坐从时间上看是十分合适的,于是去了车站,可是却被告知不足三个乘客不发车,而且本日不发车。既然如此,只好改乘马车走这一百三十五里路程了。当天行七十五里在坞墙集假寐入梦,第二天的二十日凌晨[1]三点出发下午一点半左右平安到了亳州城。汽车

---

[1] 原文为"下午三点出发,下午一点到",应为笔误。

还没到，说是还要过两个小时才到，我们比汽车到得还早了。四天以来天一直阴着，让人觉得寒气袭人，这一天又下起了小雨，难免勾起满腹乡愁。上海的佐藤镇次郎君给我介绍了此地唯一的一位邦人本间唐松君，我在洛阳费了很大的劲才在财神阁下的河岸上找到了他。告知来意后，承蒙他的好意马上在附近找人询问，但我要找的老子庙没有结果。去县衙打听，又去道德中宫询问，都不得要领。后来我才注意到，当地人根本就不关心老子庙的现状如何。山东的孔子庙造就了曲阜城，岱庙造就了泰安府，与这两处的实力相比，河南的老子庙凭借着东汉以后特别是唐代以来的背景，起码也应该还维持着天下名区的位置吧。我原以为只要到了亳州一切情况就会明了，可现实实在是令人意外，它让我迷失了前进的方向，凝视着呼唤旅途愁思的双脚，嘴里说着些支离破碎的闲话过了半夜。无论如何不想就这样徒劳而返，想查县志，却又无法得到，烦恼之间想起除了亳州还有一个叫鹿邑的地方，于是决定最后再向西方行六十里去鹿邑县。第二天二十一日，出发之前来了位县吏传达署长的好意说，如果需要可派警士随行。我只接受了署长的好意，谢绝了警士的随行。这时又来了一个传口信的，表达了同样的意思，官宪的费心令人不尽感谢。本间君也来建议说应该换上中国人的服装，对我来讲现在唯有前进，因时间宝贵，所以只能谢过各位的好意，只身西行。

把昨天已经解约的挑夫又叫来重新定了协约，这费了一些时间，好在中午时分可以出发了。一路上放眼望去，广袤的大平原，恰似新开天地的景观。下午五点到达鹿邑县城。向士兵行人等打听老子庙，没有人知道，说有个老神庙，但不知是否和老子有关。没办法，进得城中，第一步先向右方寻找，见到一个四周被湖水环绕，一看就不寻常的庙宇（图六十四）。心里抱着或许就是这里的念头，看看立在路旁的门，上面的扁额上写着"众妙之门"，两柱左右分别还题写着"孔子问礼处"和"宋陈希彝先生故里"的字样。这里好像就是我要找的老子庙，高高兴兴地走进门去，看到了老子升仙台。据中间那块碑的记载得知，老子的遗址有两处，除了这个升仙台还有县东十里外的太清宫。回廊里以三清宫或称明道宫为中心，左侧是文昌帝祠，后面有八蜡庙，再左有吕祖庙，后面有用篆书刻的八神仙清天歌碑，歌碑后面有碑亭，亭后的高台就是升仙台，庭院里还有铁柱。

根据后来所做的调查知道，这里是唐初所建的紫微宫，天宝二年改为太清坛，宋真宗时又改称明道宫，以后又被叫作升仙台或拜仙坛。此处和太清宫都有铁柱，是唐代的旧物，由此也可知老子之所以被称作柱下史或柱后史的缘由。台中有很多碑碣，但没有早于万历年间之物。由此可以断定升仙台是唐以后所建，如果作为老子的故居，恐怕还应该是太清宫才对。能把事情搞清至此，完全是由于到了升仙台的实地才得以实现的，勇行至此的决心终于得到了报偿。有幸能在此处一泊，心平气静地感怀老子。

图六十四：老子升仙台

翌二十二日，东归途中经过太清宫，见那里现已是残破不堪，充其量不过就是个小小的村庙了。前院有金代的重修太清宫碑、明代的老子赞合刻碑、道德经碑，右手方向稍稍离开之处有大元应缘扶教肇玄崇道真君道行碑（图六十五），不大的宫中安放着老子像，年代不古（图六十六）。后面相距五六百米的地方有座后宫。所谓后宫就是祭祀老子之母先天太后的地方，这里不仅殿堂修缮得体，而且左边稍间之处还立有一块刻着宋真宗皇帝太后赞的大碑。这块碑是现在太清宫中最古之物。太清宫的现状不过只像一个村落小庙，但其起源颇远。此地就是苦县苦城的旧址，《史记》中楚国的苦县厉乡一直被传为老子故居的就是这个太清宫，因东汉的桓帝在此处立庙而起源，当时有个叫作边韶的人写了《苦县老子祠碑记》。既然碑文留下来了，立碑之事也应属实。另外听说还有魏黄初三年题写在太清宫石阙上的铭文，说明自东汉以来就有了石阙。到了唐高祖时依吉善行之说，仰老子为祖先，武德三年起此宫阙，规模犹如帝居。稍前的隋代，有薛道衡撰《老子碑记》，此文现也存世，可知自唐代以前老子崇拜既已兴盛。古善行以老子李姓为唐室先祖，此类与帝室之意相契的做法也属自然。到了乾封元年，追封太上元皇帝，玄宗开元十八年时，立房自谦撰文的《老子庙碑》，同二十二年，又立李升卿撰文的《圣母碑》，天宝元年追尊老子之父李乾为先天太皇，母为先天太后。玄宗亲自来庙拜揖，赐名太清宫，后庙为洞霄宫。以后的宋真宗也于祥符七年在太清宫拜揖老子，又另建一太清楼，《先天太后赞》应该就是此时之作。以后历经各代增修，形成紫极、广灵、太清三宫并立之势。北宋末年，遭靖康兵火之灾，一时归于荒凉。金明昌年间，李显武重修此宫。明隆庆六年，知县王冠修建鹿邑砖城之时，有一半碑碣归于灰烬，再到韩友苑重修城池时，汉唐以来的碑碣被损毁殆尽，不复存在。

这里本来还有老子的石像，有九龙井，有八桧。宫中的太极殿是老子的降圣之地，传说降圣时曾有九龙为之洗浴，因此太极殿的东边有九眼井。还传说桧树是老子亲手栽种，共四对，各有丹桧、纽桧、御桧、升天桧之名。太极殿、九龙井、八桧都是此处名物，但现在都已无存。有记录说宫门左边原有唐代《推崇老子徽号碑》，但早已剥落，唯残有武德元和的几个字可辨。这块碑是我最想见到的，可是现在也不存在了。宫前由金代胡筠撰文的《续修太清宫记》碑十分详细地记录了此宫的变迁。前庭的《道德经碑》上没有年号，我期望年代会久远一些，但比想象的要新。清代胡平镌刻的五千三百一十字的经碑大概就是这一块了。经碑旁有铁柱，属于附会柱下史的遗物。

我想太清宫中或许还残留着些什么别的东西，可是因道士不识字，由我自己去寻找石碑，后来又去查阅县志的结果如上所述。实物本身都已不复存在，就更不要说与佛教有关联的物品了。而有关老子诞生的传说，明显是受佛传的影响，这一点是显而易见的。

图六十五:太清宫

图六十六：老子像

图六十七：洞宵宫

亳州城是长毛贼的根据地，古物早就被破坏殆尽，什么也没有留下。但这里不愧是历史悠久的古城，地下肯定埋着让今人了解古代文化的器物，而且古城在河的北方。美国人很早就注意到这个地方，把河北的古墓地买下来，进行挖掘，所得之物全部运回美国，然后再把挖掘过的土地以购入价格的三倍卖给当地人，据说买主还趋之若鹜。现在还弄不清美国人都挖到了些什么，但美国人的捷足先登实在是令人瞠目结舌。现在仍在城内居住的美国人虽然不多，但他们确实在具有如此文化意义的方面投入了大量的财力，不得不让人惊叹。汽车的经营或许也是属于这一类的投资。听中国通的某氏说，去年发生的饥荒，实际上并没有所说的那么严重。之所以把灾情说得那么厉害，是想借机在各地设立汽车经营基地。可是势头挑得太高了，不得不伸手参加救助，结果却是费力不讨好，只因太不了解中国情况了。闹饥荒是事实，但还没有闹到非要仰仗外国人援助的地步，在中国，这种饥荒是极为普遍的。如果真像他们所说的那么严重的话，逃难的难民肯定就会从河南省涌向湖南方面。一个难民没来，随着时间的推移，有关饥荒的话题也听不到了，这就说明灾情并不是十分严重。中国通有中国通的独特观察方法，足可用来作为指针。

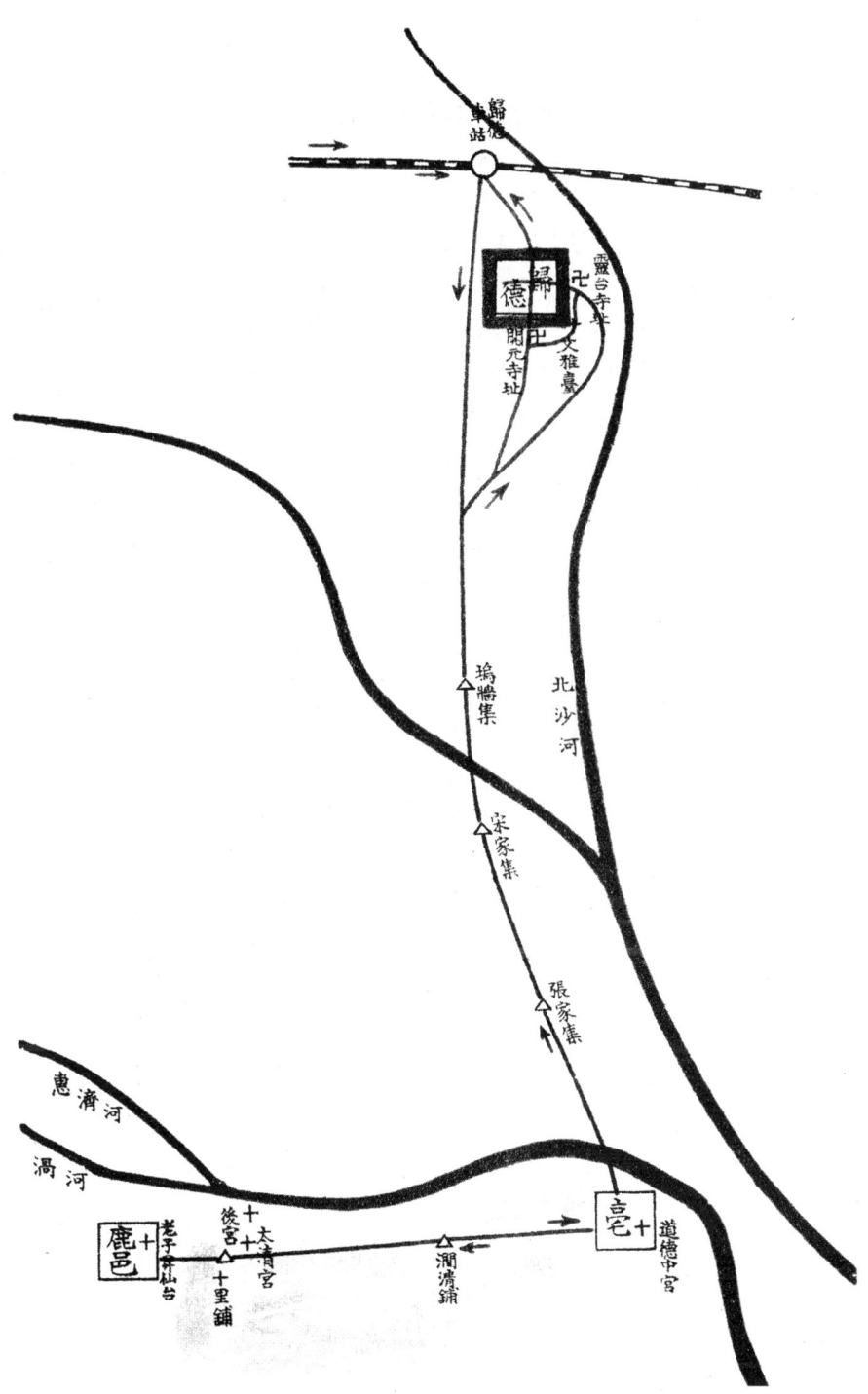

河南归德府两日

求而未得的庄子故址

  从鹿邑太清宫去归德府时,听说有不经由亳州的近路。所以前宫后宫转了一圈之后便驱轿北上,可是当地的老乡热心地告诉我们,那条路因为发水已经不通了。没有办法,只好又取道返回亳州。后来知道太清宫附近有一座隐山,那里曾是陈抟台的所在地,但估计现在已不存在了。黄昏时分到了亳州城,改变去宋家集的计划,在城外的大车店过了一夜。大车店本来是宿马之处,马夫只是马的附属,所以没有特别为旅客准备的留宿设备。这里的住处,除了这种形式的很难找到。反正只要能做个安稳梦就满足了,别无他求。我们的铺位紧挨着驴头,那家伙整夜不停地打着响鼻嚼着草料,而且这头驴并不是我们的。同行的朱挑夫出去找吃饭的地方去了。在鹿邑县也好,在亳州城也好,哪儿都不缺吃的东西,这对在中国内地旅行的人来说自然是一件乐事。这一天是十一月二十二日,离开郑州之后连续阴天,体感甚是寒冷。

  第二天二十三日,仍是阴天,寒冷强度与前几日无异。凌晨四点半出发,一路顺利,于日暮时分到达归德府。这里四周环水,尤其以南门外水最多,车辇难行,所以南北往来的人也要从东门出入。一路上,所经之处都因缺水,无奈在灌溉方面想方设法劳心劳力,而归德府这里却是水满为患。秋天降水皆无的情况下还能有如此多的水,大概是由于地平线低的缘故吧。大陆就是大陆,有着自己的独特风格。归德府住着唯一的一位邦人,去找了半天但没有找到,只好请已经关上的北门再打开,到北门外找了一个客栈住下。城里不开客栈是中国的规矩。到了客栈马上听说,近三个月铁路上一直在闹罢工。后来听说,罢工是因法国人和比利时人的两个铁路最高管理干部之间的不和引起的。火车不通,只能留在此处。客栈条件也不错,让我难得地享受了一下久违的轻松。

  我在归德府的最大心愿是想找到庄子庙。老庄思想与佛教的密切关系不仅仅是在魏晋时期,而且可延伸至中国佛教整体。如果没有老庄思想,中国禅宗也就不会产生。既然已经寻访了老子故址,就更应该去寻访一下庄子的遗迹。虽然不知道庄子故地的确切地点,但大体上是在归德府附近。住进客栈立即开始打听庄子庙,可聚过来的每一个人加上店主,没有一个知道的。这也很自然,因为的确没有。此庙有可能是在城南二十里之外的小蒙城,有记载说那里是庄周的故里,但也有可能是在商丘县东北的蒙县故城,那里有漆园,有记载说庄周是在这个蒙城出生,曾在漆园里做过官吏。我还记得有记载说庄周故里在曹州。打听小蒙城和蒙县,当地人都说没有此地,看来现在的变化实在太大，古老的地名似乎未能得到传承。还有记载说商丘县东南有庄子祠，并有苏轼的撰文，但很难说此祠是否真的存在。对寻找庄子故里我费了不少心思，却没能得到什么结果。这似乎也可以说明，庄子及列子与中华民族整体的关系似乎很是浅淡。普天之下没有不知道孔子和文庙的，而庄子和列子，即便是去了故里，也难遇上个知道庄子、列子之名的人。我在这里邂逅了一位在鹿邑出生的陆军中校衔少校毅军军统委员，名叫安涛，他因为火车不通不得不在此处滞留。安涛是个读书人，对鹿邑和归德府的古迹相当熟悉，可就连他也不知道庄子与归德府的关系。应该说，现在庄子故地的蒙城尚属不明，认为在归德府附近的看法还只停留在少数知识阶层的考证范围，尚未达到被社会一般人认可的程度。如果是已经得到了社会一般人的认可，那么如庄子这般对中华文明十分重要的学者就一定会有其追尊祀祠之处，即使一时衰败也应该能够得以恢复才是。而眼下庄子完全被遗忘的原因要归结在这个故里不明的事实上了。

　　作为古时宋的都城，归德府有很多称得上是春秋时代的遗址。城内东街有碑，上题"周公思知"，北端小庙里的碑题刻着"腾文公见孟子处"，南门碑刻着"先贤原子宪故里"，东南还有"伐檀坑"。伐檀坑是有关孔子的旧址，当年孔子曾来到宋地，召集弟子在大树下习礼。大夫桓魋作恶将大树砍掉。孔子当时留下"天德生予，桓魋奈何予夫"一句后，离此地而去。传说"伐檀坑"就是桓大夫当年伐树的地方。那里有座文雅台，因汉文帝之弟安帝曾在此处召集文人雅士得名。这些事情当初并不在我的调查计划之内，或是于停留之处偶尔得知，或是于旅途中悄然入目，随手记下而已。我的愿望本是寻访庄子庙，希望虽然落空，但却意外地访到了文雅台。

　　作为归德府的名刹，南门外有开元寺，东门外有灵台寺，但是慕名前往，两处却都是空留其名，实际上都不存在了。开元寺曾应时代变迁更名为宝融寺、隆兴寺，俗称为大寺，规模想来定会是富丽堂皇的。我刻意去寻找，却没能找到其故址，仅仅在一个小亭子里见到了刻着唐代颜真卿亲笔的八关斋报德记的大六角石幢，从而推知开元寺应该就在这里。石幢冠上仅有一块圆石，并无其他装饰。旁边的壁碑是曾一度被埋入地下，明代时挖掘出来又重新立在此处的。可见此寺一定经历过的兴衰大变故，而且不会只是一次两次。清朝时期的府志中有俗称大寺的记载，说明最后该寺衰亡的时期一定是在清朝期间。

　　至于东门外的灵台寺，我们也是在那附近拿着挂杖到处搜寻，结果也未能找到。大概和开元寺一样衰亡了。这里什么残迹也没有，可以说是连一丝痕迹也未曾见到。

　　就这样，归德府的名刹销声匿迹了，取而代之的是以五台山为首的几处迦蓝。因这里的道教盛行，几处迦蓝已经分不清到底是佛寺还是道观，从我的立场上看，完全失去了探访的价值。

图六十八：宝山寺全景

北周的废佛和河南安阳县的宝山石窟

北齐僧人稠·道凭、隋灵裕的遗址

　　彰德府曾是古邺都的遗址，现在的位置与当时稍有偏差。邺都是曹魏、后赵、东魏、北齐的都城，曹魏时建筑的铜雀台、金凤台、冰井台经历了后赵、前燕、东魏、北齐几个朝代，每每修缮，使建筑的奢侈豪华得以传承，可如今也都毫无痕迹了。这里曾是后赵王石虎拜佛图澄为师之处，也曾是东魏时达摩弟子慧可的居所。北齐时慧光僧统以及十大弟子多住在此处，后赵、北齐时代，这里曾是佛教的中心地。后赵、东魏时的遗址遗物恐怕无法找寻，但北齐时代之物尚能够寻见一二。其中，法上、道慎的居所定国寺现在依然存在，西南方向相隔不远处有道凭、灵裕的居所宝山寺。佛图澄也好，慧可也好，还有慧光、法上、道凭、灵裕、僧稠，这些人都是佛教史上的雄才，只要能找到其中任何的一个，都是研究上大大的喜事。

　　十一月二十七日晚上从东边的归德府回到郑州，第二天二十八日，天不亮就出发向北去彰德府。这一次主要是为了寻访宝山。三迫富松君在位于彰德府南面的汤阴找到了一些根据，他说："去了那里就能知道宝山的位置，也能搞清山寺是否依然存在。正好有要去那里办的事情，顺便可以叫上一个中国人同行。"真应该感谢他的好意。听说汤阴附近的濬县车站最近遭到一伙强盗袭击，虽然程度并不很严重，但从现在来了二十多个士兵在那里把守的情况来看，这一带是属于危险地区的。在汤阴下了车，问了两三个中国人，得知宝山在西北方向，离这里大概有七十里路，但如果从彰德府去，西南方向只有五十余里。从彰德府去是当然的了。汤阴县有扁鹊墓、岳飞墓还有张骞庙，但从我的立场出发，这些与我没有直接的关系，因此找到个中国人同行，又乘上火车去彰德府，在那里住了一夜。二十九日，于满目冰霜中驱轿前行，西行五十里，来到水冶镇，确认了宝山的位置。从这里开始就只能徒步了。刚刚休息了一下，因来这里的日本人我是第一个，所以当地人都觉得稀奇。小旅馆老板的孩子过来问日本有没有核桃，见我不明白，又用"装箱桃"来说明，最后拿来了五六个核桃砸开，请我吃核桃仁，又问这些核桃仁如果运到日本卖的话每斤能卖多少钱。从河南一路相伴走过来的朱是个有心人，休息的时候准备吃的，找蜡烛，以减少去宝山途中的不便。他告诉我，旁边的住家遭到了土匪的袭击，全部都被毁掉了，现在还那么搁置着。我们在这里又找到了一个向导兼挑夫，向西南方向前进，在西龙山处向西，过漳河，黄昏时分到了宝山南麓的宝山寺（图六十八）。水冶镇距这里大概有二十五到三十里。

　　宝山寺比我想象的要大，但现在只住着一个年轻的僧人，不识字。另外还有十一个农民，也都不识字。他们说今年六月此地土匪猖獗，一时间曾有百十来号人吃饭，

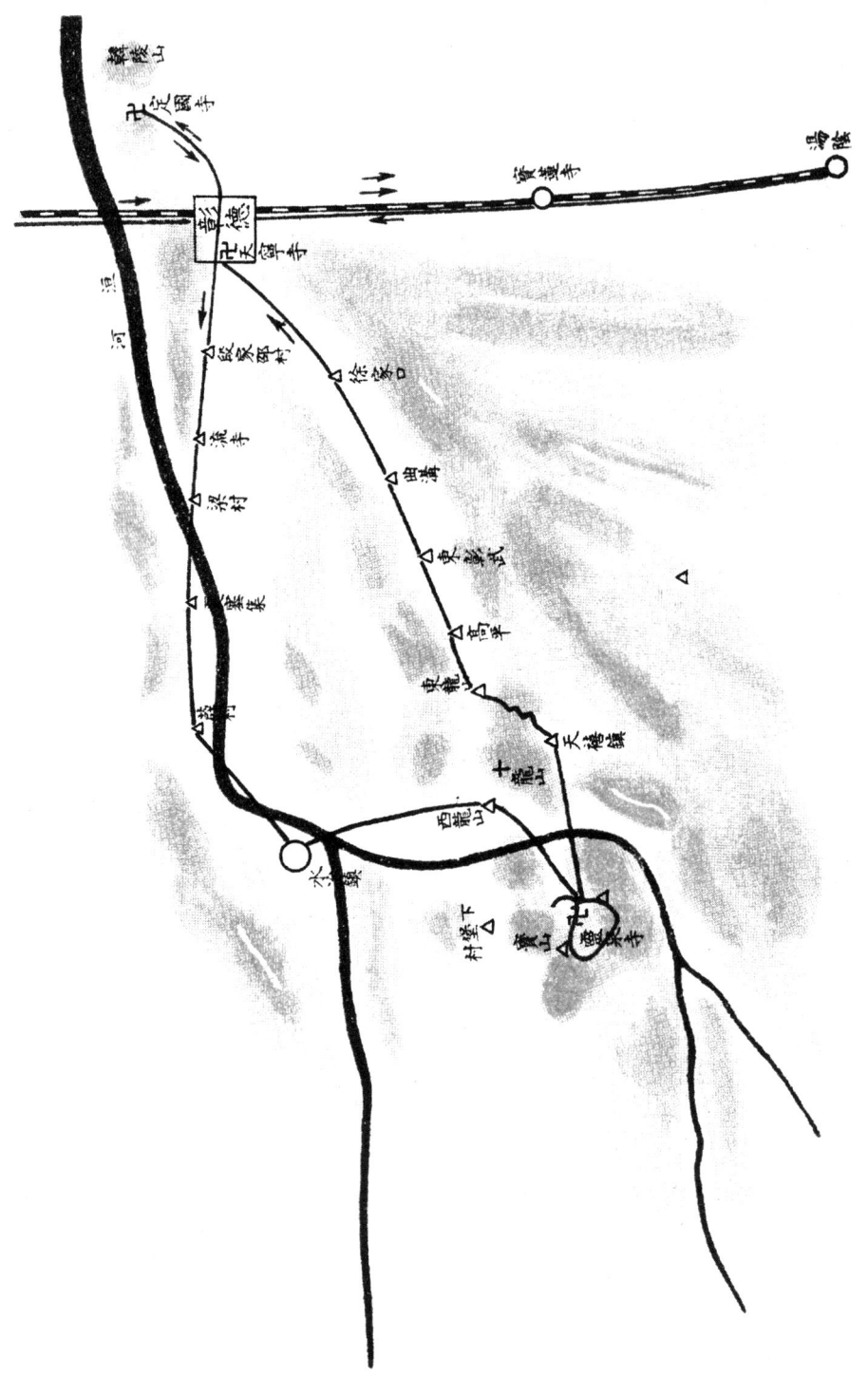

现在一伙儿人都迁移到东边去了，但西边和南边多少还残留着一些。小米里加上白菜煮成的粥，肚子饿的时候足以用来充饥，有幸亳州本间君送的沙丁鱼干还剩下两个。山东、河南等偏僻地区小麦也不是常能吃到的。

有关宝山寺和灵泉寺的记载，《彰德府志》就像下面抄录的那样，是作为两处分记的。而《列传》中倒是提到了佛图澄，但北齐时代只记了道丰和卧云山僧两个微妙之人，没有有关慧光及十大弟子的记载，隋代之人也未予提及。《续高僧传》里也没有记载。

灵泉寺在县治西南　　唐景隆年建
宝山寺在水冶镇西南　唐时建

《大清一统志》等的情况也是如此，从《府志》《一统志》中没有得到任何启示。虽然没有找到任何线索却仍然来到此处，从某种方面讲是有些盲目，但幸运的是，这里不仅有寺院，还有两个石窟、两座古塔以及不下百余座隋唐时代的灰身塔，很是令人意外。这次寻访之旅中的最大收获可以说是这个没有预想到的宝山。回来以后屡屡有人问起"为什么以前没有人去"，我想大概是因为没有人知道那里有历史久远的古寺，更不知道那里会有遗物。又何况会有几个人能深入如此的偏远之地去猎奇呢？就连彰德府都很少有邦人的足迹，谁还会在宝山那样的地方有事做呢。

宝山曾是北齐道凭、隋灵裕、唐慧休等居住过的地方，先回瞻一下这些高僧，然后再言及现状。

道凭作为"维摩""涅槃"的学者声望很高，在少林寺摄心夏坐时，尽管前来问道的僧众已披榛而至，但闻听慧光弘扬戒本，因往听之，而且一听就是十年。以后他讲《地论》《涅槃》《华严》《四分》，目不寻文,章疏本无，手不举笔而开塞任情。当时的人们都将其辩才与舍利弗相比，并与同门法上相比，赞其曰："凭师法相上公，文句一代希宝。"道凭于天宝十年（559年）七十二岁时在宝山寺圆寂。宝山寺应该就是道凭所开，寺门处有刻入墙壁的大字"魏武定四年道凭法师造"为证。寺庭内有两座明碑，上面记着道凭不仅开创了此寺，还开凿了两座石窟。这记录言过了，道凭其实只开了一窟。道凭的信仰是愿生安乐，这一点应该予以关注。

灵裕可以说是与净影慧远齐名的学者。当初曾想师从慧光，但到达邺下时，慧光已于七天前圆寂。因此从道凭学《地论》，以后周游各地，学《华严》《涅槃》《律部》《杂心》《成实》，在邺京开讲，被世人称为裕菩萨。继道凭之后住在宝山寺，遭遇周武帝灭北齐同时灭佛的厄运，引同侣二十余人，聚居村落，昼读俗书，夜谈佛理，著述颇丰，涉及内外。隋代时被举为都统却辞而不受。开皇十一年，接受隋文帝恳请，以七十四岁高龄步行进入长安，住进兴善寺，又被授以国统，仍辞，返还山寺。文帝令右仆射高颎、左仆射苏威等前往山寺拜谒，代文帝受戒，送绫锦衣绢三百段，帮助营造并赐敕号为灵泉寺。灵裕晚年移住于演空寺，在寒陵山营造了九级浮屠。大业元年（605年）八十八岁高龄时，在演空寺伴念佛之声圆寂，葬于宝山灵泉寺，寺侧立塔。由此可知，宝山寺是灵裕最为倾心之处。寺院的经营由灵裕一手操持，所以道宣说"宝山一寺，裕之经始"。但寺院的根基是依道凭之力，在灵裕入住之前就已经有的。

　　灵裕的著述涉及内外数量极多。而且于道心坚实方面，灵裕亦没有一般所说的学者弱点。一次灵裕去京辇净影寺时，正值布萨法式进行之中，于是灵裕径直坐入堂中，做了这个法式的一个参加者。见慧远说欲，灵裕突然抗声曰："慧远读疏，而云'法事因缘'，众僧听戒，可是魔说？"合座听之惊起，怪斥其言，其中有认识灵裕的，告知慧远，慧远趋而诣堂。灵裕曰："闻仁弘法，身令易传，凡习尚欣，圣禁宁准。"慧远顶礼自诫，衔泣受之。自此以后直至最终，慧远都经常去灵裕之处求教。毋庸赘言，净影寺的慧远是隋代的硕学之士，而且不仅是隋代，在中国佛教教理史上，慧远都是数一数二的学者。这个学者却受到了灵裕一呵，大概皆因基于说明欲、理论欲基础之上的缘故。至于说戒的法式，伴有如此之习弊，以自娱为快，又怎能让众多僧徒来接受实行如此的禁戒呢。弘法不仅仅是要言传，更重要的是要身教。自己不身体力行，光靠嘴上工夫，那叫什么弘法，其实这才正是灵裕的真意所在。道宣赞扬灵裕说："自东夏法流，化仪异等，至于立教施行取信千载者，裕其一矣。"而我们从慧远那遇其一呵便随即顶礼膝下，衔泣受之的胸中感受到的是一种强烈道心的闪烁。历史上享有如此盛名的两位巨人的相处让我们看到了不见人；唯见法之实，这也正是令今人深深感悟之处。

　　灵裕著述十分丰厚，这不是一般学者所能比拟的。前面提到灵裕是个胸怀道心之人，曾令净影慧远感而衔泣，这一点是应该首先注意的。灵裕众多著述的目录如下：

《十地疏》四卷	《地持经疏》两卷	《维摩疏》两卷
《般若疏》两卷	《华严疏》及《旨归》合九卷	
《涅槃疏》六卷	《大集疏》八卷	《四分律疏》五卷
《大乘义章》四卷	《胜鬘疏》	《央掘疏》
《寿观疏》	《仁王疏》	《毗尼母疏》
《往生论疏》	《上生下生疏》	《遗教疏》
《成实论》抄五卷	《毗云论》抄五卷	《智论》抄五卷
《圣迹记》两卷	《佛法东行记》	《众经宗要》
《译经体式》	《受菩萨戒法》并《戒本首尾注》	
《华严经等论序》	《大小乘同异论》	《舍利目连传》
《御集法》	《安民论》十卷	《陶神论》十卷
《劝信释宗论》	《穀卵成杀论》	《字本》七卷

《齐世三宝记》　　　《灭法记》　　　　《光师弟子十德记》
《僧制寺诰》　　　　《十怨十志颂》　　　《齐王消日颂》
《触事申情颂》　　　《寺破报应记》　　　《孝经义记》
《三行四去颂》

此外还有:庄纪、老纲、式经、兆纬、相录、医决、符禁法文、断水虫序等。著述如此之众，但却言无华侈，含意甚深，久而味之。灵裕的本意在于，脱离现实之行不能妄谈佛法。所以他在传授佛法时，意专行用，遇有违背这个原则的便予以开导曰："圣人垂教教被行人；人既不行还同不学。"如再有违者则当即驱出。这种态度在上述论著中均可看到。《圣迹记》《佛法东行记》《齐世三宝记》《灭法记》《光师弟子十德记》《寺破报应记》《劝信释宗论》《安民论》《陶神论》等，这些选题与其他学者相比甚为独特。道宣所说"观裕安民陶神二论，意在传灯惠流民品"，其实此中含有以佛法救世之意。

慧休是灵裕的弟子，学《华严》《杂心》，随灵裕入长安时，遇昙迁及道尼等讲《摄论》，听了三遍即可写出疏章，可见其对大小乘经论的精通程度。但唯有律部尚未精读，所以又从道洪、法砺听《四分律》，孜孜不殆。从隋末到唐初，彰德府遭土匪洗劫竟然有四次之多，人身物品皆临危处乱，时居云门寺的慧休挺身而出，竭力安抚民心，得到了曹公徐世勣的认可。贞观九年频繁被敕令召见，皆以染疾为由拒绝。据道宣记录，贞观十九年，慧休已九十八岁高龄，依然"现住宝山慈润寺，爽健如前"。实际上，对玄奘三藏而言，慧休还是其《摄论》之师。云门寺为僧稠所开，而慈润寺，我想，基本上应该就是灵泉寺。

现在的灵泉寺里有天王殿、大雄宝殿、大悲殿，还保留着相当规模的建制，但这些殿宇都属一般。寺域内值得一看的不在少数，列在下面:

一、大留圣窟　　俗称朱砂洞
二、大住圣窟　　俗称响堂洞或两佛洞
三、唐故灵泉寺玄林禅师塔
四、隋故演空寺灵裕法师塔
五、玄林禅师神道碑　　景龙三年　陆长源撰
六、灵裕法师灰身塔　　并慧休法师灰身塔等

大留圣窟位于前峰北面，是个只有八尺左右见方的小洞，里面安放着三尊坐姿石像。与其他石窟的不同之处在于，其他的石窟多为开岩造窟，边造窟边造像，所以石像都是在自然岩石上雕成的浅浮雕。而这个石窟里的三尊石像则是释迦牟尼、

弥陀和药师（或弥勒）的全身雕像。既无胁侍，也无莲座，而且三尊石像的左右两手都是上下分开，做出同样的施无畏和与愿的印相，胸部同样都刻有"卍"字，垂衣的曲线波纹状与龙门宾阳洞左右两壁的极为相似，颇有魏时的特色。船形的光背以莲瓣为中心，外圈光焰中刻着的西方尊是佛和天女，东方尊是天女（图六十九）。遗憾的是，中尊的光背已经不存在了，其他三尊的头部也是后来又重新补上的。通观三尊的躯体时会让人产生一种快感，这种感觉完全是源于佛像的伟大之处。胸围宽大浑圆，但并不拙重，与唐代的闲雅风格相比，更显示了北魏时期的豪放。造像上没有年代，从北魏的风格推测，这应该是出自寺院开基者道凭之手。已经残破的天王殿的墙壁上嵌有刻着"魏武定四年道凭法师造"的石碑。文字不是魏时字体，而且所造为何物也不明了，大概是指修造寺院一事吧。如果是修造寺院，就正好与武定四年的时间相符，就算文字是后加上去的，造像时间上也应该不会有错。石窟既然是东魏之物，那么除了道凭不会有第二个人，所以说这造像是道凭所造也就没有什么不妥。入口的左侧刻着"大留圣窟"，文字应该是与隋代大住窟的同出一人之手。窟名以及雕刻是道凭的弟子灵裕于隋代时加上的。灵裕肯定是从师父所建的石窟中得到启发，从而自己也想建一个规模更大的，而且取"留住正法"之意，把师父的石窟称作"大留"，自己的石窟称作"大住"。对尝受了灭佛之苦的灵裕来讲这其实也是护法精神的一种体现。

　　大住圣窟在北峰的阳面，此窟的里面外面都明确地刻着雕造的年代，开凿年为隋开皇九年，里面的造像有卢遮那·弥陀·弥勒三龛、七佛龛、三十五佛龛、传法圣师二十四祖，每个上面都有明确表示，连用功的数字也有记载，可却没有造像者的名字。不过，从里里外外刻着的那些《大集经月藏分》《摩诃摩耶经》《法华经》《胜鬘经》《华严经》《涅槃经》等来推测的话，考虑到造像的动机，再参考年代，我认为可以推定是灵裕所造。如后所记，因已得到那罗延窟为灵裕所造的记录，所以现在已不是推定，而是可以断定是灵裕所造。首先从窟外看，入口的左右两侧相对，右侧刻着那罗延神王，左侧刻着迦毗罗神王（图七十），那罗延神王右方的石壁上仅留着弥陀三尊轮廓的刻印，未能完成。从慧光、道凭、灵裕心中涌动着的愿生安乐的信仰来看不存在任何矛盾。迦毗罗神王的左方分三段刻着很多经文，第一、第二段之间有一些造像，但没有时间一一去看了。

　　窟内大概有一丈见方，三面的坐像分别是：中间卢摄那、西方弥陀、东方弥勒，三尊各带两个胁侍。胁侍为立像，西方尊的都是菩萨，中尊和东方尊的分别是菩萨和罗汉。三佛都安坐在莲座上，印相为：中尊左右两手分开，弥陀左手执袈裟一端，弥勒右手执莲花。中国佛像的印相与日本的不同，没有一定之规，这里的三尊也是如此。仅从印相角度看时，可以想出别的佛名来，但对已经明确标记出佛名的，就不容你有想象的余地了。胁侍或合掌，或执莲花，直立的姿势让人感觉不出丝毫的匠意（图

图六十九：大留圣窟内东方尊

图七十：大住圣窟外壁那罗延神王同迦毗罗神王

七十一）。背光只是个圆形，没有任何变化和雕刻装饰。三佛加上六个胁侍的躯体已经没有了北魏时期的那种伟大之感，变得极为普通，但唐代的闲雅之气尚未出现。中尊卢舍那佛躯体的上方刻着天女、普通人和恶鬼，大概是为了表示救济六道之意吧。四角处呈柱形，上面刻着七佛、三十五佛。入口内侧的右边刻着《大集经月藏分》和《摩耶经》的字句，左边刻着作为世尊去世传法圣师的二十四祖。雕刻手法十分简洁（图七十二）。另外，天井上以莲花为中心，四方都刻有天女，这些天女的姿态都很美。

灵裕是抱着何等动机来开凿这个石窟的呢。像灵裕那样佛心笃厚的人要开启如此规模的工程，一定要有重要的原因才行。有关这个问题，应该注意到在前面提到的众多论著中，有像《灭法记》《寺破报应记》这一类。周武时周齐两境的灭佛，让灵裕从心底里受到了触动。有关给石窟起名为"大住"一点，我曾经推断"灵裕开凿石窟是为灭佛所促"，回国后细读灵裕传记，读到支持自己推论的记事，甚觉安笃。

"后于宝山，造石龛一所，名为金刚性力住持那罗延窟，面别镌法灭之相，山幽林竦，言切事彰，每春游山之僧，皆往寻其文理，读者莫不歔欷而持操矣，其遗迹感人如此。"

石窟上刻着大住圣窟，此文中作金刚性力住持那罗延窟。大住即是从此长称中取一住字，加上大字而成的。正面左右虽刻着那罗延王和迦毗罗王，但灵裕之意在于那罗延，意欲使那罗延王的金刚力性护持流传万世。灵裕之愿并未落空，一千三百年后得以重现今世。记事中的"面别镌法灭之相"令人想象灭佛的惨状，但看到实物，上面实际刻的是关于法灭的事情。尤其像开篇《大集经》的五百年之说，足以让人感到其中的用意 。就连道宣也说"寻其文理，莫不歔欷持操"，通读了此记事可知，所谓的法灭之相其实就是指记录了法灭之相的经文。

玄林塔在寺域西北的高处，里面安置着玄林像，外面有唐故灵泉寺玄林禅师道行碑。塔呈方形，与泰山神通寺的四门塔，泰山灵岩寺的法定塔相同。为立碑的景龙三年时代之物无疑（图七十三）。

灵裕塔在前面的山坡上，里面没有造像，插入的是一块刻着宋绍圣年间的碑，上面刻着灵裕传。塔的角形与玄林塔相同，但雕刻及匠意等方面更有些新意。道宣言此为"殡灵泉寺，起于塔侧，以崇之"，想必此塔是灵裕圆寂后不久修建的，现存的这座塔应该是后来又重修的。外面有两块碑，上面刻着《华严经明难品》和《初发心菩萨功德品》，塔的背面嵌着一块刻有灵裕赞的小碑。里面的灵裕像失佚，令人遗憾（图七十四）。

以两窟为中心，由南峰至北峰建有许多灰身塔。凡有岩石平面之处大都建满了塔。其实就是刻上个塔形，塔的中央加上个佛像雕刻，塔的右侧或左侧仅刻上年号或人名，也有的还加刻上传记。之所以把这些塔叫作灰身塔，大概是因为火化之后的骨灰均

图七十一：大住圣窟内西方尊左胁侍

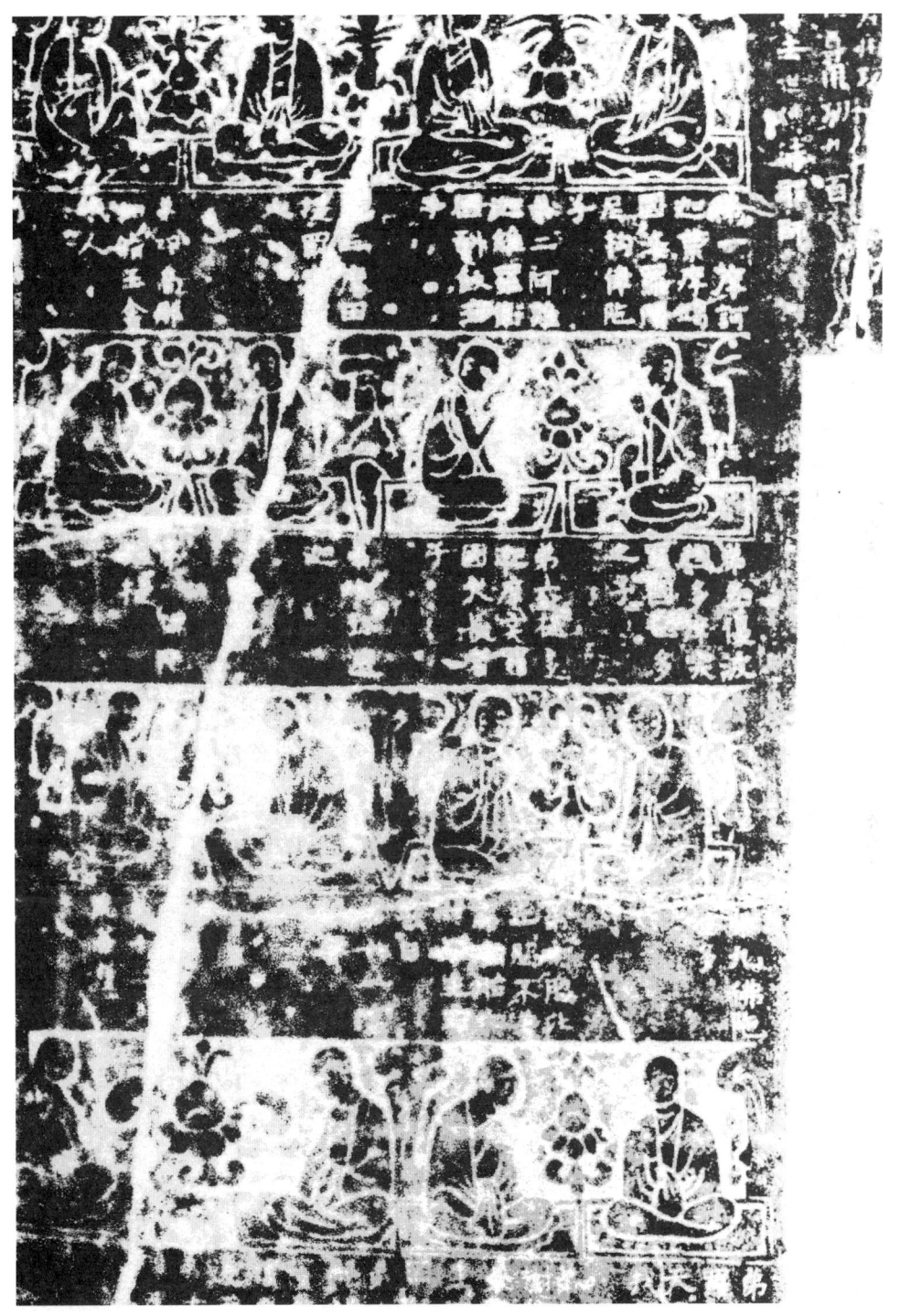

图七十二：内壁传法圣师二十四祖

图七十三：宝山寺唐玄林禅师塔

被收入塔中的缘故。作为僧侣之墓，这也许是最为恰当的形式吧。北峰上尚可认读的诸塔列如以下：

大周相州安□□泉寺故□□大德智朗法师	
比丘讳慈明	开皇十四年
故静证法师碎身塔	开皇十四年
故大融法师枝提塔	开皇十八年
比丘道寂愿生安乐灰身塔	仁寿元年
灵裕法师	大业元年
大唐慈润寺故大智迴谕师	贞观十六年
慈润寺故大法珍法师	永徽元年
慈润寺故道云法师	永徽二年
故大上座慧登法师	永徽五年
报恩寺故大海云法师	
慈润寺故大明韵律师	
灵泉寺元藏	
故人居士曹罗什塔	

南峰上尚可认读的诸碑列如以下：

光天寺故大比丘尼僧顺禅师散身塔	贞观十四年
唐慈润寺故慧静法师	贞观十五年
故清信女大申优婆夷	贞观十八年
禅师静感	贞观二十年
慈润寺故大慧休法师	贞观二十一年
光天寺大比丘尼妙德法师	显庆三年
光天寺故大都维那正信法师	显庆三年
圣道寺故大比丘尼妙信法师	显庆三年
圣道寺故大比丘尼僧愍法师	显庆三年
大都维那慧云法师	
清行寺故大苾蒭尼智弩	
光天寺故大比丘尼普相法师	

除此之外还有很多字迹剥落无法认读的，北峰有三十余座，南峰有二十余座。这些塔都是隋唐时期所建，有僧侣的，也有尼姑的，还有俗世善男信女的。寺院是

图七十四：宝山寺隋灵裕法师塔

慈润、灵泉、报恩、光天、圣道、清行六寺，其中光天和圣道似是尼姑寺。宝山大概是附近诸寺的共同墓地吧。如此之多的灰身塔中最大的是灵裕塔和慧休塔，左右都刻有传记，没有时间做这些塔记的拓本实在令人遗憾。

另外，听说寺庭左右两侧都有宋代的石塔，但有三分之一已埋没于地下。塔为九级方形，有相当的高度，最下面一层有刻像，第二层以上呈扁平，渐次变窄，各层的中央部刻有一尊佛像。

有关宝山灵泉寺，《大清一统志》《彰德府志》里仅记有名称，而且是错记为两寺，又无地理位置，亦无说明文章，只说是唐时所建，此误前面已经提过。后来查看有关金石文的资料，发现了下面的这些书籍：

宋东武赵明诚编著《金石录》

此书中的武定四年及开皇九年条目之下没有关于宝山的记载。

姚宴录《中州金石目》

此书的安阳县条目下也没有记录宝山。

王昶著《金石萃编》

此书的武定四年、开皇九年、景龙三年条目下均既无刻铭亦无碑文。

钱大昕著《金石文跋尾》

孙星衍著《环宇访碑录》

此两书中也是踪迹全无。

印铸局校印《河南省古物调查表》

此书中的安阳县条目之下也完全没有记录宝山。

如此，宋代以后，这两个石窟好像完全从这个世界上消失了，经过了千余年岁月两窟才又重现于世，这正应验了灵裕的心愿。房山的石经也好，宝山的石窟也罢，可以说都是北周灭佛引发出来的逆缘。这两处迄今仍安然得以存世，正是隋代高僧的努力于千岁之后得到的正果。后来读到叶昌炽所撰《语石》，其中作为宝山之物，提到了大集经月藏分中言、胜鬘经、涅槃经残刻、大集经月藏分法灭尽品初言的四种，并指出所在为万佛沟。但有关石窟仍未发一言，当然也没有论及造像之语。万佛沟似乎是用来作石窟之名，但在宝山此名并未被使用。叶昌炽一定是依据从拓夫处得到的拓本写成此记事的。另外还有大村西崖氏的《中国美术雕塑编》，书中根据罗振玉收集的拓本谈到了万佛沟。

在宝山住了三夜，为有预期之外的收获而感到欢欣，虽然也小有遗憾，但总的来说调查结果令人满意。十二月二日开始改变方向前往龙山。到达山阳天禧镇时一打听，说是山名叫作九龙，山上有座道观，但没有寺庙。北齐天宝三年（552年）曾有敕命，在西南八十里处的龙山山阳为僧稠修建精舍，命名云门寺，请居于此，好像说的就是此山，但缺乏具有决定性的资料。另外，兼任石窟大寺寺主的应该就是宝山寺，可对此也不能轻易地做出判断。寺院不是道凭开基，而是更上溯到僧稠的时期，道凭是继僧稠之后才入主此寺，同一时期僧稠住在云门寺。因不明僧稠与道凭之间的关系，今天在此也只能是将种种问题提出而已，无法指望更进一步了。

鉴于僧稠在与嵩山少林寺主跋陀禅师的关系方面是一个重要人物，所以在这里有必要对其性格及行为进行一下一般性的陈述。最初，僧稠作为大学博士被征用，当时已是声盖朝廷上下的学者。但是二十八岁那一年他突然厌世，开始遍览佛经并且随即焕然神解，在钜鹿从僧寔法师出家，立五愿，从跋陀禅师的弟子道房禅师受行止观禅法。之后又于定州嘉鱼山及赵州漳洪山修习禅法，常依《涅槃经》四念处法，并受学十六特胜法，摄心入定。到少林寺拜见祖师三藏，呈上自己所成证果，得到了跋陀的认可，称之"自葱岭以东，禅学之最，汝其人矣"，得到了跋陀更高深的禅学要诀之教诲，以后移居嵩岳寺。少林寺和嵩岳寺已在嵩山一章中叙述过。僧稠后又去怀州王屋山、青罗山、马头山等处修道。他三次拒绝了北魏孝明帝诏，并在拒绝了孝武帝第一次诏后，向北转到常山。后以七十余岁高龄应北齐文宣帝诏，首次到了邺都，给文宣帝讲述正理，并授予禅道使受菩萨戒，断酒禁肉。僧稠在宫中住四十余日后归赴常山。文宣帝为咨谒方便，于天保三年下诏在邺城西南八十里的龙山构建云门寺，请僧稠住持，并让他兼任石窟大寺主。文宣帝还下诏全国各州建立禅肆，并曾一度到了下令废除法师、专事禅法的地步。僧稠谏言："于幽微处辩证法，待法师开导弘通，是为禅业初宗。"文宣帝闻之大喜，下诏把国库储存均分为三，一为国用，一为皇帝自用，一为供养佛教之用。佛教的流传至此真可谓登峰造极了。僧稠于乾明元年（560年）八十一岁时在云门寺圆寂。

北齐灭亡之后，云门寺遭遇北周灭佛，于隋初再兴，大业末年成了土匪的驻屯之地，尽遭焚毁。《后高僧传》的作者道宣于贞观初年来到此地，目睹荒凉景物不禁慨叹兴亡的无常。不过，他说当时的云门寺现为光严寺，还提到当时还健在的慧休法师居住在云门寺。由此看来，云门寺已经新生，旧云门寺的废灭已是远在隋代的事情了。如今来到龙山访问却得不到该寺的任何线索，这倒也不足为怪。道宣似乎只在云门寺故址缅怀了僧稠旧事，却没有前往灵裕故址的石窟。

河南彰德府一日

北齐慧光·慧可遗址

彰德府城外有个古寺，名为定国寺，城内有一座巨刹，名为天宁寺。现在的彰德府位于古邺诚的西南，城府的位置已完全变化，本来在邺诚西南的定国寺现在位于彰德府的东北，可见变化之大。不管现状如何，我还是打算去当地考察一下，所以于十二月三日冒着寒风一早便启程前往位于城东北方向十七里处的韩陵山。这一带自古以来因"韩陵一片"之句出名，又是定国寺所在之地。可前行再前行，并没有什么山，正惊讶轿子为何停下来，却说是已到定国寺（图七十五）。

这个定国寺，北齐时代曾有个叫道慎的学者居住在此，他从慧光学《地论》，师从慧光弟子的法上学《涅槃》，曾被宣帝任命为国都。前面提到的灵裕就是在此处建的九级宝塔。唐初，灵裕的弟子道昂在此处学《华严》《地论》，祈愿往生的安乐。

就这样，于北齐初年建立的定国寺自建立至唐初，曾有许多高僧居住过，但从寺内外现存石碑上的记载来看，除了东魏高欢为纪念打败尔朱荣建碑一事之外，其余都不值一提。门外有两个互对的小祠堂，一个祭着关帝，没有什么特别之处，而另一个祭着给孤独长者，这是在他处未曾见过的。僧侣们把长者称作土地神。

城内的天宁寺是一座巨刹，俗称大寺，建于北周广顺二年，元明时代重修，是当时河北最大的迦蓝，明洪武初期连僧纲都设在这里。在众多的建制之中最引人瞩目的当属形式与众不同巍然而立的大塔。塔腰部的佛传极佳（图七十六），应该是元代的重修之作。大雄宝殿内的宝冠形三尊也具有独特之处。绀青色的释迦牟尼，绿色的弥陀，白色的药师，纯是喇嘛教化了的标本。两侧安置有禅家三十六祖的巨像。所谓的三十六祖是指西天二十七祖、东土六祖加上南岳、青原、马祖三人。第六祖慧能的两大弟子南岳和青原并排安置，对此自然无可厚非，但从只举马祖却不提石头一点上来看，似乎是在暗示法系。不用说，是临济宗系。这里的建制虽新，但天宁寺里能有如此不同一般形式的大塔，有喇嘛式的三尊，还有如三十六祖像这样的珍奇之物，真令人饶有兴趣。

邺城里的明星们，先有佛图澄，后有慧光、僧稠、慧可。佛图澄的事情此处略去不提。慧光是少林寺跋陀禅师的弟子，前面提到过的道凭的师父，与嵩山宝山都有关系，所以应该先来看看此人的情况。他最后受敕命住在邺下大觉寺，被举为国统，佛教史上以慧光僧统之名或简称为光统律师而享有盛誉。北魏时代，慧光出少林寺前往洛阳时年仅十二三岁，在天门街的井栏上反踢毽子，一连踢了五百余下，引来观者如云。跋陀正好经过那里，见这小儿技艺如此绝妙，用在道业之上肯定也错不了，小加

图七十五：定国寺

图七十六:天宁寺大塔

测试便知的确是个能成法器之才，于是说明之后便渡其出了家。慧光十分聪明，所学之事即刻就能向他人讲诵，所以很快就得到了"圣沙弥"的称号。跋陀为了让慧光早日大成，二十岁时便授具戒，并让其先习律学。这是因为跋陀担心如果先讲经论，慧光过于聪明，难免因陷邪念而成灾，最终影响修道。从《四分律》的研究开始，继而涉及《僧祇律》，再从师赵都辨公最后达及经论。《四分律》的研究者，以前仅有道覆律师一人，而其注疏不过是些条文而已，直到慧光时《四分律》才在佛教学中占有了一定的位置。后来慧光来到洛阳搜寻新异，考察南北音字，下功夫制作注疏，成了律学者。以致日后跋陀密睹其文言之后呼而告曰："如此区区世语已非子之本分，神器已成，可为高明法师。"

跋陀任少林寺主入嵩山之后，对勒那摩提和菩提流支两位三藏分别翻译的《十地经论》进行取舍并赋予纲领的人实际就是慧光。由于两位三藏译文系统相异，二者之间存在着难以统一的矛盾意见。慧光参与到翻译现场，先从与梵文相通之处入手，依靠其聪明的头脑融和了二者的争执意见。从这一点来看，新行传世的世亲法门的最初学者实际上应该是慧光，而隋代的佛教轮回应该是在慧光之后完成的。他的注疏有《华严》《涅槃》《十地》《地持》《胜鬘》《维摩》《仁王》等，并再造《四分律疏》，还著有《玄宗论》《大乘律义章》《仁王七诫》《僧制十八条》等。北魏时他在洛阳任为国僧都，北齐时被召回邺城奉为国统，七十岁时在大觉寺圆寂。慧光先是学禅，中间学律，最后讲经论，其信仰在于期生安养。慧光弟子众多，地论学者、四分律学者等，济济学士从他的门下辈出。北魏至北齐的漫长岁月中，出现在北方的学者没有人能够出慧光之右，甚至连能够与其比肩者也一个都没有。如此的名声德望，让人不禁想要探访他的遗迹，可惜由于时世的变迁，当时邺城的位置已经变化，遗迹已是寻之不得了。

在跋陀弟子慧光来到邺城之前，达摩弟子的慧可曾经在邺城居住。慧可在达摩游历嵩洛时只见其一面便奉以为师，当时的慧可已经年过四十，应该是已入"怀宝知道"之境，但仍然从达摩一学六载，毕命承旨，精究一乘，得以兼融理事、苦乐无滞。达摩于洛滨寂后，慧可亦在黄河之涘隐遁，但仍有许多僧俗前来问道，于是他发挥奇辨之才为众人开示心要，因而名声道誉广传四方。天平初年（534年）慧可到了北方的新邺，盛开秘苑，其讲说完全不拘经论之文字，以致遭到滞文之徒置疑，非难之声四起。慧可的佛教是受达摩传授的四卷《楞伽经》，他并不依照常规去拘泥文句，而是要以此渡人超越俗世。如果非要加名，则应命名为楞伽宗，但其宗并不是学宗，而是行宗，故所选颇异于其他楞伽宗者。

当时邺下有一个名叫道恒的禅师，门下拥有徒侣千余人，以其定学被奉为邺下的王宗。他听了慧可的说法，没有捕捉到任何东西，于是便将慧可所说的法要蔑为"魔语"，派自己门下的优秀弟子上门去向慧可诘难。可是他的弟子听了慧可说法都欣然心服，悲感盈怀，因不忍直言便都留在了慧可之处不再返回。以后道恒反复派人，结果均是如此。这些弟子日后遇到道恒时，道恒责怪他们说："我下了很大功夫，派你们去开眼界，作为使者的你们怎么可以这样做呢？"弟子回答说："我们的眼目本来是正的，只因师父你才邪了！"道恒为此更加怨恨慧可，甚至贿赂官吏，企图加以暗害。而慧可却毫不记恨，突然赴死的道恒的众弟子见到此状都幡然悔悟，断绝浮华之学风，折服在慧可面前。同样，对于经典，有的只为眼观，有的则诉诸心灵，深浅之别历历可见。慧可后来随缘顺俗，时而高谈，时而吟诵，携简明之道，出直入之方，故其说法自然难入俚耳，动辄被卷入疑难之旋涡。因此慧可在邺下期间颠沛流离，未能得法嗣之人。不过也有像慧布那样的人，特意远道从南方的金陵前来邺城，从慧可学习新经并收集了众多章疏带回去。

在邺城频频讲授《胜鬘经》的是慧可和他的同学林法师。北周灭佛之际慧可和林法师曾共同努力保护经典和佛像。这样说来，慧可很明显也是经历了那一场灭佛灾难的。曾有一说是慧可遇到贼人被砍掉了手臂，只因心中有法才不觉痛苦，用火来烧断臂之处，止血后以帛敷之，一如往日出行乞讨，并不向他人言及此事。后来，林法师也被贼人砍掉了手臂，通宵号叫，哭诉苦痛，慧可帮他包扎了伤口并讨来吃的供他食用。林知道慧可也同样失臂，对慧可能有如此的治心之功深感敬佩。慧可的治心之法源自《楞伽经》，但习《楞伽经》能得到如此修炼成果的也仅慧可一例，别无其他。慧可每每于讲经后叹曰："此经四世之后，变成名相，一何可悲。"慧可不幸言中，楞伽宗本是依达摩嘱咐由慧可开创，当初只是行之于心，并不付诸言语。但随时间推移，渐次趋于解说，又以注疏之多为荣。以《楞伽经》而立的达摩宗传至慧能时被《金刚般若经》取代，一定是因为难以解脱已坠为名相的《楞伽经》之弊使然。

慧可实为天授。其悟境之深道行之厚，别人都是难以追随的。不过，也不是没有与之肝胆相照之人。例如何居士、化公、廖公、和禅师等便是。何居士是幽遁木食之人，天宝初年因仰慕慧可之道风致书通好，其信中写道："除烦恼而求涅槃者，喻去形而觅影；离众生而求佛者，喻默声而求响。无名作名，则是非生矣；无理作理，因其理则诤论起矣。"对此慧可的答复随即成偈，其中有以下几句："本迷摩尼是瓦砾，豁然自觉是珍珠，观身与佛无差别，何须更觅彼无馀。"慧可所发言语尽合人理，且毫无修饰之处。时人将之汇总，乃成部类。道宣也提过《具如别卷》，说明唐代初期这本文集的确存在。后世的禅家语录肯定都是自此处起源的。化公、廖公、和禅师等也都托事而口吐玄奥之言，可谓是慧可的交心之友。但这些人都是唐初口耳相传之士，并无碑记留世，又无微言相传，令道宣慨叹除传其清德别无他法。这些人不是慧可的弟子，应该属于同学或道友一类。

慧可的弟子里有一个名叫那禅师的，是一个东海的儒者，年仅二十一岁时便统领有四百余名弟子，南下至相州听慧可说教后，即与其他十位学士一起出了家，谢绝众门人，以后手再不执笔，再不翻俗书，一衣一钵，一坐一食，从此过起了头陀行的生活并以此度过余生。那禅师有个弟子叫慧满，原在相州隆化寺，受那禅师之道后，专务无着，一衣一食，但畜二针。贞观十六年于洛州南会善寺侧宿柏墓中，遇雪深三尺，竟不觉丝毫异常。第二天一早入寺见昙旷法师，法师大惊，携手寻问昨夜坐处，但周围积雪已不可测也。听说自那以后，但闻慧满来访，诸僧皆逃隐。那禅师以及慧满的主义，是以四卷《楞伽经》为心要，随说随身体力行。这对于当时重视虚妄法心相，违背佛意，流于戏论而殊乖大理的佛教界来说，确实是顶门一针。

道宣在《续高僧传》中，把那禅师作为慧可的弟子列举在了慧可传下，却没有提及禅家东土六祖中的第三祖僧璨。僧璨应该就是在《法冲传》中列记于慧可之后楞伽宗学者的部分里作为慧可弟子提及的璨禅师。《宋高僧传》里也有提到璨的部分，但在《法冲传》里，璨只是作为一个学者被提及，而没有作为行道者被视为是第三祖。而且传记中只见其名，此外并无一言半句，这对第三祖是好是坏难以定夺，不过慧可法嗣的僧璨，除了璨禅师之外我们恐怕再找不出别人了。

读了前面提到的慧可传，我们能够得到一些暗示和启发。慧可立雪之说来自慧满禅师卧雪，断臂之说来自遭贼人斫臂，慧光、菩提流支毒杀达摩之说演化成了道恒欲屠害慧可。分解来看，各种说法中都含有异于其他的趣味，对此我们应该明晰。最后提到的慧满卧雪之处的洛州南会善寺，应该就在离少林寺很近的嵩山脚下。最近据矢吹学士发表在《斯坦因敦煌作品研究》的研究结果表明，曾为慧满行迹感到吃惊的会善寺的那位昙旷曾为《起信论》做过注释，据此，后人应该可以进而推测慧满、那禅师及至慧可的学术。

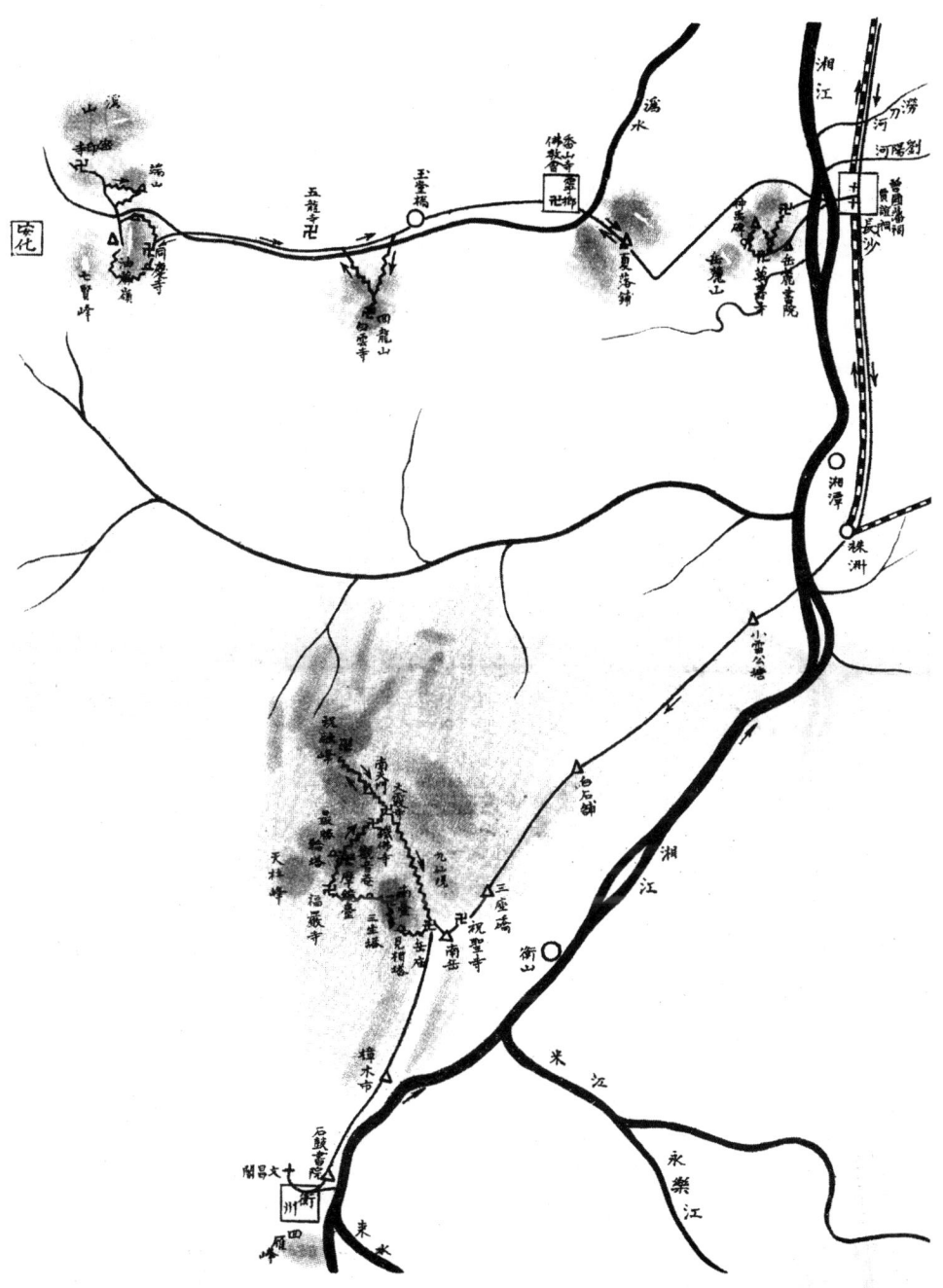

中国佛教史迹 | 221

湖南省长沙·衡州

岳麓·石鼓两书院

在中国佛教史上占有重要位置的南岳和沩山都是以长沙为起点。如果可能的话，我很想以长沙为基点，对药山、德山、龙潭、云岩、石霜山等也一并展开调查，即使做不到，至少也要到访南岳和沩山这两大灵地，为此我决定前往长沙。长沙虽远不及两大灵地，但也有长沙相应的故址。

于唐代突然出现的岳麓、道林两寺里有许多名僧。岳麓寺又称麓山寺、鹿苑寺，现名为万寿寺，远以晋代法崇为开山之祖，近则以南泉普愿的法子唐时的景岑为开山。时至宋代有慕喆那样的禅师，到了明代又有憨山。道林寺里有佛果圆悟和无准师范。看《碧岩录》可知圆悟颇具笔力，禅门中无人可与其相比。以《禅林僧实传》《石门文字禅》等文笔著作而驰名中外的德洪觉范，自鹿苑移住湘西的南台寺，并在这里完成了诸多的著述。这个南台寺曾是唐代道俊的道场，今天已不存在。所谓道俊大概就是与马祖道一齐名的怀让弟子道峻。唐代，作为名僧居所的岳麓、道林两寺，以杜甫为首，韩愈、宋之问、韦蟾、刘长青等在这里留下了很多题咏，这对我实在是有很大诱惑。

如果从儒教角度来看，长沙有岳麓书院院址，衡州有石鼓书院院址。岳麓书院不仅是胡国安、胡五峰、张南轩、吕东莱等一代鸿儒的讲学遗址，而且是朱晦庵不辞远路前来与张南轩亲密交往之处。岳麓书院在儒教史上占有极为重要的位置。衡州是周茂叔成长之地，还有个濂溪书院。程明道门下的秀才杨龟山学成南归之时，程明道目送其远去，给予盛赞曰"吾道南矣"。这个杨龟山也曾在长州的浏阳居住过。宋儒的重要人物，除张邵二人和两程子之外，都是以长沙为中心，而且都留有遗址。我一直对宋儒和佛教的关系颇感兴趣，这也是长沙深深吸引我的原因。

如果时间稍早一些的话，河南的吴佩孚将军以破竹之势侵入此地，眨眼间便攻到了岳州，长沙的动摇之甚可想而知。加之盛传孙逸仙总统的北伐军从广东过来，长沙即将成为攻打目标，那时想去长沙的念头肯定就不会有了。所幸的是，现在情况已经有了缓解，火车也都恢复了通行，在当今中国，明天会发生什么变化谁都难料，能遇到如此的小康状态于踏勘之旅是最好不过了。像上一次顺利调查宜昌一样，没过多久就发生了第二次掠夺，川军顺江而下，现在也还是极不安宁的。能去时不去，以后就更难指望，加之原来预定的江西之行的时日有些不够，所以湖南得以取而代之。承蒙汉口中村英二君的好意，介绍了一个十九岁叫龚罗生的年轻人来做挑夫，体力脚力都优于他人。我们十二月十九日下午从汉口壮行出发，从武昌乘上夜行列车，第二天二十日被雨声惊醒时，火车已到汨罗车站。这里是和战国时代楚国屈原有关的地方，幼时记住的地名还依旧清晰。前后左右地望过去，没有发现水，所以这附近肯定不会有屈原故址。不过，要是那么容易地就找到了，兴趣肯定就会减半。曾抱着一丝希望向同车的中国人打听是否有屈原祠，可是那人却连屈原的名字也不知道，根本指望不上。

原计划是到达长沙以后先去上林寺访问，可是细雨蒙蒙道路泥泞，加上带着行李，所以先去了由田中哲岩兄介绍的日丰洋行。上一回，在从上海返回的船中与该洋行的主人日名子乾三氏有一面之交，预定去长沙时在他那里落脚。日名子氏的病尚未痊愈，现在仍在东京，洋行则由甲斐龙一君打理。有人介绍了古川与八君，甲斐君直接接上他，三人便一起去上林寺访问道香和尚。听说和尚善写隶书，是湖南的名僧，去南岳之行如能有和尚的介绍最好不过。和尚知我是为调查佛教古迹而无他图，很高兴地为我给祝圣寺的顶岩和尚写了一封介绍信。这样一来南岳方面应该没有问题。第二天二十一日，又是三人相伴，去龙王庙看了观音阁，访问了永光和尚，询问了一些去沩山的事情。和尚曾在沩山住过六年，现今沩山属于临济宗，和尚有志将来要把那里办成沩仰宗的本营，看到我们为踏察一山的故址特意从东洋远道而来，为我们介绍了宁乡县的佛教会补蕉和尚，并安排由佛教会做向导，带我们参观该处所有应该看到之处。如此，沩山之路也打通了。利用剩下的时间，决定去领事馆表示谢意，然后去一家一家的旧书店。不过，长沙的古书并不太多（图七十七、图七十八）。

到二十五日出发去南岳还有三天时间，第一天经岳麓书院，去山顶看了神禹碑，拜谒了第一革命志士黄兴墓，取道万寿寺，经道林寺、景德寺，整整一日清游。晚上在日本人俱乐部做了一场讲演。第二天，去贾谊祠、曾国藩祠，逛古玩店、旧书店。最后一天起草信件，然后又去涉猎古书，收获颇丰。

长沙的名胜首屈一指当属岳麓山，游长沙的人没有不去岳麓山的。连一般的观光客们都要去的地方，何况于我，朱子、张南轩故址的岳麓书院、佛果圆悟故址的道林寺是一定要最先去造访的。这一天有幸久雨初晴，是个湖南冬季少有的好天气。隔着中州仰眺，山景如常，倒是觉得湘江比意想中的要宽阔，水流滔滔，岸边停靠的无数小船成行成列，十分有趣。用苫作顶的小船就是在画中见到过的苏东坡在赤壁乘坐的那种，也像琵琶行中白乐天乘坐的那种。坐上这样的小船驶到中州，再驶向对岸，两边合起来湘江的宽度大约有吾妻桥边的隅田川宽度的三倍。这个渡口叫作朱张渡，源自共同在岳麓书院讲学的朱晦庵、张南轩二人曾在此渡江，经方广寺后再上南岳的事迹。根据这些可以推测出朱张二人在长沙的势力和影响。当年的书院，现在已成了工业学校，因当天正好是冬至，教员们都没有在，所问之事没有人能够作答。这里并不是从一开始就与书院有关系。作为书院之物，众多的碑碣中并没有早于清代的。虽有出自朱晦庵之笔的"忠孝节义"[1]四个雄劲的大字，但那不过是一块近代的石刻。本怀

---

[1] 作者原文引为"忠孝节义"，照译。

图七十七：长沙日本领事馆

图七十八：长沙观音阁前

祭古之意而来，无奈现实却是如此。将书院的学规学箴做成拓本，一来作为了解清朝曾有过如此有实力之学馆的资料，同时也可以作为前来书院访问的纪念。

岳麓书院是宋代开宝年间由郡守朱洞开创的，比起石鼓和白鹿两院，开创略晚。四十一年后的祥符八年才得赐现名。当时，山长的周式被招去拜见国子学主簿使，更加赐了中秘书的恩典，自此书院的名声广闻天下，登堂之才相继而出。但是一百一十六年后绍兴发生兵变之际尽被焚为灰烬，虽然其后不久得以重建，但很快又遭毁坏，最终流于荒废。直到过了三十五年之后的乾道改元时，建安的刘侯来此治理湘界，有志之士请愿重修书院，刘侯大力支持，命郡教授郭颖监督开工，依照旧制建屋五十楹，另在北面增建了藏书阁。张南轩受命掌管教事，并为重修作记。三年后，朱子到此，经张南轩听闻胡五峰之说，同论《中庸》义，手书四个大字[1]，共登南岳顶。从此，这里的名声大振，慕名而来的学子达千人以上，可谓书院盛名甲天下，私塾最终发展成了天下的大学。

朱子、张子深感科举之弊病，所以将满腔的热情都倾注到岳麓、石鼓这种处士旧庐上，为重建而殚精竭虑。在此记录位于南岳山脚下的岳麓书院的同时，为方便起见，也应该提一下位于南岳山巅的石鼓书院（图七十九）。

这一次的旅行中，我居然见到了四种神禹碑。归德府衙门见到的是第一个，第二个是在岳麓山顶峰，第三个在石鼓书院内，第四个在南京栖霞寺的后面。另外听说大别山里、会稽山里也有。此外也一定还会有很多。

如此有名的神禹碑，相传是大禹治水后刻在南岳山岩上而流传至今的。但是随着调查的深入，情况却越发模糊起来。有的说在南岳中的岣嵝峰，也有的说在云密峰，这些说法的根据都不确定。唐代刘禹锡和韩昌黎的诗中都可以找到有关此碑的字句，可见有关此碑传世的说法是很明确的，但是两人却都没能寻到此碑。其后，欧阳修的《集古录》、赵明诚的《金石录》、郑夹漈的《金石略》据说都没有提及此碑。有关此碑的源流之说，好像是从明代潘太守还有张季文时开始的。说是昔日有樵人曾经见过，南宋嘉定之初，蜀人何贤良受樵夫指引行至其所，以纸拓之而归，刻于夔门观中，将之藏秘。所拓共有七十二字。后来张季文自长沙得之，说是来自宋嘉定年间何贤良的南岳摹本，并刻于岳麓书院，将之公示于众。此物为七十七字。又说，嘉定壬申年，何贤良游南岳，读山志而知有禹碑，前来寻访，因有樵夫曾见，遂请为东道，尽力搜寻而得之，摹拓而归，献给了长沙的连师曹彦约，另把柳子厚书《般舟和尚第二碑》作为自己座右的把玩之物。据说曹彦约非常高兴，发下公函，令当地官吏到衡山搜寻原碑。但他得到的报告是：柳子厚的碑还在上封寺，因去年冬天多雪被冻裂，而禹碑

---

[1] 应是指岳麓书院内的朱熹手书"忠孝廉节"四字。

图七十九：岳麓书院

恐怕就是何贤良在打诳语了。这些事情记载在张世南的《游官纪游》[1]中。

如此看来，有关禹碑的争论是从被发现的南宋时就开始了。不过，南宋之物被藏匿并未现世，而世人开始把玩应该是在发现了何贤良刻于长沙一度隐秘之物的明代以后。后人对此有疑有信，名高者必遭众议，我本人无力判断其真伪。不过，三个月中竟能相遇四次，对如此的名碑还是要提上一句的。岳麓山上有一块碑，碑右侧刻着不太鲜明的嘉定字样，大概就是传说中何贤良刻后藏匿起来的那一块了。而山顶上的那一块，不可能经数百年仍不为人知。钱大昕断定那是经杨用修、杨时乔、安如山等人翻刻后流传于世之物，是宋代人的伪作。这样的碑出现于世并广泛流行于世，我想肯定是受了摩崖石经的影响。

石鼓书院位于回雁峰下的石鼓山，正当与蒸湘相汇之要处。唐代刺史齐映在山阴处建一合江亭，元和年间，士人李宽在山巅建屋，读书其中，这是书院兴起的远因。时至宋代，至道三年李士真向郡守请愿建立书院，景祐二年，集贤校理刘沅上书请愿，得到了朝廷的敕额，这便是公认石鼓书院的起源。以后，院址稍向东移成为州学（官办学府），经一度荒废之后，这座具有历史背景的书院于淳熙十二年，由使者潘侯在旧址上建屋数间，榜以旧额，以俟四方之士有志于学而不屑于课试之业者居之，未竟而去。接任的使者宋侯进一步扩大规模，一切均照国子监之规，施得印书，择郡县秀才。这里特别应该提到的是朱子受邀为书院作记，更是令书院闻名天下。前面也提到过，朱子听说张南轩有意继承衡山胡五峰之学，不辞远路来到长沙，与南轩长谈三天三夜，同登南岳，应邀为重修石鼓书院作记，为处士之学吐出万丈气焰。

访问石鼓书院的那一天是一月元旦，阴历是十二月四日。我原以为中国按阴历行事，这一天应该和平日没有什么不同，可这里也和我国的乡村一样，过两个正月，官衙公署按阳历年放假。湖南第一联合县立乙种工业学校并排还挂着石鼓师范讲习牌子的大门上升起了国旗，上午的仪式一结束，下午就放假了，教员们都忙着为回家探亲做准备。内门柱子上写着一幅泰山经峪的对联：修名千佛上，五味五经中。里面以嘉会、敬业两堂为中心，四面是教室，敬业堂的二楼上，正面安放着夫子像，里面有诸葛武侯像，据说是为了纪念当年武侯曾率兵至此。堂背后的临江处有合江亭，亭内有很多石刻，其中最出色的是张南轩手书的韩昌黎诗碑。不过，那很有可能是近代的复制品。转向北面，可见各样船只挤满江面，远处有一塔耸立，名叫来雁塔。这大概与南面上流烟霞环绕的回雁峰之名有关系吧（图八十）。

分居南岳首尾的石鼓、岳麓两座书院之所以能被列入天下四大书院之内，完全是仰仗朱晦庵和张南轩的声望。不过，所谓的四大书院是哪四家，所举名称却因记而异。从列在下面的名单中可见其异，此外肯定还有类似的名单。每组中江南之物或者有三，

---

[1] 原文如此，照译。应为《游官记闻》之误。作者下面再提此书时为《纪闻》可为佐证。

或者四个皆是。

　　岳麓·石鼓·白鹿·嵩阳
　　岳麓·石鼓·白鹿·睢阳
　　岳麓·石鼓·白鹿·应天
　　岳麓·石鼓·徂徕·金山
　　岳麓·嵩阳·白鹿·睢阳

　　奠定了宋儒根基的周茂叔是南方道州人士，幼年丧父，由居住在衡州的舅父、龙图阁学士郑向扶养，并在当地读书。后来，他在衡阳县学右侧建起自己的书院，周围开挖池塘，引西湖水，播莲花籽，有亭名为爱莲亭，日后又称濂溪书院。我试着去寻找了一番，但很久以前就已荒废，现在无存。听说小西门外莲花池中的那座现州教育会的建筑物所在地就是故址。环视空无一人的大堂，发现墙间有一块已经剥落的石碑，读其文字，上面记着：这栋建筑是文昌阁，原与周子的爱莲亭邻接，后来爱莲亭荒芜，仅此阁独存。引来西湖之水，在沼池中播种莲籽一事，说的就是这个池塘。爱莲亭与文昌阁相邻，那么无疑也就是濂溪书院的故址。庐山的白鹿洞书院是周子使之复兴，朱子将其扩大发展的。这里的石鼓书院与周子有何关系尚且不明，但因朱子一游而名驰天下则是不争的事实。想必那时朱子一定也凭吊了周子的故地吧。

图八十：石鼓书院

湖南省长沙的日中恳亲会

　　一月二日从衡州乘船出发顺湘江而下。因为是逆北风而行，所以船行迟缓，船老大父子虽不分昼夜地努力，但并不大奏效。原本预定于第三天到达湘潭，可最终晚了又晚，在船中住了三夜，五日上午十一点才好不容易到了株洲。到株洲的行程是水路三百四十四里，到湘潭是四百里，也就是说，还要在株洲住上一夜才能到湘潭。本来选择走水路去湘潭，是想多少能想象出一些潇湘八景的样子，可是，不承想时逢寒冬，根本没心看外面的风景。加之连日阴天，细雨蒙蒙，蛰居在蓬窗内的自己倍感疲劳，淡淡乡愁不分早晚地在心中缭绕。提笔写稿，或观察船老大父子的亲情，也相当投入地观看老妇人勤勤恳恳地干活，朝夕焚香烧纸，以十分虔诚的态度做祷告。有时还能看到鸬鹚捕鱼，甚是有趣。与日本的风物进行类似比较让人兴致横生。幼年时代的记忆也被唤醒，还尝试着作了作诗。靠着这些刺激，心气焕然一新，身上也生出些力气，不过还是抵挡不住疲劳。白乐天的《琵琶行》大概就是在这种状态下完成的吧。但转念再想，如果是在如此疲劳的状态下弹琵琶，肯定涌不出那种程度的感动来。现在在这个既无琵琶又无酒肴的船上，实在是让人一个小时也忍耐不下去了，终于下决心在株洲上陆，直接坐火车返回长沙。接下来的火车旅途让我感到了从未有过的舒适。

　　回到长沙，见到了池永领事的留言，说是以前提过的日中恳亲会将于后天召开，让我务必停留一天做一场讲演。领事说如果我确定了返回长沙的日期，他这里已经做好了到达的当晚即可开会的准备，只是见不到我的面就无法安排，这也是没有法子的事。的确，在中国旅行的日期，无论主观还是客观都难以确定，见不到本人，就无法安排需要负责的工作。可是，如果一定要见了面再决定，时间安排上就必须中间多留出一天来。留下来，当然有很多事情可以做，就这样，决定第二天的六号出去再寻一些古书，七号上午伏案为讲演写个草稿。下午五点去会场一枝香集合，领事把交涉股长杨宣诚君介绍给我，说是给我做翻译。即席翻译的话，翻译和讲演者双方都会为难，幸亏我事先写了草稿，让翻译事先通读了一遍，了解了内容，这位翻译几乎一字不错，成功的翻译获得了好评，没想到不经意写的草稿竟会起到如此大的作用。

　　中国方面的绅士，以总司令兼省长的赵恒惕大人为首，有造币厂张厂长、交涉署邓科长、仇交涉员、检查厅李厅长、审判厅长李高等、教育科曾科长、警察厅张厅长、财务厅钟厅长、第二师鲁师长、宪兵司令王司令、政务厅潘厅长、商会左会长、榷运局胡局长等二十余位。日本方面的绅士有：森民会长、辻野邮局局长、原驻华武官、加藤医院长、古川与八君等二十余位，开成了一次盛会。此会酝酿已久，一直未能实行，此次承蒙池永领事的好意得以举行，以此为契机，不仅是中日绅士之间，我们同胞之间也能进行亲睦交流，而我的长沙之行不过是提供了一个实行的机会而已。不过，对心怀文化思考、专心致力考察工作的我来说，只要是多少含有一些文化意涵的集会，即使牺牲一两天时间也是应该出席的。

讲演就是根据自己的所思所想发表的一些看法，并没有因为有中国的绅士在场改变自己的言辞。我讲演的要点是：中国是大国这一事实已为历史所证实。现今中国正处于面临生死的时期，而远溯到东晋时代，当时也同样有过面临生死的时期。由胡汉两个民族、印度和中国两种文明的接触所引发的六朝时代的烦闷促生了隋唐时代的新文明，唐代产生的平等理想同化了所有来到中国的外国人，宋代新儒教兴起是因有了与佛教的交涉。对世界文明史上四大古国之一的中华民族来说，该如何将滔滔而来的泰西文明和本国特有的文明进行调和，这些事实无论哪一件都具有期待新文化成立的意义。对整日被政治上、军事上、经济上的燃眉之急所困扰，无暇顾及这一类问题的现时的人们来说，我的这个讲演似乎引起了他们极大的兴趣。我们频频举杯，大家都喝醉了。最后，大家甚至手拉着手站起来，一齐踏起步子来。我认为这种场合能够逐渐培养出内心的亲和。领事事先要求我不要去重复那些如日中亲善呀同文同种的老生常谈，而是要讲一些让人们能够真心握手的话题，现在达到了预期的效果，领事十分高兴，我本人也感到相当满足。

后来我去沩山的期间，听说交涉局的郑先生屡屡打听我返回长沙的日期。但当我一星期后返回长沙时，不巧邓先生出差了，没能得到晤面的机会。张省长特意把湖南省宪法颁布纪念章送给了我。这些都会成为我长沙之行的永久纪念吧。

湖南省南岳巡礼

陈朝慧思、唐代怀让·希迁三禅师的遗迹

　　南岳是五岳之一，很早以来就被附加上了宗教意义，逐渐成了道士的根据地之一。这里与佛教的关系是从陈朝的慧思禅师开始。慧思禅师以后，来往的修道者一直络绎不绝，唐代以后人数又突然剧增。如承慧能法嗣的第七祖怀让、如同属慧能法嗣承青原行思的石头希迁、又如怀让系的马祖道一、石头系的丹霞天然、被称为后善导的法照，这些人都在佛教史上称雄。慧思的故址是福岩寺和上封寺，怀让的故址在同福岩寺的磨镜台，石头的遗址是南台寺，法照的故址在祝圣寺。踏勘印刻着这些名德之迹的南岳是我此次前往湖南的第一愿望。

　　十二月二十五日，从长沙乘车南行，在株洲下车，本打算换乘溯湘江而上的筏子，但因向导行动缓慢，错过了前一艘的出发时间，而下一艘不知道会等到何时。船夫们在说着什么，但他们的口头承诺一点儿也不靠谱，所以还是决定坐轿子。本来旅客就极为稀少，加上是外国人，和尽可能地想多挣钱的轿夫交涉颇费了些周折。当天仅前行了三十里，投宿在小雷公堂玄帝庙。第二天二十六日，行程八十三里，到白石铺住下。二十七日行八十里，傍晚到达了祝圣寺。如果依照轿夫们的意思，又是山路，又多泥泞，加上是寒气袭人的季节，只住两夜是无论如何也到不了的。所以，路上一遇上坡处我便下轿徒步急行，让轿夫们紧随于后，特别是吃午饭时，不允许他们过于磨蹭，这样才保证了行程得以按计划实现。

祝圣寺

　　道香和尚介绍的顶岩和尚，因此地甚寒去了衡山县，妙法和松泉两位僧人热情接待了我们。特别是妙法，尽东道主之谊，马上带我去了岳庙。

　　祝圣寺的位置在岳庙左方，从南岳整体来看，是在东南的山麓。此寺是唐代法照去五台寺之前，做般若道场并厉行五会念佛而被称为弥陀寺的故址。曾听说这里有一块柳宗元的般若和尚第二碑，但现在已经记不清楚了。南宋的嘉定壬申年，何贤良来此处拓碑时，长沙的曹彦约立即下牒搜访此碑，访到此碑在上封寺，前一年的冬天被冻裂，此事记载在张世南的《游宦纪闻》一书中。上封寺大概是误传，碑于宋代既

已冻裂。寺名后来改为胜业寺，康熙四十六年在此地建行宫，遂又改称为敕建祝圣禅寺。现在属于临济宗，虽是一座大寺，但所有的建筑都很新，没有清朝以前的碑碣。寺僧们甚至不知法照，只有一块光绪年间的碑上刻着其名。大雄宝殿里，释迦、药师、弥陀的三尊坐像位居中央、两侧有十八罗汉，配二十四天，并无特殊之处（图八十一）。后面有个藏经阁，竟存有明代的南藏，十分珍奇。藏经阁下面有刻着五百罗汉的石壁。

大雄宝殿朝暮五会诵经，通过上一次和这一次的体验，尤其令我深有感触。我来到南岳后，第一次接触到了洋溢在诵经中的信仰气氛。清晨天亮之前，傍晚暮霭降临之后，参拜人已去，大堂门紧闭，一山的僧众三十余人在肃穆中行道诵经。大小僧众起坐一律，步法齐整，仪容稳重、目不斜视。最令人高兴的是其中没有人故作姿态。诵经时用的乐器有大钟、大磬、大木鱼、小钟、小铜钹、小木鱼、铃等数种，和着乐声，念佛、行道、礼赞、伏礼、膝坐、讽诵，真是一丝不苟，佛前勤行应该说是十分得体。这些做法肯定都是法照五会念佛的承继。勤行之后，高诵祖师善知识之名，并一一礼拜。所诵之名列在下面：

> 西天东土历代祖师
> 持戒第一优婆离尊者
> 南山启教宣律国师
> 天下宏宗演教诸大善知识
> 南岳开山思大祖师
> 南岳开法怀让祖师
> 龙池堂上幻有传祖师
> 天童堂上密云悟师
> （以下士人列名省略）
> 莲社九祖
> 庐山初祖东林慧远大师
> 长安二祖光明善道大师
> 南岳三祖般舟承远大师
> 长安四祖五会法照大师
> 新建五祖台岩少康法师
> 永明六祖智觉延寿法师
> 昭庆七祖省常造微大师
> 云栖八祖莲池佛慧大师
> 梵天九祖思济省安大师
> 古今莲社诸大善知识

图八十一：祝圣寺大雄殿

根据这种列名可以得知，这种念佛诵经是承继了承远、法照，现有相当的实力。表面上是慧思、怀让的禅宗，但内容上是一种加上了音乐艺术韵味的行道念佛。念佛的祖师中漏掉了特别重要的云莺，这一点令人费解，大概是因为云莺那种彻底的念佛意义不为后世理解，所以大多只留下了莲社念佛那种单纯的诵名礼拜。

寺舍背后的闲林中有座尼姑寺。天黑以后，巨大的寺院万籁寂静，只有从闲林方向传来的木鱼声、伴着钟鼓回响的念佛合唱声，哀婉动听，令人别生一番感慨。

听说寺庙后面有一生塔和二生塔。但是根据记录，地点应该不在这里。不过还是跟着向导前去看了看。果然，所谓的一生塔是第四十世和尚的塔，二生塔则是普同塔。大概是因为天柱峰侧有个三生塔，做第三生之意解，所以以此用来比拟慧思的三生。

南岳庙

岳庙起源于唐初兴建在此处的司天霍王庙和开元十五年兴建的南岳真君祠，宋、元、明各代都予以重修，特别是清朝期间，更是经历了康熙、雍正、乾隆三代的重修，即使现代那巨大的石柱也还在不断地更换。走进天下南岳坊，眼前是一座石拱桥，过了桥有棂星门，东西两侧有便门。从左右排列的碑亭、钟亭、鼓亭之间走过，进了正南门，可见一座很大的御碑亭。出嘉应门，这里应该就是大庙的圣域了。圣域里有座很大的御书楼，楼后面是一座堂皇的大殿，再往后是寝室。大殿内外有七十二根支柱，七十二这个数字取自南岳七十二峰（图八十二）。寝宫的后面是北门，门左右是注生宫和黑神祠。棂星门内有很多石碑，但都是清代之物，没有任何可以追寻的更古物品。

回廊外侧有很多宫观，左侧是寿宁宫，也就是古时的九真观，唐代开元年间，司马天师承祯曾经在这里居住，张九龄为表尊敬之情屡次前来拜谒，世人称之为白云先生。宫观的西侧应该有一块白云先生的药岩，向道士们打听但没人知道。方圆并没有多大，自己试着四处寻找了一番，没有发现任何像是药岩的东西。由于时代不断变化，位置也有改变，旧时形制已经消失，记忆自然也会渐渐地随之淡去。

南台寺

承蒙祝圣寺的好意，找到一个少年来做向导，又赶上十几天来难得的晴天，我们踏上了两天一夜的登山之途。取南台寺一侧通往祝融峰的顺路，从岳庙右边上山，没有遇到一般的登山者，只是时而与身着灰色法服、似从云雾中走下来的僧侣相遇。那

图八十二：南岳庙本殿

丰采都值得一观，所谓的白云、山僧等词意第一次在我心中鲜活起来。往上走，来到了通往巨石的石渣路口。这块巨石上刻着南无阿弥陀佛、金牛迹、南岩、石桥寺主题字等。登上巨石，上面有个石室，题着"南台憩足"几个字，旁边的岩石上刻着"正德己亥秋"，龙门外史良用的题诗："牛招黄鹤来，脚踏金牛背，尘世无人知，白云久相待。"再向上来到南台寺，巨石上刻着释迦文佛、南无阿弥陀佛、寿等字。

南台寺曾经是石头希迁的行道处，对禅门，尤其对曹洞宗，这里是一处重要故址，也是现今南岳唯一的曹洞宗。石头当初第一次见到曹溪的慧能，灵机遂动，便在罗浮山出了家。后来又听说承继了慧能法嗣的行思在庐陵清凉山就一路追寻过去，从之并领得了心要。行思的门人极多，但在得到石头之后说："众角虽多，一麟足矣"，甘心收入门下。当时，出自慧能门下的怀让、明瓒、固公三人也在南岳，石头追随其后，来到天宝初年建成的衡山南寺东侧状呈平台的石头上结庵，并在此绝壁上度日，因此被世人叫作石头和尚。怀让、明瓒、固公三位对这个徒弟颇有赞词，说"彼石头真狮子吼，必能使汝眼清凉"。这样一来，前来此门游历的人越发多起来，甚至有了"江西马祖，湖南石头，不见二者，无以可知"的说法。贞元六年（790年），石头以九十一岁高龄辞世，门人的慧朗、振朗、波利、道悟、道铣、智舟等人在东岭建塔，三十年后，国士博士刘轲撰碑记德，朝廷赐加无际大师见相塔的谥号。

打听禅师安坐的石头在哪里？回答说是"在衡岳寺左侧"，再问衡岳寺的位置，说是"在南台寺下面，但是现在指不出具体位置"，也就是说，当时的石头要不就是已经没有了，要不就是没有人知道。打听刘轲的碑，回答说"不知道"。问东岭，回答是："现在所在的寺院就是。"问见相塔，说是"在四里地之外，就在刚才过来的路边上"，真是让人扫兴。我决定原路返回去找见相塔，顺便又问了一下一生岩和三生塔的情况，这回得到了详细的回答，请对方当向导，他写"同往一览"，痛痛快快地答应了。对我来说，见相塔是第一目标，无论如何也一定要找到。这样一来又要在险峻的山路上往返四里地。向导频频劝我，"明天返回时再去吧"，我说："明天的事情难以预料。"马上就动身往回返。寺僧感到为难没有同行，就此分了手。石头是此寺的奠基人，找寻奠基人的墓塔时本不应该提及什么辛苦问题，但这种想法只是我的心愿，不好强加于人。塔经过了清朝的修理，但无疑就是当时的遗址。这是我登岳的第一收获（图八十三）。

水野梅晓君带来的日本黄檗本大藏经现在成了这座寺庙里唯一的骄傲。大概因为我也是日本人，又听不懂话，所以老住持亲自把我领到了天王殿内的石碑前。石碑就是《日本僧赠藏经记》之碑。碑文中写着，所赠藏经是靠永平寺主、总持寺主、光瑞上人、锅岛直太、北垣国道、长冈护孝、木下广次、中桥德五郎等君子的布施，费时

图八十三：石头和尚见相塔

约五年得以实现的。此事传遍了南岳一带，为公认之善德。一样的物质，当其中带有宗教性质时，给人们内心深处带来的影响则完全不同，这部赠经就是最好的证明。只要这部赠经还在，南岳一带的人们就绝不会忘记日本。

从南台寺到福严寺仅有三里路。其间有三座塔，是纪念慧思禅师的三生塔。塔下面有一座三生塔院，福严寺旁边是一生岩。慧思于陈光大二年（568 年）与四十余个僧人相伴进入南岳，走到一块岩石下面时突然说："我以前曾在此岩下坐禅，被贼人斩首因而丧命。"大家一起寻找，果然发现了一具枯骨。这块岩石就是一生岩（图八十四）。然后，慧思又指着西边的一块巨石说："我以前曾经在此居住"，众人细细寻找，找到了一个头骨，于是建起胜塔，以报前世之恩，这里被叫作二生塔。再行至一个林净泉清景色优美的地方，慧思又说："此处曾有古寺，我过去曾住在这里。"众人挖掘，果然找到了地基和一些僧人用具。慧思在此处筑台，为众人讲授《般若经》。这就是相传的三生藏。据此说法，根据慧思昔日在南岳度过了三生的宿命通力，建成了一生岩、二生塔、三生藏。一生岩现存，三生藏大概就是现在的福严寺，这两处没有问题，但现在由三个石塔而成的三生塔到底是什么呢？我以为，二生塔是一座塔，遭到破坏后，因搞不清真正的事态，所以把三个合在一起建成了三座塔。同治年间经过修理的三生，也许含有三世为生的意义，但祝圣寺把这个解释为第三生塔，还说寺后建有一生塔，二生塔。现实如此，不管故址是消失还是依旧存在，都难逃玉石混淆的命运。

福严寺

福严寺在天柱峰东南的半山腰。天柱是仅次于南岳中祝融的第二高峰。位于山腰处的寺院，独占景胜之区（图八十五）。慧思在这里讲授《般若经》和《中论》，所以当时此处被命名为般若道场。以后，承六祖慧能的法嗣，有七祖之称的怀让在此地做狮子吼，把慧思奉为开山，怀让奉为开法。而现在这里对慧思的记忆已荡然无存，只剩下了对怀让的追崇。七祖遗迹是寺僧们引以为荣之处，那么属于临济宗一点就是理所当然了。住持越尘带我参观了安置龙藏的藏经阁，当晚在此留宿一夜，通过笔谈聊了各种话题，度过了一个愉快的夜晚。我在寺域内找了一圈，但一块碑碣也没有发现。

慧思的定力之深，顿悟之高，俨然是当时佛门中最出色的，因此他进入南岳之后，山门日益昌盛，名声日益远扬。有一个九仙观的道士叫欧阳政，诬告慧思是北地僧人，受齐的指使，在山中藏秘兵器。于是慧思被诏传至金陵接受询问。事情本来就是子虚乌有，倒是以此为机得到了宣帝敕赐大禅师称号的殊荣。思大禅师的称号就是从此而来。

图八十四：慧思禅师一生岩

图八十五：福严寺

慧思于太建九年（577年），也就是我国圣德太子诞生后的第四年圆寂。一百六十六年之后来我国的鉴真和尚曾对荣叡、普照等讲过这样民间传说："慧思生于东海，做国王而兴佛法。"这种说法是何时开始传播的不得而知，但从与《法华经》的关系、从以转世再生为主的信仰，以及无从知晓传说来源等现象来看，可以断定这些传说是初唐以前就开始有的。在五代的洞山禅师语录中也有就思大和尚转世当了国王一事从禅宗角度进行观察的语句。如果追溯到圣德太子派小野妹子前往隋朝，把慧思前世持有的《法华经》带回本朝的时期，那就应该是禅师圆寂二十余年后的事情。

磨镜台

从福严寺向上走一里地，朝北稍稍下行就到了磨镜台。这里也叫马祖庵或传法院，是马祖自怀让得法之处。位于台南的怀让最胜轮塔是清代时修缮的，背靠山体，前置石台，周围以石垣围住，塔身在数重高台之上，很是壮观。塔本身与石制见相塔属于同一种形式，山形地貌也为该塔平添了许多庄严气氛（图八十六）。这里是我登岳的第二个收获。怀让居住过的是观音台，塔是怀让高徒马祖在别峰建立的，这里本应有一块中常侍归登撰碑，但现已无存。塔下方的溪水边有一个观音庵，现在由尼僧居住，很小。

怀让从荆南玉泉寺的恒景律师出家，跟随六祖的法子嵩岳慧安，受慧安启发，又皈依了六祖慧能。大事决定之后就留居在这个南岳观音台。弟子中出了道一和道俊两个杰出人物，天宝二年（734年）圆寂。八年后，以衡阳太守狐权营办的祭祀活动为本，以后每年都在忌月时举行观音忌，依此可知怀让的道德。但怀让坐上七祖之位实际上是为了培养马祖道一这个法嗣。马祖在禅宗中的位置极高，特别是对于临济宗来讲，更是占有极为重要的位置。有关怀让启发马祖的情况有下列记载："怀让一日取出一砖磨之，马祖问何故，怀让答，磨之作镜。马祖说'磨砖岂能成镜'，怀让对曰：'如此，坐禅又岂能成佛'，并谕之：'驾牛车时，如车不行，该打牛乎，该打车乎？'"此类问答，反复辩论，终于使马祖的心灵有了转机。磨砖问题不过是一个导火索。磨之为镜，本不应问砖，而应该问人。同样，坐禅本身也不是问题，问题在于心境。以为只要坐禅就能成佛，其实坐禅只是一种形式，如果只注重形式的话，即使坐一辈子禅也会毫无效果。这和砖最终成不了镜是同样的道理，打车还是打牛，重要的是心灵，我想这才是怀让所期待的。这个磨砖的地方如果就是现在的磨镜台，那么这座小山就应该是观音台了。观音台和最胜轮塔之间隔着一条小溪，塔所在的位置属于别峰。归登碑应

图八十六：南岳怀让最胜轮塔

该是在台上的某一处，但是没有找到。南台寺的僧人也不知道此碑，想是早已佚失。

在南岳，一块古碑也未能发现，令人十分遗憾。但是，看到了对曹洞宗非常重要的石头和尚见相塔，对临济宗非常重要的南岳禅师最胜轮塔，而且二者的保存状况良好，深感欣慰。与见相塔相比，最胜轮塔更为宏伟，成了不久之后福严寺隆盛于南台寺的见证。

先巡游嵩阳，然后攀登南岳，让我深有感触的是会善西塔安禅师塔院的净藏和观音台怀让的对比。两人同出自嵩岳安禅师门下，继而转入曹溪慧能门下，同样是具有足以取得第七祖地位实力的禅师，但是，于禅宗史上的地位，二者之间却产生了天壤之别。南岳怀让之名远扬中国、日本，而净藏之名几乎是无人知晓，就连我本人也是因这一次巡游嵩阳才始知其名的。而参见过位于会善戒坛院址内雄伟的禅师身塔，看过镶嵌在塔身背面的铭文，可以想象得出净藏于修道方面的价值与南岳相比是分不出高下的。尽管如此，二者于禅宗地位上仍然产生了如此之大的差别又是为什么呢？归根结底，我认为在于是否后继有人。南岳身后有马祖这样一个杰出人物，马祖于禅宗的地位之高，其名声甚至超过了其师南岳，因此使得南岳亦更扬名。相反，净藏一方恐怕只是住在前师安禅师的塔院内，安闲地度过了一生而已。类似的对比，哪一个时代都存在。像庐山的慧远和慧永，同为道安门下，名声亦不相上下，但慧远在中国佛教史上称雄，而慧永完全被学界遗忘。任何事情都难免有幸无幸，关键在于后继是否有人。

上封寺

从最胜轮塔横向行进，穿过天柱峰山腰，俯瞰稍稍在下面溪谷里的观音庵，不久又渐次向上，直达南泉山铁佛寺。从这里向西南望去，群峰连绵，气势恢宏。南岳以祝融为中心，以天柱为弟峰，其余七十峰皆视为子孙。这些子子孙孙的连峰看上去似乎有七重。东岳泰山只有一峰，虽高但不阔。南岳如以一峰相比自然不如泰山，但以全体而论，则南岳既阔且深。登上山顶，更有丹霞古寺五岳殿，是寺是观虽不甚分明，但可言此处已达二者混同之境。这里是丹霞天然的故址，丹霞被称为是中国的一休禅师。他追从石头和尚，得天然之名，三年后剃发，列在江西马祖会下。后出游天台山三年，来到洛阳，与龙门香山寺的伏牛神交，在慧林寺焚烧木佛用以取暖，又横卧天津桥使郑公亦知其名。如此一位名人，居住此地时刚刚出家，一定还是依附于石头和尚门下的时期。丹霞充分发挥其天然之色的时期，应该是他去江西以后，这里只不过留下了一个丹霞的足迹而已。

过了佛道二教的湘南寺和南岳圣帝寺就到了南天门。上下分别有文殊洞和观音洞。站在这里，西北方向的祝融巨峰应该尽现眼前。但我来的这一天天气不好，前方应有的巨峰全部隐在飘浮涌动的白云之中，连个影子也没看见。从彼此两峰之间遥遥望去，夕阳映照在脚下的山峰上如火在燃，紫霞犹然飘浮在半空中，可是除了这一方之外，其余五方都是白云漠漠。一度下行之后，通往祝融峰的磴道突然险峻起来，伴着狂风白云这些令人惊悚的自然风物，还有长途旅行积蓄的全身疲劳，但是，此时不容你有任何蹉躇。登山之乐就在于克服艰险。鼓起勇气攀上去，到达了像是寺院的地方。从白云中冒出头来的山顶黑色岩石，据说名为狮子岩，其形状真的很像一头狮子。上面的石岩上刻着"南无阿弥陀佛·白云关"，这里的的确确是个白云之关。

随后所到之处是敕建上封寺。据说此寺原是古时的光天坛或叫白璧坛，隋代初期才改为寺院。改寺之前，慧思曾来南岳，与梁朝海禅师相遇，一见如故，不久登上赤帝峰，请岳神应允在此山行道。转动石鼓，并在石鼓停下之处建起庙宇，请岳神居于石鼓之上。传说今天的上封寺就是当时的庙宇所在之处，不过我认为这应该只是一种为达到佛道两教调和之目的而产生的传说。赤帝峰和岳庙远在山下，岳神所居不应称为上封寺。宋代时，黄龙宗死心塌地悟新的法子祖秀曾经在此居住，鸿儒胡安国曾前来拜见。现在寺院的建置都是新的。寒风飞云不宜久留，在此处吃过午饭便踏上了归途。

南岳作为天下五岳之一，与中嵩、东岱、西华、北恒一起，至少从汉代起就开始受到了朝廷的崇拜，很早就成了道士们的修道之地。而与佛教的关联则是从陈朝的慧思禅师开始。到了唐代，六祖慧能的弟子中有三人来到南岳，从此以后这里就成了禅家的重要区域。既然这种状况是从慧思时开始的，那么仿照上一回对天台智顗进行稍微详细介绍的方法，在此对天台之师慧思做一番叙述应该是极恰当的。

慧思最值得重视的是他作为禅师的悟境。他之所以能够将全心全意用于禅定，是受了《妙胜定经》中"一切佛法皆起于定"说法的激发。此经虽是伪造之物，但基于曾与慧思这样的伟人产生过因缘关系，所以在佛教史上占有一定的位置。慧思生发禅心，寻求定友之时，见到了数百徒众的中心人物，法清道高的慧文禅师，随即倾心，拜之为师。慧文是北齐人士，住所不明，故址无从找寻。慧文根据《大论》三智一心中得之句和《中论》的三谛偈自发地悟出了一心三观，被尊为天台宗的中国第一祖师。当时南方虽然有很多成实宗的学匠，但慧思却投入了慧文的门下，足可知是慧思自己成就了自己。

慧思在慧文门下时，性乐苦行，营僧为业，冬夏供养，不惮劳苦，昼夜摄心，理事筹度。可是，两季过去了，却没有得到任何所证。到了第二年夏天，慧思束身长坐，系念在前，始三七日，发少静观，见一生来善恶业相，因此惊嗟，倍复勇猛，因而得以遂动八触，发本初禅。但这时却突然发生了禅障，四肢迟缓无力，身不由己。遂自己观察所示，知"今疾皆从业生，本无外境，业由心起。反见心源，业非可得"。如是观己，翻来覆去，心性逐渐清静，以前所经痛苦消失殆尽。此观虽然有体却最终归空，所以经过成为空定，心与境一起廓然。夏天过去了，仍然没有任何收获，慧思自伤昏沉。以空拂业，却又沉于空过。菩萨道里所谓的七地沉空之名，大概就是表现此种境地的。事已至此，慧思深怀惭愧，任随身体依向墙壁，就在后背将要贴上墙壁的瞬间，慧思突然大彻大悟，法华三昧，大乘法门，一念明达，十六特胜，背舍阴入，都无须他悟，自己就都通晓了。将有与空统一起来的中观，根据体验成了慧思的所有。此处比较详细地写出了慧思的禅观经过。迄今像这样记录慧思的我还没有见过，于文字之上并无任何奇特之处，只是在表明慧思不靠他悟的悟境进程方面有一定价值。而这种价值只有去实地修行才能品得出来。

听说慧思开悟后对鉴、最等师父说起这些证境时，师父们都很为他高兴。但鉴、最等名字比起慧文来更不为人知。从称师一件上看，慧思都曾随这些人修行过。慧思日后钻研前观，声名远扬，慕其德名从四面八方聚集来的学徒与日俱增。慧思以大小乘中定慧等法，敷扬引喻，用摄自他。不过，大众之中良莠皆存，是非批评竞相而起，由于怨恨甚至还出现了下鸩毒之人。但是慧思的定力足以堪抵此类毒药。

当时北方正处于魏末的战乱时期，南方至光州一带，又遭梁孝元帝丧国大乱，慧思前行受阻只好停留在大苏山。数年之后追随者趋之若鹜。但此地是陈齐交界之处，已经化为兵刃之巷，佛法极易崩溃，集来的人自然就又散去了。其中也有轻生重法、朝闻道而夕可死之辈不辞艰险来到这里。日后成了天台大师的智𫖮也是这时来到大苏山的少壮气锐者之一。慧思对这些追随大众，既供以事资，又诲以理味，从物心两方面给予了满足。金陵的慧布远道来访，废寝忘食，夜以继日地深谈大意，大概就是此时。

慧思还以道俗之福施造金字《般若》《法华》两经，以琉璃宝函纳之，功德杰异，大发众心。遇有讲经之请每每必应，后来也命学士智𫖮代讲。众弟子当中被任命为代讲的智𫖮是法王唯一的继承人。智𫖮讲至"一心具万行"处产生了疑问，慧思教导他说："汝向所疑，此乃《大品般若》次第意耳，未是《法华》圆顿言也。吾于夏中，一念顿证，诸法现前。吾既身证，不必有疑。"慧思的顿证，身证的用字含有难以言表的妙趣。他的最终境界就是根据顿证，自己从自己身上获得证力。智𫖮依此接受了《法华》的行法，传说慧思每每对智𫖮说："昔在灵山，同听法华，宿缘之所，今复来矣。"

当时战火连绵不断，人们皆无法安居，慧思则更遇异道毒害。慧思说："即使是大圣在世也难免流言，何况如吾无德之人，岂能逃脱此责。此责为宿作之业障，时候既到，吾须自受，此为吾一己私事。而若佛法不久显现当灭之运又该如何，该向何处方能逃过此劫，从而得以护持佛法。"这时空中传来回应之声："如修定矣，则当往武当南岳，此应为入道之山。"慧思听后决定前往南岳。房山石经记载的是，静琬法师是受慧思依嘱之后才开始发的愿，如果相信这种说法，那么静琬就应该是慧思的门下，受依嘱的地点则应该是在大苏山。即使不立即相信石经的记载，那么我认为，房山石经的成立也应该与慧思的护法之心有密切关联，此事实不容否定。慧思曾四次遭遇投毒暗杀，但他并没有因为毒杀产生动摇，但却不堪忍受即将开始的佛法破灭，为了以身护法，才不辞远路去了南岳。看他的《发愿文》就能知道慧思的护法之心是何等的强烈。至于去南岳的时间，道宣在慧思传中的记载有些前后矛盾。前面说："齐武平初（570年），离开嵩阳，率众僧徒南行。"而后面又记："带领四十余僧众，立即前赴南岳，即陈光大二年（568年）。"慧思大建九年（577年）在南岳圆寂，正好应了他自己《寄南岳正十年》的预言。照此说法，光大二年应该最恰当。武平初年离开嵩阳的说法，从时间、地点上都不相同，一定是在什么地方弄混了。

慧思的禅风是很有活力的。和金陵的慧布议论大义整整一个通宵，最后用铁如意拍案高吟："千里空矣，无此知者。"这样的风格让慧思的容颜仿佛出现在人们的眼前，后世所谓的禅机发达，正是伏在这种风格里的。此外，顿证的状况实在是与唐末以后禅家的顿悟太相仿。慧思的顿悟、圆顿、禅风、活机对中国禅的成立起到了先驱的作用，这已是不争的事实。《景德录》特别在附录中加上了慧思和智颉，这也是理所当然的。道宣有如下一文对慧思绝口称赞：

> 自江东佛法弘重义门，至于禅法，盖蔑如也。而思慨斯南服，
> 定慧双开，昼谈理义，夜便思择。故所发言，无少致远，便验因
> 定发慧，此旨不虚。南北禅宗，罕不承绪，（中略）其徒属服章，
> 率加以布，寒则艾纳，用犯风霜。自佛法东流，几六百载，惟斯南岳，
> 慈行可归。

菩提达摩初来之际，无人从之，唯有非难之声高昂，原因在于，长期以来在已偏向讲论的教界里，大家都认为仅靠禅定即可参到佛心，只有慧可和道育二人拜之为师。这个慧可恰恰与慧思是同一时期的人。二人一起立于定慧双运，一起自定及慧。这一点与普通佛教徒的经路正好相反，从而也将二人与普通佛教徒区别开来。慧可依《楞伽经》，慧思依《法华经》，所依虽然不同，但与只走义门的时势相反，在根据禅定

解经，根据禅定实现自我之身的态度上，两者则完全一致。其中慧可的法系在唐代初期就已不明，或者应该说成是没有后嗣。相反，慧思的法系则因智𫖮得以大成，普及南北。道宣赞之曰："南北禅宗，罕不承绪。"中国禅宗对慧思的仰仗甚多，这是不可否认的事实。

　　南岳的慧思遗迹有一生岩、三生塔和福严寺。上封寺也算在慧思的遗迹之内，但此处太过神化。现今的福严寺大概就是当时的般若道场的旧址。以磨镜台为遗迹的怀让，在福严寺里也被尊为重要祖师，慧思为开山之祖，怀让为开法之祖。而之所以给了怀让更为重要的地位，肯定是受了宋元之后天下唯承禅风的影响。而且，天下唯承禅风，不仅留下了慧思的名字，连当时的遗迹也保存了下来，可见慧思的伟大。这一点是重新开山之后就忘掉了第一开山之祖的那些古刹无法比拟的。

湖南沩山远游

唐代灵祐禅师的遗址

沩山灵祐是百丈怀海的弟子，与黄檗希运是同期人。灵祐以严谨的禅风驰名，被尊为沩仰宗的祖师。他的《警策》现在仍在禅宗中富有生命力，所以对他的遗址也必须给予特殊的瞻顾。遗址远在长沙西北二百七十里之外，这么遥远的路程，途中虽然没有什么其他值得观看的东西，但是仅凭他是南禅五家中首屈一指的沩仰宗开山之祖这一点，也是湖南之地中与南岳一样首先应该踏勘的地方。不管现状如何都应该去。

灵祐的生活，本应该以他圆寂之后第十三年，由唐代礼部侍郎郑愚撰写的《敕赐大圆禅师碑记》为基本资料，并参照《宋高僧传》中的有关部分，但由于郑愚碑的事实过于贫乏，所以我决定还是以宋传为主，把郑愚碑作为参照。灵祐是福州人，从法恒禅师剃发受具，进天台山遇寒山子和拾得，得到一偈《遇潭而止》的预言。来到江西泐潭，拜见百丈，顿解祖意，于元和末年依照百丈的嘱托栖止在潭州大沩山。山居离郡城郭有十舍之遥，渺无人迹，不过就是个野兽之窟而已。以橡栗为食，风雨无阻唯行静坐。山民见之，共同为其建成一宇，湘潭统摄李景谦奏请赐号同庆寺，后成了督有千余人的大寺。但因遇到唐武宗会昌五年的灭佛，无奈裹首为民，与茧茧之辈为伍竟毫无差异。如此一来更加受到有识之士的尊重。湖南观察使相国裴休原本就是一个对佛教心怀厚意之人，宣宗一旦解除了武宗之禁，裴休就坚决主张迎请灵祐，亲自提供轿撵，并加入徒列之中以示敬意。当时反复出现了关于是否需要削剃须发的议论，灵祐起初无欲剃发，与弟子们戏谈，尔等是否以须发为佛耶？等弟子们都剃发之后，灵祐亦笑而从之。大中七年（853年），以八十三岁高龄圆寂，葬于山南，就是现在的塔院。有发无发皆随缘中活跃着灵祐的精神，正如郑愚绝口称赞所说："既无得于生，必无得于死，既无得于得，必无得于失。"但因于生有得故而于死有得的灵祐，同时也做到了于得有得，于失也有得，所以会昌的灭佛偶然成了证明他得道至极的机会。众弟子中虽然出了仰山本寂和香严智闲两个杰出人物，但其法系却在五家中绝迹最早。究其原因，也许是因为严谨的禅风不适应南方的风尚，同时也因为沩山的地理位置离人寰过远的缘故吧。有关禅宗五家的情况，我已在《访古贤之迹》一书的临济院章下予以叙述，此处略之。

住在长沙的永光和尚做过六年沩山监督，与沩山有着特别的关系。不知从何时起，他被列属了临济宗，而和尚自己的志向一直未泯。他怀有复兴沩仰宗的大志，对我想找到远祖灵祐的希望，他表现出了一种随喜的感情，尽可能地为我们提供方便，给我们介绍了宁乡县佛教会，还特意在此处安排了向导。宁乡县位于长沙以西约一百里的地方，路上用了一天时间，晚上住下，除了商量沩山之行的各种事宜之外，还准备对山上的故址情况做一个整理。

一月八日凌晨四点起床，打发人叫来轿夫，七点稍过乘轿出发。来到南岳以后一直是积云不散，今天又是个阴天，还不时地飘些雨丝。离长江不远的此地冬天还是很难过的。姓龚的向导敦促大家一心前行奏效，天还没黑就到了县城小西门外的佛教会。这是一个位于大寺香山寺旁边，挂着"香林深处"扁额的普通人家，掌门的老师名叫补蕉，另外还有问道、普生等僧人辅佐老师。佛教会的目的除了主办春秋两季的讲经会外，还负责庵庄的保护工作。民国七年，沩山曾被乱军张三元等烧毁，保护庵庄的目的大概就是受此事所激发。在和普生君的笔谈中，我告诉他日前曾去过嵩山少林寺，少林寺现在已经归属于曹洞宗，他感到非常意外，回答说："我以前听说少林寺是汇集了五宗之萃，现在才知道那里归属了曹洞宗，实在令人叹息。日后，如果遇到了沩仰宗的门人，还请先生指示他们到这里来。"这一带能识文断字的僧人都很怀念以前的沩仰宗，希望能够使其复兴。而且认为在什么地方一定还有沩仰宗的门人，殊不知沩仰宗早已消亡，早已化成很久以前的历史了。此地尚且如此，还能在哪里残有属于沩仰宗的门人呢。他们的愿望自然值得怜悯，可是不能不说他们对现实情况太缺乏了解了。对于故址遗迹，百闻不如一见，我迫切地打听《沩山志》，几个小时以后，他们从香山寺里借过来了。原版本来就在沩山，但现在已经焚失，长沙的书肆甚至不知有这本《志》的存在，恐怕很难买到了。听说到过沩山的日本人只有光绪三十四年的水野梅晓和民国二年的田中哲岩两位。

第二天九日，谢过众僧的关照，本想也谢绝掉向导僧人，但因为有永光和尚的依嘱，回龙山的问道和尚已经为当向导特意赶来，所以只好承蒙好意，任其随行，中途住了一夜后，一路急行赶往同庆寺。沩山位于宁乡县西一百七十里处，如果听任中国人优哉游哉的话，肯定会花费更多的时日。加之天布阴云，时落细雨，难免更会迟延。时近黄昏时遇到一个急坡，看样子不像是通向沩山的正路，问问道和尚，说是要到七十里外的回龙山住宿。问明天是否能到同庆寺，一个轿夫回答说那是不可能的。问道和尚和龚向导似乎也觉得不可能。昨天晚上他们肯定已经商量过经由回龙山的事情。如果第二天能够到达同庆寺，听随他们的意见也就罢了，可是如果在那里住，就又要多花上一天时间，行程计划就会全被打乱。本来就已经迟延再迟延，所以今天不能再听任轿夫怎么说了。可商谈了半天，还是没有结果。无奈，我要求不去回龙山，从这里再向前行二三十里，我徒步走，你们紧跟着我走。他们就此开始商量，结果是，有一个轿夫缓行，由问道和尚替他抬轿子，明晚则一定要赶到同庆寺来。说好之后，当晚在现地住下。这个地方叫白云寺，原来是属于沩仰宗的，不过建筑等都是新建，没有什么值得特别记录之处。第二天十日，沿着与我国风物十分相似的沩水河岸行进，五点半左右平安到达了同庆寺。湖南的风土人情和我国的很是相近，本来是每天已经司空见惯的，不过进了宁乡县，这种感觉更胜一筹，接触到了许多用偶然一词无法解释的事物。

　　同庆寺在沩山的南麓，以有开山祖师灵祐的墓塔而闻名。但已被乱军张三元等彻底烧毁，什么也没有留下。背后的小高地上有个祐祖塔院，像是最近新建之物，里面的祖塔用一层泥土加固，没有一丝风趣。如此偏僻的山里竟然还会屡屡遭到焚毁，最后的记录是康熙乙丑年由住持电机重葺，高四丈，看来在被张三元烧毁之前，这里有足以让人怀古的规模，可是如今只剩下了被破坏后的痕迹。正面有祐祖碑，就是前面提到过的唐代礼部侍郎郑愚所撰《敕赐大圆禅师碑记》，原本是块很有气势的大碑，可惜的是下半部分已经没有了，而且残存下来的部分也被破坏，字迹已经模糊得难以读出。留下"实际理地不受一尘，万行门中不舍一法"这句名言并让朱子也曾为之感动的灵祐遗址，现在的状况实在是令人伤心不已（图八十七）。即便我自己并不看重是否留有遗物，只是想立足遗址缅怀古贤，可是接连遇上未留下任何遗物的南岳和沩山，也还是难免感到无比寂寥。现在这里仅有一名年轻僧人，住在作为新的普请但尚未完全修好的建筑物中。因这里没有任何食物，只好从附近的农家讨要来一些，龚向导和四个轿夫一起把饭做好了。这其中别有一番乐趣。龚向导后来说了一桩很奇妙的事，说他去农家时被当成了土匪。问他原因，他说因为他问有无鸡蛋、猪肉，回答说什么都没有，他猜到了其中的理由，拿出钱后就又什么都买到了。的确，傍晚时分来个身板壮实的男人，肯定会让人感到害怕。特别是在这个屡遭土匪之害的沩山一带，对土匪的反应变得非常敏感。

　　翌日十一号去沩山密印寺途中，满山寻访故址。在佛教会听到的，在《沩山志》中查到的，加上向同庆寺年轻僧人打听到的故址裴公庵、回心桥、裴公墓、石龙梘找到了，但盘陀石没有，香严岩不见，仰山净室遗址也没能发现。其中仰山净室有记录说是在同庆寺右侧一里处的油麻岭，油麻岭在附近就可以看到，但一个年轻僧人说"那里什么也没有，仰山净室在密印寺里"。看样子，仰山净室早已废绝，现在甚至连人们的记忆都已经消失了。无可厚非。

　　先从裴公庵看起。裴公就是唐代宰相裴休，与华严宗和禅宗的名僧有密切关系，

图八十七：同庆寺祐祖塔院

作为众多碑文的撰者留名后世。因皈依了灵祐,故在深山之中一处叫端山的地方建了裴公墓。临清溪居静林如世外桃源的庵室,让人感到裴公是多么超脱世俗。因没有与裴公相关的实物,一切都只能凭借口碑理解,总觉得不够满足。一路前行,继续寻找盘陀石,但仍然未能找见。来到回心桥,这里是上山的起点。沩山受师父百丈的派遣,来到山中居住,经过七年之久,仍未遇有一人前来,于是下山。当他来到回心桥时,遇有虎蛇盘踞挡在路上,沩山横下心说道:"如果我与此山有缘尔等便尽散去,如果无缘就把我吃掉。"话音刚落,虫兽等全部于瞬间散尽。沩山因此回心转意,又回到山里。没过多久,先有同门的懒安进山来辅助他,以后渐次来了千余大众集于此处,这里正是当时的旧址,是沩山最让我有所感触的地方。桥就是一座普通的木桥,站在桥上向上游望去,树木林立,岩石傲岸,与我国的风景并无两样。这种景色,湖南人早已司空见惯,而从北方过来的游客则会感到一种难以言表的亲切(图八十八)。

因早上没吃早饭就出发了,所以进了桥畔的一个农家,煮了些红薯,吃过之后开始爬坡,不一会儿又走到平地,从这里可以看到在远处水田边小山丘下的密印寺。密印寺还是被烧毁时的原样。附近有一个小市场,有旅馆,有肉卖,有豆腐卖,让人感觉不到这是在山区,物质很是充足。这里是从宁乡县到安化县的通路,在物质普遍匮乏的山区,这里似乎就是一片绿洲。我原以为沩山远离人迹,现在看法产生了变化。从同庆寺过来的途中,我问了好多次沩山,每次得到的回答都是还看不到,让我觉得沩山会是在怎样的大山深处啊,现在才理解了看不到的理由是因为密印寺在被四周大山包围的一座小山的山脚之下。我原来想象沩山是这一带的总称,其实在这里只是指密印寺所在的小山。沩山是个有名的茶叶盛产地,果然如此,任你走到哪里都能看到山坡上种满了茶树。

密印寺是灵祐道场的故址,是一座巨刹。但看那被烧毁的巨柱,镶嵌着小佛像的白垩墙壁,都无疑是清代之物。这里说是遭乱军毁坏失去了一切,但想象看,在遭到焚毁之前恐怕实际上就已经没有什么了(图八十九),古碑也一块没有。名叫仰凡和寄空的僧人带着我去看了背后的石龙枧,还去了源头的龙王井。石龙枧是裴公为供养众僧人用石头铺设的引水渠,源头的龙王井起名叫优钵芦花水,本源就是沩水。只有这里还算是存留有旧时的遗迹(图九十)。寺庙的庭院里有块巨石,上面有两个孔,根据灵祐当年从两个孔中取油取盐的传说,这块巨石被叫作油盐石,不过是为了追怀灵祐高德的一种媒体而已。

寻找香严岩,开始说是只有二里,后来又说有五里,问具体地点,最后的回答是"不知道"。我不禁遗憾,叹息着对众僧人说:"香严击竹的做法已经传习给了东洋的禅宗,所以我真是想找到这个旧址。"听我这么一说,众僧人也觉得十分遗憾,向当地的老

图八十八：回心桥

图八十九：密印寺

图九十：石龙枧

乡们也都打听了，结果还是没能找到。这种时候，也许就会遇到打诳语的，我曾经遇到过几次。不知道就说不知道，这让我在遗憾之中多少得到了一些安慰。耸立在对面的山叫菩萨仑，一块叫天人供石的巨石矗立在山顶。香严岩应该就在这一带，心里怀着这种想象，拍下照片，然后踏上了归途。后来读到一个叫朱廷鉴的人写的《游香严小记》，里面记着香严岩在密印寺西南三里之外，山路陡峭，没有正路，要么披荆斩棘，要么入水跋涉方可到达。能知道现在连寺门中人都没有任何记忆的路途，我感到很满足了。

裴公墓在端山这座高山的山顶，攀登这座山时可是吃了不少苦。可是，登到山顶再看，这个在佛教史上颇有盛名的裴公之迹竟没有石碑，只有草丛中残存的几个石栏杆，而且还都是康熙年间重修时所用。就连山顶的古墓尚且如此，其他就都可想而知了。本来沩山里有唐宋时的禅德塔三十余座，遇明季己未之祸，被当地土人尽数毁掉，或摧为平地，或用作建屋，又是一处什么也问不到的地方。残存下来的说是有祐祖塔和空因、彻堂等诸塔，可实际上除了祐祖塔以外，现在什么都见不到了。

归途中，在回心桥边的田圃中发现了盘陀石，石头表面甚是平坦，可以坐下五六个人。这里是沩山仰山的父子分柿机缘之处。香严岩没有找到，仰山净室也不知在何处，现今只有回心桥和盘陀石是可以缅怀灵祐的重要物品了。同庆寺到密印寺有二十余里，路并不难走。

十二日也是个阴天，时时飘些细雨。早上七点钟出发，油麻岭和更高处的七贤峰，景色实在是优美，作为怀念仰山净室的资料，一定要留下一张照片。拍照后离开同庆寺，开始下山。向下走，再向下走，到了长桥。在这里，一个叫司马头陀的人以舌舔木而感青莲之香，对百丈预言说，此水源处将有名德来居。灵祐来此地居住正好验证了这个预言。此处有一块张南轩的碑碣：

西风吹短发　复此渡长桥　木落波空阔　亭孤日影摇
徘徊念今昔　俛仰到渔樵　横首山中隐　凭谁为一招

又走了九十余里在玉堂桥住下，十三日中午时分回到了宁乡县佛教会。普生冒雨过来写道："游沩归来甚速，今天屯住，畅谈亦可。"我郑重地回答他说"不去"，令他一副依依不舍的表情。我也是真想在这里住上一夜，但因前面还有很多很多事情要做，只好告诉他："这五天里，我敦促激励轿夫才能如此之快地得以返回，而轿夫们说今天还可以前行二三十里，所以今天我要听从他们的意见。"说完，我也是依依不舍地离开了这里。从县城行进十五里，在夏落铺住下，夜里下起冰雨，寒气逼人。翌十四日的冰霜美景自不在话下，竹树之上挂满了琼珠。双脚因寒冷失去了知觉，下轿行走了五六里地血脉才又疏通。

江苏省摄山天开岩

明代云谷禅师遗址

  一月中旬长沙和汉口的积雪大概有六七寸厚，与往年相比今年的雪多，树上的积雪白天融化，夜间则慢慢结成冰，粗树枝上倒垂着无数的冰柱，而细树枝则像被水晶包裹了起来，真是美轮美奂，玉树琼枝类的形容词用在这种场合是再合适不过了。一月十七日从长沙发车，最晚应该十八日中午到达，可是因为积雪晚点，傍晚六点才到武昌。听说田中君因我到达迟延等不及，昨晚已经乘船归国了。寂寥之情涌上心头，去年有过一夜愉快畅谈的笹川兄今年回国不在，柏原兄好像还在，十九日去他一直留宿的松屋拜访，但他已经搬到新建好的学校去住了。这几天的天气不好，路况也不佳，时间已是下午两点，又怕现在出门会错过今晚出发的时机，只能在心中祝福柏原兄的成功，拜访则再候佳机。

  遇上冬季涸水期，长江一带的旅行会感到很不方便。如果不是涸水期，那么去南岳这样的地方只需用很短的时间，药山和德山的遗址也可以经过湖上交通到达，长江上的往返也很自由的。可是一旦进入涸水期，这些方便条件就都没有了，一般都是前一天晚上乘船，第二天凌晨才开船。这次乘的船叫大利丸，二十日上午八点，从黄州赤壁前通过，遥遥地可以见到塔身。平常应该是在午夜通过的黄州，现在能够在早上望见，正是因遇涸水之故。晚上到达九江，雾气迷漫，难辨舟路，随时会发生意想不到的危险，所以决定当晚停泊。长江航路上入夜停泊的事情是很少发生的。

  既然在九江停泊一夜，正好利用这段时间去领事馆表敬访问。我想去见见增田久次郎氏，他很理解我去年庐山寻访的辛苦。正好同船的大野万夫氏、加登贡氏、荻野一二氏三位也想看看九江市街，同行上陆。过了架在浔阳江上的一座桥进入市区，行至租界，拜访领事相原库五郎氏，诉说了久别重逢之喜，也提到了去洞山巡礼的村上和尚被十四五人围攻，幸好没出大事，现已圆满达到目的，经由九江回国了。村上和尚身边发生的事情说不定何时也会发生在我自己身上，他在中国旅行的经验应该洗耳倾听。接下来，去大元洋行访问增田氏，他以为我早就回国了，没想到我突然来拜访，非常高兴。去年我们一度同游庐山之后，又在一起同游了两三次，收集朱子、王羲之、颜真卿的拓本，从醉石论及陶渊明之古。我们的话题从同游庐山开始，延续到同游江西全省古迹，话题源源不断。如果我不经由九江就回了国，那可就太对不起在此苦等我的增田氏了。热情洋溢的谈话颇让我的内心受到了感动。

回去的路上，在丸山洋行买了徽墨。这是唯一一家位于租界外由邦人经营的洋行，听说是已经打进了以邦人名义经营较为困难的区域。与湖笔齐名的中国名产徽墨的流通门户就是九江或芜湖，所以在这里买到的徽墨应该是正宗的，而且价格如此便宜，让日本人十分动心。

一月二十二日下午五点到达镇江，因为行李太多，所以上陆地点选在了较近的镇江而不是较远的南京。去年曾有过一些交情的高木氏给我提建议，让我以镇江为中心，足迹应该西至南京，北到扬州，南及茅山，我接受了他的建议。当地有高须鹤松氏，也能提供很多方便，用不着的东西可以都托付给他。高木氏来接，到了一二洋行，正巧洋行的片山君陪上海的高比良氏刚从甘露寺回来，大家一起用餐。听说他们来镇江要办的事情是买水瓶，我觉得这桩买卖有些不可思议，他们告诉我这种水瓶是用来把庐山的水运往上海。这更让我觉得奇怪，他们又把其中的理由讲给我听。中国的各省都有防谷令，禁止大米运到其他省份。上海的米和庐山的水可以用来制造日本酒，而且已经通过了试验。所以，要么把上海米运到庐山，要么把庐山水运到上海。既然米不让运，那就只好运水了。为此需要大量的水瓶。中国的事情有很多是在日本想也想不到的。从防谷令想到的是我国的南京米，其实那只是一种随意的叫法，并不一定就是在中国生产的。

听说我们在长沙和汉口遭遇阴天下雪时，镇江和南京连日都是大晴天，可是我们到镇江后，却又开始连续阴雪。今年在天气方面的运气实在不是太好。本想马上就去扬州，但天气不好，所以决定先去南京，二十三日让一个叫高桥的少年陪着我去一二洋行。去年一起去过栖霞山、宝华山的砂堀君因适龄已回国，岩村领事调任去了满州铁岭，冈崎博士也回国了。倒是去年生了病的八束君现已恢复健康，精力充沛，利用当晚时间陪我去搜猎古书。大概因为时近旧历吧，觉得人们都有些匆匆忙忙。

二十四日，由八束君作陪又去了清凉山。这是因为想搞清楚那高耸在清凉禅寺右方的建筑是否就是法眼文益的故址。登上去一看，原来是一座名为九华殿的道观，一般被称作清凉山，但我要找的清凉山则还是那座位于山麓的禅寺。去年的住持已经过世了，新来的僧人明确告诉我说他不属临济宗，属法眼宗。但是开山之祖却不是文益，而是报山。大概是因为清朝时又重新开山的缘故吧。进寺院左侧的扫叶楼看了一下，后面殿堂侧面的一间小屋里，有正在闭门修行的年轻僧人，小屋外面站着一个监督他们的青年，那间小屋好像是不能随便出入的。听说他们在这里立誓，誓要在这里修行，两三年时间不许出来。去年在西湖凤林寺听说的在土室内修行之事肯定也是这种样式的。离开此处后，去了金陵图书馆，因为阴历二十六日到一月五日是休馆日，不能阅览其中的藏书。第二天二十五日也是个阴天，不宜过早出发，又正好有心里惦记着的古书，所以先去旧书店买书，然后才去了去年没有看成的贡院（图九十一）。看了秦淮画舫，观了夫子庙，到现在，南京没有了令我挂心的东西了。

二十六日下雨，寒气袭人。但不知哪一天才能转晴，所以决定和八束君、高桥二少年相伴去栖霞山。此行的主要目的是看去年留在心里的天开岩，此山有两件事情打动了我。一件是宗仰和尚的圆寂。和尚是从镇江金山过来的，来到这里以后，受到了众人的崇仰，并对寺院的面貌一新有功。年仅五十三岁，但对此山来讲，足有应该给予开山之祖位置的价值。另一件事情是今年三月将举行贴纸传戒，此寺自称是金陵最古禅刹。反过来想，十年以前的栖霞山还不过是一个残败不堪的小寺庙，只因这里的古塔受到了世人的注意，被介绍到了国内外，成了南北谒者游客必定造访的有名区域，而介绍人正是日本的学者。一旦引起了内外的关注则新殿宇齐备，又可作为金陵古刹来举行盛大的传戒仪式，从这种意义上来讲，让人痛感今昔之别。

　　古塔情况让人痛心。听说去年夏天，上海福音学校的学生来此处参观时破坏了古塔，有名的石刻释迦八相的面目也都失去了原来的样子。这些学生倒不是抱着逆反的心境，大概是为了留下些纪念的痕迹才做出的破坏行径，可是这种无意的行为实在是令人叹息不止。而更令人伤心的是寺僧们竟然无力制止这种破坏行为。冒雪拍摄了八相的照片之后，又踏着后山的积雪去了天开岩。这里就是明代袁了凡参拜云谷禅师的地方。袁了凡自禅师处受"功课格"，从而改变了自己的命运，这个传说很是有名，"功课格"日后支配了中国道德思想的实例有很多。云谷禅师的传记虽已失传，但与袁了凡的关系有着不容否定的事实存在，因此没有必要去怀疑此事的真实性。支配近世中国道德思想的"功课格"就是云谷禅师在这里花费工夫做成的，边想边仰望天开岩，心中不由生出一种亲密情感。巨岩被分成了两块，需要从中间的缝隙攀缘到岩顶，故得此名。雪花飞舞之中依稀可见的巨大岩石，看上去仿佛就像是云谷禅师本人一样（图九十二）。

　　岩石后方有一块明代所造的神禹碑。禹碑在岳麓、石鼓、归德、南岳、摄山等各地都有，不过都是宋代以后才出现的。此事已经在长沙一节中提及，此处从略。这一类碑碣如此普及，我想大概是受了摩崖石经的影响吧。

图九十一：南京贡院

图九十二：摄山天开岩

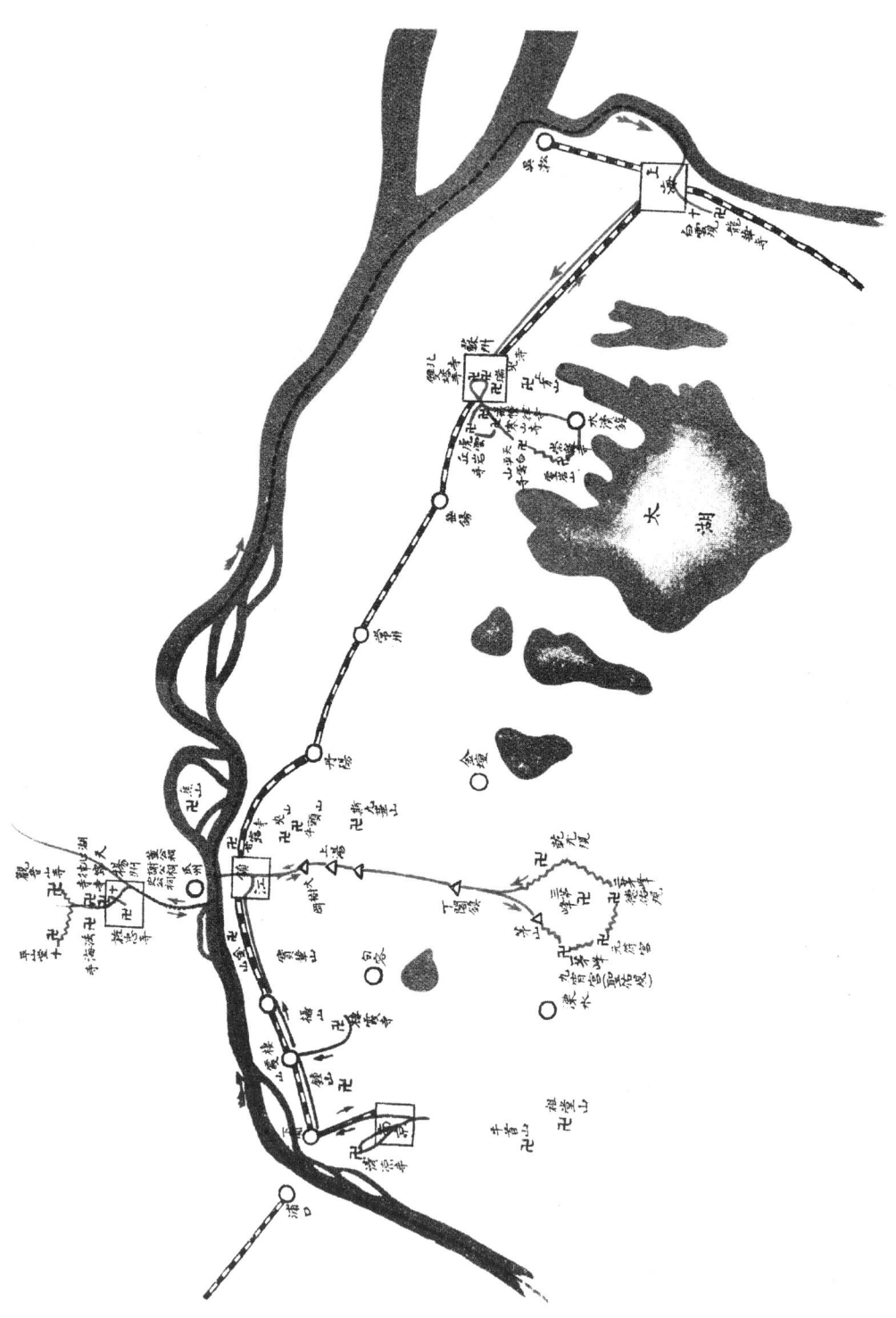

江苏省扬州巡游

唐代鉴真和尚故址

　　扬州是隋唐时期三论宗泰斗的吉藏所开慧日道场的所在地,又是律宗巨匠唐代鉴真和尚大云寺的所在地。在我国佛教史上占有重要地位的鉴真故址,尤其是我一定要去探访的地方。上一次我就有这个志向,但最终也没能实现,这一次无论如何也要成行。我很早就给在镇江新结识的高木信行君写了信,并事先请唯一在扬州的高洲大助大人调查了大云寺故址现在的情况。一月二十日,片山君带路出发前往扬州。高木君说大云寺的地址大概很难搞清,但大云寺是一定要去的,地址不详也是没有办法的事情,下决心依靠古书上的记载去寻找,一行人就出发了。恰巧遇上了阴历腊月的小年,港湾里停泊的民船上都挂上了三角或四角的红旗,就好像在眼前展开了一幅源平合战[1]的画卷。上午十一点,乘上了小蒸汽船,横渡长江,进入彼岸的运河口,第一站到达瓜州,从瓜州再行三十里到达扬州。瓜州附近水面上游弋着几艘木造的巡逻兵船。下午三点半过文峰塔,进入扬州府,在天成旅馆住下。随身的行李还没有整理完,听说这里的旧书店明天开始要停业三天,所以马上出门先去搜寻古书,首先得了来此处的一喜。晚上很晚了,给高洲大人打了电话,他希望我马上住过去,说是如果去了高洲公馆,可以说说高木君的事情,让我一定过去同住。盛情难却,我马上承蒙好意搬了过去。

　　鉴真和尚是扬州江县人氏,幼时随父亲去大云寺,见到佛像心灵有动,于是出家,拜智满禅师为师,后又随光州道岸律师,受菩萨戒。以后又进长安从荆州的恒景律师受戒,回到扬州以后被尊为律之巨匠。开元年间,日本的荣睿和普照等来到扬州,请鉴真渡海做东海导师,鉴真为其真情所动,向他们问了以下的问题:

　　　　昔闻南岳慧思禅师迁化之后托生彼国为王,兴隆佛法,日本
　　　　是否就是此"彼国"?

　　鉴真又听说彼国之相国、长屋造袈裟千领,施以中华名德时,于衣缘处绣着"山川异域、风月同天、寄诸佛子、共结来缘",因此知道彼处确是与佛法有缘之地,于是默许恳请,招募比丘思讬等十四人,准备好众多经律,于天宝二年在广陵乘船上路。后来鉴真一行经历的千辛万苦难以道尽。五次遇难,双目失明,尽管如此,还是不忘初衷,

---

1 日本平安时代末期以源赖朝、平清盛为中心历时6年(1180—1185)的大规模内乱。

终于于第六次到达了日本。当时正值我国圣武天皇的时代，鉴真和尚立刻被尊为菩萨戒师，住在招提寺。在我国，鉴真和尚不仅是戒律的始祖，也是传授天台大师教籍的第一人。

鉴真和尚是中国的律之巨匠，我国的戒律始祖，寻访他的故址是我一直以来的愿望。我马上询问有关情况，但回答是因为城府位置变化，记忆遗失，已经没有了任何线索。见我非常遗憾，高洲氏告诉我说，扬州是马可·波罗曾经居住过的地方，那些遗址又重新修建了，也许纪念鉴真和尚的有关物件也会一样予以重建。我也很想通过这个渠道得到一点有关线索。读《扬州府志》和《甘泉县志》，上面倒是都记有在大云寺出家的鉴真之名，可是有关大云寺，只记着在扬州，而没有任何有关具体位置的文字。当然，一般情况下县志类只是根据记录刊载而已，是不可能指出具体位置的，所以自然不会有这方面的情报了。无可厚非，慧日道场也是一样，而且更不明晰。只好走访天宁寺、旌忠寺、平山堂等聊以满足。

第二天一月二十八日是阴历初一，冒着细雨，在高洲氏的陪同下去了拱辰门外的敕建天宁禅寺。一说这里是东晋谢司空寺的遗址，觉贤三藏曾在这座别墅里翻译《大华严经》，右卫将军褚叔度特意去建业请司空将此处作为寺院，号广陵福地。但是，别墅遗址上应有的两棵大银杏树却不见踪影。打听传说中讲的翻译时感觉不可思议的青龙池，寺僧中也是无人知晓。看样子，也是因为位置有了变化，这里不能认为就是古时的谢司空寺的缘故吧。金刚殿、天王殿、大雄宝殿、千佛阁、藏经阁里相互重叠的大迦蓝，都让人不能不怀疑这里就是扬州的第一巨刹。还有另外一个说法，唐证圣元年兴建的是证圣寺，以后改称为正胜寺、兴教院、天宁万寿寺、报恩光孝寺等。一般认为这个说法更有道理。就这样，在作为研究问题的说法时，类似这样变迁过多之地的物品，几乎不会得出什么决定性的结论（图九十三）。

这一天因为是大年初一，所到之处不能影响他人的祝贺气氛，所以只去了祭祀明末忠臣史可法的史公祠和汉代博学董仲舒的故宅董公祠后便回来了。第二天二十九日和第三天三十日上午，去探访了城里城外的主要看点。城外走的是以平山堂为终点的常套行船之路，没有什么特别的值得一记，只是走了个过场而已。

扬州城外的舟游是令人惬意的一个内容。距离不远也不近，河面不宽也不窄，没有城内的龌龊，心情放松，看眼前风景也会觉得分外悠然，可谓是游览地中的上乘之选。过了天宁寺畔，来到廓外，有被竹林环绕的茶室，长堤上杨柳依依，虹桥、徐园，无论哪里都能令游子心旷神怡。再向前走是湖心律寺，因上面有律寺的匾额，进去看了一下，只是一个祭祀着关帝的小堂室，不是寺庙。不过，从这里看五亭桥和旁边的喇嘛塔，风景可谓极佳。五亭桥指建在莲花桥上的五个亭子，是近代所建，但五亭桥的结构及配置应该是取自五智（图九十四）。喇嘛塔是顺治年间一个叫赵子柳江的人于兵乱后收敛四散的枯骨，而后建造了此寺，起名为转轮藏，属于莲性寺。此寺旧名

图九十三：天宁禅寺

图九十四：五亭桥

为法海寺，现在的名称是康熙帝改的。

再向北走，右侧可以望见观音山寺，左侧可见平山堂。在很少有山的此地，这里实属佳境。观音山寺就是宋代的摘星寺，几经变迁，现在没有什么值得观看了，唯一一个刻着梵文的大钟给我留下了印象。平山堂现在属于敕赐法净寺，法净寺很少有地属于曹洞宗。这里原本是古时的大明寺，又叫栖灵寺，起源很早，但现在是一座很新的大寺。大寺的右方有平山堂、谷林堂、欧阳修堂三重建筑，欧阳修堂中安放着欧阳修的石刻像。这里的平山堂是宋代庆历八年欧阳修做扬州太守时，在大明寺庭中建起坤隅，作为与四方名士交游之所。因建在蜀冈之上，又与江南诸山平列，故而得名。周围松柏环绕，感觉上颇合日本人之意。谷林堂为苏东坡所建，名字取自东坡诗句。右方已经荒废的庭院是康熙帝的离宫遗址，以第五泉为中心建有亭阁，亭内置有重修平山堂之碑。第五泉之名是根据唐代陆羽在此地煮茶，评定此泉为天下第五品的说法而来。平山堂附近，相比之下最值得一看的应该说是前庭石栏上的雕刻（图九十五）。

城内的旌忠寺传说是梁昭明太子的故址，里面有一个文选楼，但是很新。谢公祠是祭祀谢安之处，这里有两棵大银杏树。如果以这两棵银杏树做基准，这里也应该看作是谢安的别墅，也就是古谢寺的遗址（图九十六）。盐务局里有一口古井，传说是董仲舒曾经用过的。还有传说说庭院中央的部分原来是董仲舒墓，不知是否已经过考证。

扬州就是这样，用了两天半的时间，平心静气地完成了踏察，三十日的薄暮时分返回了镇江。从南岳到衡州的途中送走了旧年，却未能充分感到正月到来的气氛，心里不由地生出一种寂寥。但在扬州过的阴历正月，让我充分体验到了正月的感觉。身处中国的要冲之地的现在心中深有感触，如果眼下能有中外信誉皆佳的日本人在身边，哪怕一个也好，那将会让我这颗游子之心受到怎样的鼓舞啊。

我寻求鉴真和尚遗址的热情感染了高洲大人，他表示一定要以这一次的探访为契机开展纪念鉴真和尚的活动，以后他也的确为此事花费了许多心血。通过数次的通信，他告诉我，住在高旻寺的四川竹影和尚十分肯定地说："唐代大云寺在江阳县城外。江阳县署就是现在的瓜州镇台衙门，寺址就在镇口对岸七壕口面对的江心处。"希望我能够证明唐代的江阳县位于镇口对岸，以及大云寺在七壕口边。他已经从保存史公祠开始向许多公共性设施投入了资金。对他的热情心志，我想应该尽自己的一切可能去实现。此处顺便提及，经过种种努力尝试，我终于找到了一条线索。

我首先调查了后来改名为龙兴寺的大云寺。得知与鉴真和尚同时期的慎律和尚天宝七年在龙兴寺别院圆寂，身塔建在西蜀冈的原野之上，大历八年立碑。后来寺院荒废，到了宋代由慧礼重建，王安石作有龙兴讲院记。具体地点虽然未明，但从西蜀冈之名推断，可以想象是在平山堂所在山丘的东侧。龙兴这一寺名并不多见，鉴真和尚传中也有后来改名为龙兴寺的记录，所以我认为这里就是大云寺无疑。不过，改名是否早

图九十五：平山堂远景

图九十六：谢公祠

在和尚居寺之时尚有疑点，地点确定也较难。

大云寺是鉴真和尚出家的寺院，我国的荣睿和普照天宝年间来到扬州时，和尚正在大明寺讲律。一般称和尚为大云寺鉴真，而《本朝高僧传》中特意称和尚为大明寺鉴真，大概因为大明寺比起大云寺来，更适合于作为律宗之祖的鉴真和尚。大明寺就是前面提到过的法净寺的旧名。平山堂建在大明寺庭院中的西南角，一度荒废之后，因明代僧人沧溟在平山堂东侧空地的古井中发现了刻有大明禅寺字样的残碑，才又得以重建。这里还是古栖灵寺的旧址，隋代时曾有过九层塔，烧毁后，宋代时又重新建了一座七重多宝塔。现在两座塔的痕迹都已无处可寻，根据记录，大明的寺号是刘宋大明年间创建时出现的，栖灵的寺号则出自隋代梵僧大觉的遗灵。府志县志上都把二者作为一寺，同用了法净寺这个古名。但从唐代天宝年间就有了大明寺、元和年间又有刘长卿李白的栖灵寺诗一点来看，可以说两寺是并存的，而且位置相邻。放下栖灵寺不谈，平山堂的位置在大明寺寺域之内的说法是正确的。这样一来，扬州最佳胜景平山堂又是我们的鉴真和尚的故址，让日本人倍感亲切。最近，平山堂旁边的法净寺域里会有经日本人之手兴建的鉴真和尚的纪念物，值得庆幸。

江苏省茅山风雪

梁代陶弘景故地

　　南京东南一百二三十里处有一座茅山，又名句容山，是道教的一大中心地，与江西龙虎山比肩，自古有很多笃信者集聚于此。西汉元帝年间，咸阳的茅盈、茅衷、茅固兄弟三人远路来此修道并仙化，由此得茅君山之名。此句容之地，汉末有葛玄，晋时有许迈、葛洪，对仙家来讲十分重要。晋太和元年，句容的许长史在此地营造宅第，刘宋初期，长沙景王在这里建起道士精舍，成了道观之初。时至梁天监十三年，有敕令将此精舍改为朱阳馆，因陶弘景来馆西建宅隐居而使此地天下闻名。朱阳馆又名华阳馆，所以陶弘景又称为华阳隐居。隐居是兼通道佛两教的学者，还是位教育家，武帝十分信任他，每遇大事都会派使者前来询问意见，所以隐居又被叫作山中宰相。这里建有道佛两堂，隔日进行礼拜，佛堂中有佛像，道堂中没有造像。北魏的云莺想要修得长生之法，不畏路远来到金陵面见武帝，表明意图，武帝宽大予准，并告知曰："彼为傲世隐遁之人，屡屡征调绝不肯出。可任尔随意前往。"云莺致书问候，然后进山，隐居欣然接待，并以仙经十卷相送，以酬谢远道而来的诚意。仙经本身并不产生直接的利益，但能不辞远路来此求取的行为则表现出了对生命的欲求和为之付出的努力，对云莺来讲，成就了一次再生无量寿的机缘。

　　南北朝时代，佛道两教之间既有力量对比的冲突，同时也是相互模仿相互学习的过程。这个时期中出现的道教杰出人物中，北方有寇谦之、张宾二人，南方有陆修静、陶弘景二人。寇谦之是南北朝初期北魏灭佛事件的中心人物，张宾是南北朝末年周武帝灭佛事件的罪魁祸首。陆修静与寇谦之是同时代人，当时在南方的宋地。陶弘景早于张宾的时代，住在南方的梁域。有关寇谦之的事情已经在《访古贤之迹》一书的庐山节、本书的嵩阳中岳庙一节中叙述过，此处不再赘言。关于张宾已在《访古贤之迹》中的房山石经一节中介绍了。陆修静是虎溪三笑之一，在文艺史上留有其名，这一点也在同一书中的"庐山简寂观"一节中提过。这一次只有陶弘景的遗迹是初次探访。

　　如果想在整个道教的历史中寻找重要人物的话，那么在给予道教宗教生命的意义上，张陵应为开山之祖，而在使道教井然有序并更富有了实力的意义上，寇谦之就是中兴祖师。是这两个人使道教拥有了社会性的势力。而给道教提供圣典并加上教理则成了如晋代的葛洪、宋时的陆修静、梁时的陶弘景之类的南方学者们的任务。这里必须要特别承认陶弘景的功绩。

　　我立志去茅山探访的理由，除了因为那里是道教的第一大中心地之外，还因为我想去寻找陶弘景的遗址。更何况这里还是陈隋之世时出三论法朗门下之后，最好地承传了师父精神的明法师的隐遁之地，也是唐代拜开创牛头禅的法融为师的炅禅师居住过的地方。可能的话，我自然是想要去探访这些遗址的。

一月三十一日，偶遇晴天，和镇江的高木君一起乘轿出行。可到了下午天阴下来，一会儿又开始下起雪来。雪中的茅山之行多有不便，在冬季的长江沿岸出行必须要做好非雨即雪的心理准备才行。行至八十里外的丁阁镇住宿，第二天二月一日又行进了四十三里，下午四点到达了大茅山山脚下。从镇江出发到此地的一百二十三里，沿途都是茫茫的平原，村落都生气不足，生活状况也很不好。路上的积雪有五六寸厚，难以辨别路况好坏，这让轿夫们犹豫是否可以出发。可是等雪融化了，道路就会泥泞难行，影响行进日程。如果是在初夏时分只用一天的路程，这时候就要用上两天时间，还会遇上轿夫们也预料不到的困难。于此时登山，尽管是阴历正月还是遇到了不少登山参拜的香客，足以想见此山受民间信仰的程度。千辛万苦到达了茅山镇的轿夫们，前面还有五里路等着他们。有人提议明天登顶，今晚住在山下比较合理。可是从调查的角度考虑，今晚必须到达山顶的道观。结果是让轿夫们住在山下，我徒步行至九霄宫，住在围在九霄宫周围的六院之一怡云院。路面积雪，阴雾重重，能见度几乎为零。九霄宫是元代延祐三年敕建的圣祐、德祐、任祐三观中的圣祐观，明代改为现名。入夜后，在和住持白云桥对谈时，我打开《茅山志》追问陶弘景的遗址，他似乎十分困惑，说你可以去任何地方打听，但只是不要在这里询问。不过我已经对此山有了大概的了解。道士中不能识文断字的不在少数，此处也是如此。

二月二日，下九霄宫至无梁殿。此处已经荒废，仅剩下两块明碑，里面的一块刻着大明律，外面的一块刻着禁止女人登山的法令。昨夜白云桥曾经说起殿内藏有众多古碑，我满怀希望来了，结果却是如此。离开这里向北，登上山脉相连的二茅峰中的积金山，南面有一座印宫，是因为里面收藏着玉玺所以才这样叫，原名叫元符万宁宫，是宋代藻真观妙冲和先生刘混的住所。哲宗下诏在这里修建了元符观，徽宗改为宫，并加上万宁之号（图九十七）。建筑堂皇，背后是一片急坡，坡上废墟累累，似乎在诉说着元明时代曾经有过的繁荣。再向南，隔溪而望的山峰之上有仙人、罗姑、华阳三个洞室，其中以华阳洞为最大，岩面上的石刻颇多，但因为积雪，此地不容久留。《志》中记有"东岭的华阳西洞，入洞数丈后渐窄，不能容人，且飕飕有风，累朝金箓之际，向内投掷龙简"，说的就是这里。华阳洞有南、西两洞，这里说的是西洞（图九十八）。

积金山的西边原本有一个华阳宫，是陶隐居的上馆，里面有其用过的丹炉的痕迹，说是上面还标有丹井二字，但现在已经找不到了。隐居在茅山建有三馆，自己住在上馆，弟子们住在中馆，下馆用来接待宾客。元符宫所在的积金山正是陶隐居的故址，这一点虽不容置疑，但遭遇了历代的变迁，现在已经什么痕迹也没有了。至于古碑一类更

图九十七：二茅峰元符万宁宫前灵台

图九十八：华阳洞

是无处可寻。明英宗洪武十六年和神宗万历四十一年时曾印成道藏颂扬元符宫，由此可知此宫在茅山是占中心地位的。占有中心地位是从陶隐居的时候开始的，可是现在，只有遥遥位于北方的乾元观还被作为隐居的遗址，这里与隐居的关系却被完全遗忘了。

自积金山再向北方行进就到了二茅峰，此时积雪已经达到七八寸深，连狗的足迹也见不到了。所幸在无梁殿旁边遇到一个青年比较熟悉山里的地势，请来做向导，踏着积雪来到了轿夫们谁也不知道的二茅峰上的元代敕建德祐观。建筑很新，没有什么值得留意的。只是向汉代以来就祭奉于此处的二茅君表示了敬意，在这里吃了午饭。听说还有白云观，有三茅峰，但情况大体可以想象得到，于是又踏着更深的积雪下得山来，越过小溪去访问北方一峰郁岗上的乾元观。这里是宋真宗敕令为国师观妙先生朱自英而建，庭前有"幽光显扬之碑"，刻着朱的传记。全观以大罗宝殿为主，右侧是三层楼阁，上有题名"松风阁"，再向右是康有为题字为"辛夷馆"的客殿，相当大。大罗宝殿里安放有道教三尊的元始天尊、太上道君和太上老君（图九十九），松风阁上安放着陶隐居像，辛夷馆的庭院里有隐居亲手栽种的木莲（图一〇〇）。这个郁岗是梁武帝为隐居建斋室的地方，把这里看作是隐居的遗址应该没有任何问题。

这一带以三茅山为中心的山脉就是史上屡屡见到的句容山。山形像个巳字，绵延数百里，所以又被叫作句曲山。周围被山围住的方圆一百五十里的洞虚，起名为金坛华阳之天，是道教徒们自古以来的圣域。令此山天下闻名的正是前面讲的陶隐居的隐遁生活。陶隐居三十七岁时辞去官职，永明十年退居山里，住在中茅岭上的华阳馆或积金东涧，天监七年到十二年的五年间，辗转永嘉楠江的青嶂山、海岛的霍山、木溜屿等地，天监十三年时又返回了茅山，住在赤涧、华阳馆、郁岗的斋室，大同二年，隐居以八十一岁高龄在华阳馆辞世。因此，应该把积金东涧的华阳洞和乾元观作为凭吊隐居之地。

我来茅山还有一个目的就是想看看陈朝明法师和唐代炅禅师的遗址，但茅山中没有寺庙。《茅山志》里面也没有关于寺院僧人的任何记载，想寻找却没有任何线索。《茅山志》里都没有的记载，其他书物中恐怕就更不会有了，只好放弃。茅山之行未能取得更好的成果，其实从湖南的经验推论，古物大概无存的这种结果可以想象。如果采取减轻踏勘辛苦，更加看重一些结果的方法的话，就不会去那些已经预想古物不存的地方，而是选一些更有希望的地方，在那里投入更多时日。可是那样的话，搞不清楚的地方永远不会清楚。我以为，自己的成绩如何并不重要，而重要的地方则无论如何需要去踏勘一次的。

图九十九：乾元观大罗殿内三天尊之中

图一百：相传陶弘景所种木莲

江苏省苏州游览

晋代道生·支道林的遗址

上一次的行程中未能安排苏州之行,这一次则一定要去。二月七日夜,从上海上陆,找到旧盟友长等神立君,第二天八日,由在洛阳认识的桑原润次郎君做向导,参观了白云观和龙华寺,九日动身前往苏州。上海的白云观和北京的白云观都是属于全真教的大庙,听说那里收藏有道藏,很是少见,我想马上得到确认,哪怕是只看上一眼体裁也好,叫了辆马车赶到那里,开始遇上了二三个连道藏都不知道的道士,一路问下去,终于见到了守护藏经阁的道士。可是他说没有上海某氏的介绍不能给我们看,没有办法,只好在这个道士的引导下走到题着"藏经阁"(图一百零一)的建筑下面照了纪念像,然后便离开了。此观是一处新建,众碑中亦不见古物。道藏是否真的存在呢?北京道藏因敕封不得见,而这里的是民封,也一样不得见。

龙华寺在上海南部,传说是魏时康僧铠翻译《无量佛经》的地方。上一次访问之后就一直挂在心上。可坐上马车来到寺门一看,寺院已经成了兵营,不许常人入内,前面的塔可以上去,但收费不菲。在上海有很多人都以为这座塔相当古老,而实际上一看就能分辨出这是一座近代的塔。从塔上俯瞰全寺,是座规模十分宏伟的大迦蓝,建筑物还都很新。即使能进入内部寻找,估计也发现不了什么古碑之类,所以没能进门也不觉得特别遗憾(图一百零二)。

九日的苏州之行有五人之多,是此次旅行中人数最多的一次。除了作为随从的中国人之外,还有下江时同船认识的久米贡氏、做向导的桑原氏、桑原的熟人青木氏。天气是四十多天来难得的大晴天,人又多,情绪自然也高涨起来。在苏州,首先是虎丘,然后是寒山寺、戒幢律寺、北寺、双塔寺、开元寺、瑞光寺,再加上稍远些的天平山、灵岩山等,值得一看的实在不少。一下火车我们就改乘马车,九、十日两天依次去这些地方访察。

虎丘云岩寺

这里就是传说中东晋的竺道生对着石头讲《涅槃经》,石头听了点头的故址。道生出自竺法汰门下,日后与南方的名僧慧严同入长安,进鸠摩罗什门下游历,与僧肇特别亲近,二人被并称为南北的两大天才。僧肇少壮时期始著《般若无智论》,又著《涅槃无名论》的五部论,令鸠摩罗什颇为感叹。道生则因彻底地主张顿悟成佛、阐提成

图一百零一：上海白云观藏经阁

图一百零二：龙华寺

佛而在教界惹出是非。他主张的悟之上无阶级的顿悟成佛说，不为当时以三乘之悟为主的教界所接受。道生以见到的《涅槃经》部分翻译为据，力推悉有佛性之理，甚至主张烧亡佛性的阐提也理应成佛之说，这正好成了授人把柄，最终道生受到了相当于教界死刑的开除处分。当时，道生当着众人之面正言厉色地立誓："如果我的主张有悖经义则让我立即身染重病，如与实相无悖，我则必将于讲坛之上终吾一生。"之后他在虎丘度过了寂寥的一生。大概是有同门的道一也曾在此的原因吧。对石讲道就是发生在这个时候。后来，《涅槃经》的全译本问世，观其内容，果然使阐提也有佛性的意思明了了，道生的名望也随之迅速恢复，并得以把全译《涅槃经》讲完，正如其所誓之言，最后于讲坛之上尽终。道生的居所在南京的龙光寺，墓地在庐山，但现在都已无处寻迹，只有这虎丘成了悼念天才的唯一处所。

此寺是东晋司徒王珣和其弟王珉的别墅，咸和二年舍弃改建成精舍，历史悠久。竺法汰的高徒道一为其开基。另有东山寺、虎阜寺、武邱寺、云岩禅寺等名称，现名为云岩寺。位于城外西北方向七八里之处，巍然耸立的古塔是云岩寺的标志（图一百零三）。门正面的高处成了茶馆，充作了绅士淑女聚集的场所，右侧的一部分是现在的寺域。寺域以地势低矮的池塘为中心，后面高台上是寺院，左侧高台上有观音堂，两者之间穿过去的后面有塔。中心区的池塘处就是纪念道生的故址，池中矗立的石头便是那块点头石，侧面的石崖上刻着"生公讲台"四个特大的篆字。孙氏推断说这是唐代所刻（图一百零四）。道公大概就是坐在这块石崖上讲经吧。石崖左方有虎丘、剑池的大字题刻，传说是出自颜真卿之笔，其实，剑池应该是宋人所书，虎丘则是明人的笔迹。大篆题刻和大字题刻之间有一个小阁亭，让人产生联想，认为这里会是生公讲堂，而实际上，里面放着吕祖和陈希夷的石刻，应该是近代才建起来的道教性质的亭阁。阁前的平地上有一块平坦的巨石，上面立着石幢。有记载说周显德五年，高阳的许氏在千人石上建了佛顶尊胜陀罗尼幢，大概就是这个了。那么这应该是五代之物。寺域里再没有其他值得提及的物品，只是堂里的梵钟从日本这个角度出发应该予以注意。上面刀刻的铭文清晰可读，铭文如下：

贞享第四丁卯五月十三日
当山中兴开基大僧都日顺上人
纪州海士郡吹上白云山报恩寺开基大僧都日顺志

很明显这是日本铸造的。还有一处可见钱塘弟子胡光墉敬助一句，可知中国人也在为此随喜。不管其中有何种缘由，此件背后一定有着相当有趣的背景。

大砖塔的外形是普通的六角形，我以为登上塔顶就能见到一些史料，但此塔已近荒废，很是遗憾。根据记载，隋代仁寿年间，殿后建起七重塔，明宣德时焚毁，正统

图一百零三：苏州虎丘云岩寺全景

图一百零四：生公讲台及点头石

年间由巡抚周忱重建。最初，虎丘山寺是东晋之初兴建的，竺道一是这里第一个居住者，以后如刘宋时的昙谛、梁时的僧若、隋时的智聚、唐时的智琰、法恭、僧瑗等学者相继来此居住，使苏州的虎丘山成了佛教史上的一大名胜。所以隋代时兴建起七重之塔也没有什么不可思议之处。但根据记录该塔是于明代被毁后又重建的，那么从隋代到明代之间，中间经历了长长的唐、宋、元三个时代，现存的古塔形式是宋代的，大概是此寺鼎盛时期临济杨岐派的绍隆之后所建，明代时焚毁，又由周忱重建。与迦蓝不同，木制的部分即使烧毁，砖造的骨格也会残留下来，以骨格为本，在上面加上木制的部分就是重建了。因此我以为应以此塔纪念禅宗的绍隆，以池追怀道生。观音堂内的观音经石刻俗传说是出自颜真卿之笔，但那真就是个俗传，事实是出于熙宁年间的宋笔。

虎丘是埋葬吴王阖闾的地方。由于此处地势上适合于修建墓地，所以唐代开元寺的元浩、辨秀等人都葬在这里。因为东晋以来这里就有了东山寺，唐代开始又有了西寺的名称，由此看来，这里的寺庙至少应该有两座。

北寺

位于城之一隅，孙吴时为通玄寺，吴越时为报恩寺，现在则用北寺通称。唐代时在县城西北一里半处，吴越时代改迁至此时加上了支硎山报恩寺的匾额，大概是由两个古刹合并而成的吧。后梁时的正慧在寺里修建了一座十一重塔，宋代苏轼舍铜龟藏舍利于中。但因遭遇建炎四年的兵乱，寺与塔皆被焚毁，绍兴年间行者大圆重修之时，塔仅建了九重，也就是现在的这座塔。塔上加的木制部分都还很新，内部的砖造部分十分结实，不愧为宋代的工艺。能够如此完好地保存下来实属希奇，皆因此为苏州名物的缘故（图一百零五）。通玄寺是三国时代之物，唐初有个叫慧旻的律师在此居住，后来一度荒废又重建，现在已经没有了丝毫古韵。

双塔寺

位于城内东南角。唐咸通年间创建，起初名为般若寺，宋至道九年改为寿宁万岁禅院，熙宁年间，文天罕修建两座砖塔，遂改称今名。现在仅剩下两座砖塔，别无他物。来此寺时正巧临近黄昏，一轮明月挂在双塔上空，让我这个长时间在阴雨中苦熬的游子仿佛获得了新生，为我心中注入了一股清凉（图一百零六）。

图一百零五：北寺大塔部分

图一百零六：双塔寺

寒山寺

位于城外枫桥之畔。在文人之间与枫桥之名，特别是最近因与山田寒山子之名相连而被熟知，已成为邦人访苏州之际定要前往的名胜。此寺本无寺体，只因以住持近舟所书寒山拾得的石刻为中心，又加上了一些风流韵事才受到了关注而已。旁边的一座堂内有张继《枫桥夜泊》的诗刻，出自近代硕儒俞樾之笔。钟楼里的大钟据说是上面提过的山田寒山子所赠。把这里当作寒山拾得的故址本来就是一种俗说。把寺前的石桥叫作枫桥，肯定也是一种俗说。所谓的枫桥，到底应该是桥名还是地名，如从夜泊的诗中看，不管是桥名还是地名，都不应该在离寺院如此近的位置上。

戒幢律寺

位于寒山寺和城西门之间，繁盛得如今还在不断地扩建。我们去的时候，前来参拜的香客里里外外都挤满了。大概因为阴历十三日是个游览日的缘故吧，但人气鼎盛是无疑的。因为这里的名称为律寺，觉得应该有过来一顾的价值。向一个僧人打听这里是南山律宗还是曹洞宗，可是他哪个也不知道。再问是不是临济宗，他回答说然也。一座堂内供着南岳下第几世的牌位，由此可知此处当属济门。不过济门和律宗放在一起，不知是出于何种考虑，对此吾邦人很难理解。

天平山

十日，趁着大好天气骑驴去城西二十里外的天平山。上午八点左右，在昨天去过的戒幢律寺附近看到了西天边挂着的彩虹。早上看到彩虹，对我来讲是件珍奇之事。走到水塔头这个地方时，有十几个村妇，不问老少抬着山轿涌过来，都想让客人上自己的轿子，挤挤攘攘的，让人看了又觉新奇又觉可怜。我还没有让妇女抬着坐轿的悠然心态，对不起了，只好让她们都走开。来到天平山，那些由岩石构成的山体姿容，颇有能拨动文人心弦之处。有一股名为白云的山泉，寺名也依此，门上挂着古白云刹的匾额。据说泉名是取自白乐天的诗作，那么这里的开山一定是在唐代白乐天之后。此寺始建于白乐天做雍州刺史的宝历二年，宋庆历年间得到白云寺的敕额。至宋代以后，范文正公在山下埋葬祖父，把寺名改为功德院，并设置了义仓。元末被焚毁，明代又重建的就是现在看到的建筑。后面亭子旁边的白云塔很是醒目，大概是宋代所建（图一百零七）。天平山向北五里，有东晋支道林所在的支硎山寺故址，但当时我不知道，错过了踏访的机会令人遗憾。支道林壮年时与金陵名流交往，文名广扬，人到中年建支山寺隐居，晚年后又隐遁剡山。除唐代有个叫道尊的天台学者也曾在此地住

图一百零七：天平山白云塔

过之外，并不为人所知。山中有一座与梁武帝有关的报恩寺，山名也叫作报恩山，不过寺额于吴越时代移到了城内，可见宋初时山中的报恩寺已经荒废了。有记录说，后来此寺的遗址之上又建了观音寺，山名或叫作观音山，或者依照山名把寺叫成支硎寺，位置在东麓山脚下。就这样，此寺经历了历代的变迁，东晋的支山寺、梁时的报恩寺、唐时的支硎山寺、宋时的观音寺，其中的异同仅靠记录是很难搞清的。

灵岩山

　　天平山西南七八里处有一座灵岩山，山上有一座敕建崇报禅寺。作为古代吴王阖闾设置离宫之地，这里一直是史学家们感兴趣的地方。禅寺是梁天监年间所建，历史十分久远，但以后的漫长岁月中，除了唐代天宝年间支硎山的道尊在此灵岩道场行法华三昧时有不可思议之感一事以外，再没有其他事迹。这个道尊是荆溪湛然的友人。宋初的律寺于元丰中年间改为禅院，当时叫作秀丰禅寺。山门的影壁上刻着《金刚经》，有宣和与乾道两块宋碑。

　　寺内的砖塔从很远的地方就能看到，吸引了不少怀古之客前来。这里是宋太平兴国之初，节度使孙承祐为当了吴越国国妃的姐姐所建，全塔有九重之高。万历二十八年夏天因雷火木造部分被烧毁，现在只剩下了砖结构的部分。即使如此，作为寺中唯一值得观赏之物毕竟没有失去。塔内的小石佛，看上去的感觉应该是宋代之物。寺院后方右侧的平地上有三个水池，中间的一个叫作吴王井，右边呈圆形的一个小一些，叫作月池，左边呈方形的一个稍大，叫作莲花池。月池北侧还有一个西施潭，后面的高处叫琴台。这里是吴王离宫的遗址。前面急坡的途中有一个衣钵幢，稍稍离开幢侧的地方有一个西施洞。衣钵幢上的雕刻值得一看，但上部已经全部失去，哪一个年代、由何人所造、为何而造，这些自然无从知晓。与寺门名僧有关一点不容置疑，但与此寺的关系不明。正好遇上了七八个游客，向他们打听西施潭、西施洞的名称是否来自古代美女西施，可是他们中间也包括住持竟没人知道美女西施的名字，实在令人吃惊。住持拿出来一张募集资金用的《图志》，越王采用范蠡之计把美女西施献给吴王阖闾的故事就写在那上面。这里应该可以断定就是吴王当年享尽奢华的地方。传说虎丘就是阖闾的埋葬地。（图一百零八）

　　从灵岩山返回城里的途中，右侧的山上又看到一座塔。那是上方楞伽寺的塔，记录上说是隋代所建，但那形式并不是隋代的。问寺名，没有人知道，由此看来，那座寺肯定是已经荒废不存，唯有那座塔在自然倒塌之前会一直矗立。从那里向城南走，在南门旁边能看到瑞光寺的塔。瑞光寺和开元寺现在还有，本想赶着驴车过去看一下，不料黄昏时分雷鸣雨骤，同行人中又有人突然胃痉挛，只好中止一切活动回到车站。

图一百零八：灵岩山全景

踏察报告

（自启明会第七回讲演集转载）

　　由本会与东京帝国大学文学部联合主办，今年四月九日在东京大学举行了该校讲师常盘大定氏中国佛教史考察报告讲演会暨展览会。本册刊载的三上文学部长的开会辞和常盘氏的报告，是根据会议讲演记录的整理稿，拓本目录是同时展出的拓本资料。报告会上的讲演由于时间关系只限于考察地区的一般情况报告，此外向本会提交的考察报告书中录有收集来的拓本资料及详细说明，为方便对照通读并理解此举的有益宗旨，特汇成此册。

开会辞

东京帝国大学文学部长·文学博士 三上参次君

今天请常盘博士来讲演，首先由我来做一个介绍。常盘博士这些年来一直在本校担任佛教特别是中国佛教史的讲义工作，由于这种关系，前年前往中国，不辞在中国国内旅行十分困难的劳苦，深入内地，搜集到了许多珍贵的资料。去年又得到了启明会的经济援助，实现了第二次中国探险之旅。众所周知，启明会是由赤星铁马君斥资一百万元，开展补助新研究、奖励新发现的事业团体。现在已经有很多人在刊行著作及发明补助等方面得到了该会的经济后援。此次常盘博士的中国探险就是其中一例。考察结果今天在此展出，大家可以看到博士带回的众多珍贵的佛教资料，博士的讲演马上就要开始，我的介绍本应在此结束，但是，因为我听过博士上一次的讲演，颇有感触，所以请允许我再讲几句。我开始认为，常盘博士是这方面的专家，前去旅行有了重要的发现，对于业内人士来讲是理所当然的，但是现在我知道了那是我们绝对难以做到的事情。为什么这样说呢，也许大家会认为，有资金，身体状况允许，再做一些相应的准备，去中国内地旅行当然没有问题，只要去了，自然就能带相当多的礼物成果回来。可是，常盘博士却是在毫无内地旅行经验的情况下，深入到了连中国人都不肯去，要求保护都会遭到官府拒绝的内地，并且做了拓本，照了相片，带回了许多珍贵的资料。当得知了这些情况，我深深地感到，如果不是像常盘博士那样有着坚强的信仰，而且那种信仰就是一种宗教上的深笃信念的人，是绝对完不成这项工作的。这就是我想一定要介绍给大家的情况，作为补充。

中国佛教史迹踏察报告

东京帝国大学讲师·文学博士 常盘大定君

刚才三上部长的介绍，让我很不好意思。去年接受大学的命令，又得到启明会的后援，前后进行了五个半月的考察之旅，现在将旅行的大致情况做一个汇报。去年也做过同样的报告，那一次是特意为了向同志介绍，因此总结得比较系统。不过这一次情况不同于去年，又有很多展示品，大家可能都已经看累了，所以研究上的问题都让给目录解决，在这里我只想和大家一起分享一下去年旅行的气氛，去了这样的地方有过这样的事情，这样报告，大家也许更会感兴趣。

最初是在青岛上陆。利用仅有的三个小时时间首先去参拜了天后宫。听说德国把所有的东西都取缔了，唯独留下了这个宫。那不过就是一个寒酸的小庙，但于精神方面的作用却是不同凡响，在这一点上对我们有他山之石的功效。宫里有一位八十多岁的老道士，于宗教角度上也值得一看。宫前有歌颂德国人的颂德碑，右侧有个小公园，说是那里立有商民戴德碑。所谓德指的是德国，是一块商民们感戴德国的颂德表，但知道的人并不多。自然，青岛的发展是仰仗了德国人的力量，感戴德国人也是正常的。而我当时的感觉是很希望什么时候也能有五六处出现感日碑。有着独特个性的德国人正在做着一种宗教式的新尝试。旭公园里有一片郁郁葱葱的森林，和中国北方那种茫茫大漠的感觉完全不同。这是德国人植树造林的产物，这片造林的影响已远及济南地区。回到街上，看见高处有一座建筑，据说那是为了迎接战后来调查的李王殿下而计划建成的。在这个半岛上，近处的崂山想去，青州也想去，而结果是去了济南，又以济南为中心向四方延伸，并计划济南日程结束后更向东边进发。

济南附近也有很多值得观赏的地方。当初的计划是一回走遍山东的主要地点，可是翻山越岭纵横无尽的实在走不起。听从有经验的人的意见，至少要分成三个部分，还必须事先定好要去考察的地点。首先从较近的历山看起。听说山东省境内有三个历山故地，从研究角度上讲，哪个也不得要领，但济南东南的那一处说是最近。历山，不用说，就是舜帝耕作的古典圣地。翻过这座山，去看了黄石崖。黄石崖还没有对学界公开，规模虽然很小，但是保存有和云岗龙门同时代的北魏时期的造像。然后去了宋代名僧义楚所在的开元寺，同日还计划去佛峪，但走到光村这个地方时天就黑了，只好在白云观这个道教庙观里住下，这里现在已经成了小学校了。第二天早上，在观内看了一下，发现左右的墙壁上画着三清，也就是道教的三尊，为中心的老子八十二化图，这可是件珍品。是见我看得仔细吧，正在院子里干活的百姓里有一位拿着长烟袋的老人对我说，还有一座庙，带你去吧。于是我早饭也顾不上吃了，跟着他在越来越深的草丛中一路向前走，也不知道他要把我带到哪里去。我很感谢他的热情，可是不知道到底要去哪里，就觉得他有些给我找麻烦。最终到达的地方正是我要去的佛峪。我想他这样做一半是出于热心，另一半则是想夸耀一下自己的村子。这一路竟有中国的八里之遥，相当于我国的一里十二丁。这里和接下来去的龙洞都有隋代的石窟，遗憾的是石窟皆已坍塌，失去了以往的样子，没有想到的是遗物竟然会如此之多。

第二回推了一辆独轮车向西方进发，必须要渡过河去。县道上聚集着很多贫民，靠背客人渡河勉强度日。一旦遇上灾荒之年，良民就变得更加勤奋，而刁民就成了土匪，有气力的则移居他乡。情况如此，县道还好，进了山路没有人背，很是困难。像去孝堂山的途中过一条河，水面上间隔有几块石头，要想从那上面推着独轮车安全过河，实在不是一件容易事。一个人在前面拉车，结果掉进了河里，幸好重要的东西没有被弄湿。到孝堂山，看汉代画像石，然后向后转向南方，经五峰寺去灵岩寺。几次经过水面较宽的河流，这时的车夫实在是辛苦，值得同情。这种时候只能听其自然。山路格外险峻，加上从五峰到灵岩的六十里之间没有了任何食品，真是困难到了极点。但在灵岩山有了意外的收获，由此高高兴兴地返回了济南。

第三回是从邹县出发去曲阜，从曲阜到宁阳，再从宁阳赴兖州，从兖州去济宁，转回来从大汶口去徂徕山，在映佛岩看了北齐王子椿手书的《般若经》，寻访石徂徕的神道碑，在泰安府拜访孙泰山远孙的宅第，游太庙一周，纵断泰山，北方下山从神通寺经玉函山，最后返回济南。神通寺和灵岩寺都是东晋僧朗的故址，可以说是山东佛教的根据地。在这里种下的佛教到了南北朝时期，使本来属于儒教地盘的邹鲁之地，其中包括重要的泰山、徂徕山上都生出了有名的石刻经。看了徂徕山的《般若经》，确认了泰山《金刚经》也出于同一手笔这一事实。山东旅行途中，到达兖州之北二十里处时因为天色已晚住在了观音庙里，第二天在稍稍向南的一个小庙前，听说了前一天夜里一个军人被土匪惨杀掉的事件。山东之地十分贫瘠，食物不足，且十分难吃。大概就因为这个原因，古鲁地域自古以来就以多匪出名，官府对外国人颇尽保护责任。

邹县城里没有客栈，没有办法，只好到城外的土坯破屋借宿。可是警员马上赶过来说城外难以保护，特意把先到的其他客人转移到别处，让我们住下，门口又加了两名警员整夜守在外面。宁阳的情况也是如此，城里没有客栈，到城外的破房子借宿时，警官带着两个警员过来，问清情况后，也是让两个警员在外面站了一夜。第二天，邹县来了五人，宁阳来了两人保护，前一天夜里的事情理应感谢，这一天的行程就让警员们一起参加了。这一次的旅行中，像这样有护卫警员同行的仅有这两次。

山东之行结束后，因向导过于疲劳，所以取消了去青州的日程，改去北京。在北京去了上一次没能去成的明十三陵、居庸关、八达岭等处，然后南下去了赵州，目的是寻访有名的赵州和尚的遗址。在高邑县下车，在停车场附近的旅店听说，这个地方以前还没有日本人来过。我直接就去了赵州，可古佛寺也好柏林寺也好，却没人知道。后来看见了一座塔，不管怎样先去看了再说，结果那里正是要找的柏林寺。一般叫作白塔寺，难怪一般人都不知道。此塔和正定府临济寺的塔同形，修建于金代，祖师堂里也有赵州和尚的石像。作写着和尚事迹石碑拓本时围过来很多人，问我是哪里人，我回答说是日本人，可是没有人知道日本。人群中只有一个小孩子说"日本那个国家老师教过，我知道。"

原打算赵州之后去彰德府西面的宝山，可是因为行李太多，所以延后，直接去了济南。那是十月二十九日晚上。济南的日本人说后天就是天长节了，让我一定去参加在当地举行的仪式，中间还有一天，是去西边还是去东边，考虑之后决定去东边的开封府，去看铁塔寺、繁塔寺，看宋代古都旧址龙亭，还有犹太人子孙居住的教经街，住一夜后回去参加天长节。上一次来的时候，郑州有一家三井的分店，但听说现在已经撤掉了。除此之外没有听说还有别的邦人在此。还有十分钟就要开车时，知道了还有一位岛田医生，但是已经晚了。这回来了听说不仅郑州，洛阳、归德、马桥、汤阴、亳州等地也都有了同胞，来大量收购桐木和棉花。而郑州是中心，都是想要在这里大量投资的商贾，所以郑州的日本人势力最盛。另外，日本人经营的郑州医院也得到了信赖。前年闹饥荒时，用日华实业协会名义实施的救助活动，好评一直传到了长安，听说没有排日运动的地方只有郑州。

去洛阳途中计划去登嵩山，但被告知那里是危险区域，不知能不能去。所幸的是，听说洛阳有一个日本人，所以决定过去请教一下，看能否请他帮助一下。这个人很有旅行经验。我这一次没有把洛阳作为计划的中心，打算如果定购的龙门石比较理想的话就到当地去看一看。既然洛阳有日本人就决定先去洛阳，到达的当天晚上，就去找那个日本人，想和他商量一下能否在龙门住一夜，可不可以不要警员或士兵随行。这件事情让他很高兴，因为他没有什么事情安排，正在生脾肉之叹。第二天一早和我一起步行出发前往龙门并住了一夜。

龙门寺里没有和尚常驻。对面的香山寺也因此地经常有土匪出没没有人住成了空寺。我们在一个叫龙门街的村子里住下，从洛阳同行而来的老拓夫和龙门的拓夫会合，商量怎样完成我定购的拓本。从头到尾都商量好后，利用剩下的时间，第二天去了香山寺。这些拓本后来看起来虽然没有完全达到要求，但基本上还算是表现出了整体的样子。这些拓本的一部分现放在会场展出。洛阳附近有土偶根据地的北邙山，又有石佛根据地龙门，对这些方面感兴趣的人在这里待上几天也会觉得不够用。佛像里的确有仿造物，但也有好东西。好东西一般是不让人看的，昨天没有的，今天可能有，今天没有的，明天可能来。换句话说，这种状况也说明了古老的文明正在急速地消亡。

从北京一起来的向导因身体不好回去了，洛阳的人说陪我一起去嵩山，所以很放心地出发了。第一站是少林寺，少林寺是传说中达摩面壁九年的故址，宋代兴建的初祖庵是目前已知的最古老的木结构建筑。然后经永泰寺到了会善寺。会善寺的位置是唐代时的戒坛院，所以并不为以往的佛教界所知。嵩岳寺里有一座北魏时期的塔，很是不错。接下来的法王寺在嵩山被说成是佛教最早的摩腾、法兰时代建立的，另外还有被说成是因有嵩阳书院才有的嵩阳观，还有二程也曾居住过的崇福宫等古迹。这些地方都看过以后，去了中岳庙。庙里有一块刻着北魏寇谦之之名的石碑，我们去时正好赶上有祭祀活动，乱哄哄的，没能看成。有名的太室石阙倒是能得以慢慢欣赏。天气很暖和，因身体感觉有些疲倦，坐在庙前休息时，走过来一位老人跟我们说话，又拿出粗面饼子给我们。那是小麦粉里掺上干柿子做成的。他说，你们没吃过这种东西，尝尝吧，还说，好人都吃这种东西，而坏人就都进山当了土匪。走到哪里都有土匪的话题出现，从这种情况上看，土匪是到处都有。这以后我们去了一个叫作洞头的地方，住在一种土造的房子里，又在碑楼寺看了刘碑。那个叫作洞头的地方，一共只有二十个巡警，如果遇上土匪来了，就会逃到村子里面躲起来，等土匪走了再回来。归途中在临近登封县的十里铺吃饭，可什么也没有，问他们鸡蛋应该有吧，回答是去年闹灾荒时，鸡呀猪的都饿死了，自然没有鸡蛋。听了这些话我不禁鼻子发酸，闹土匪也是没有办法的事啊。在参驾店住了一夜，第二天天没亮出发，忽然听到两声枪响，向导说那是正在掠夺，并不在乎的样子。大概因为经常听到枪声，已经习以为常了吧。

这一次从归德府向南进发。归德府里有一处叫文雅台的地方，是有关孔子的遗迹。听说孔子来到宋都的时候召集弟子在大树下习礼，可是桓魋却把那棵大树砍倒了。孔子说："天德生予，桓魋奈何予夫。"从此处再向南进入亳州，是为了寻找老子庙。正好那里有一个日本人，通过他去县衙、道庙等打听，却没有结果，让人十分失望。想了一夜，想起来鹿邑这个地名。深入了一百三十五里来到这里，不忍空手而归，所以决定能走到哪里就到哪里，虽然有些盲目，但所幸的是，作为老子遗迹，找到了鹿邑县东十里处的太清宫和城里的升仙台两处。其中，太清宫是东汉以来朝廷祭祀老子的故址，这一点通过石碑得到了确认。

从郑州返回北方的途中，去了彰德府西边的宝山。宝山是北魏的道凭和隋代的灵裕这两个有名僧人住过的地方，留有北魏和隋这两个朝代的石窟。这一次的旅行中收获最大的就是这两个石窟。听说那一带的马贼十分猖獗，听从汤阴县跟我们一起过来的中国人说，他因为没有同伴，结果连应该去的地方都没敢去，空着手返回了彰德。可见大多数中国人一听说土匪都是战战兢兢的。

河南行程结束后南下去了汉口，又去了长沙。在长沙看了岳麓书院，也去了南岳。南岳是佛教史上的重要场所。山脚下的祝圣寺是唐代法照的故址，天柱峰半山腰的南台寺是石头和尚的故址，福严寺是慧思禅师和怀让禅师的故址。南台寺下面有一座石头和尚的见相塔，福严寺附近有慧思的三生塔，再稍上面一点的磨镜台上有怀让的景胜轮塔。磨镜台是马祖听了怀让的磨砖一答从而悟道之处。从磨镜台向上，登上南岳的最高处祝融峰，那里有个上封寺，也是个有意思的故址。下山时取南路，至衡州，寻找石鼓书院，然后一旦返回长沙而后再探沩山。

从汉口乘船在镇江上陆，去南京。今年也去了栖霞寺，可是那里有名石塔上的释迦八相已在去年夏天遭到了严重的破坏，令人深感遗憾。

在扬州时寻访了欧阳修的故地平山堂，但是没能找到鉴真和尚的遗迹。继而再向南去了茅山，探访了梁时陶弘景的遗迹。又从上海到苏州，寻访了虎丘山、天平山、灵岩山等地。

这一次的探访，最先想去的是山东的徂徕山和河北省的赵州、河南省的宝山、河南省的鹿邑、南京南面的茅山，我相信这五处是第一次被踏访的地方。沩山本来也想放在这一组里，但因以前已经有人去过，就不算在其中了。在这些地方得到的拓本和照片已供展示，时间关系不能一一进行说明，只能告诉大家去过这样一些地方。最后再补充一点，今天的中国到处都有土匪，但到处又没有土匪。所有的地方都很危险，但同时又可以说，所有的地方都很安全。现实构成了这样一种矛盾的状态。以上只是一种跑马观花式的报告，大家还可以通过幻灯片了解情况。在此，谨向给予后援的大学和给予理解的启明会表示感谢，并祝诸君身体健康。（鼓掌）

展览拓本目录

图书馆

一、	金刚般若经	取自泰山经石峪九百五十一字
		与本馆陈列的徂徕山魏王子椿所书般若经出自同笔
	画像石	（参考）
二、	武梁祠之一	山东嘉祥县——碑、祥瑞图、石阙、壁刻　汉代
三、	武梁祠之二	左石室
四、	武梁祠之三	前石室
五、	武梁祠之四	后石室
六、	孝堂山之一	山东长清县　汉代
七、	济南金石保管所之一	汉代
八、	济南金石保管所之二	
九、	济南金石保管所之三	
十、	两城山	山东长清县　汉代
十一、	汶上新出	山东　汉代
十二、	君车	汉代
十三、	石阙	汉代
十四、	晋阳山	山东嘉祥县　汉代
十五、	孝堂山之二	
十六、	栎口新出	山东　汉代
十七、	朱郁墓	山东金乡县

龙门

十八、	宾阳洞	河南洛阳　北魏　内壁右方　国王进香行列
十九、	宾阳洞	内壁左方　后妃进香行列
二十、	伊阙佛龛铭	潜溪寺摩崖　唐褚遂良书
二十一、	菩萨像	宾阳洞内壁　北魏

嵩山 少林寺

二十二、达摩大师碑（正面）　　　　河南嵩山中、少室山中、五峰山下
　　　　　　　　　　　　　　　　　元至正七年　欧阳玄撰

二十三、达摩大师碑（背面）

二十四、唐太宗教书碑（正面）　　　开元十六年立　御书并裴漼文

二十五、唐太宗教书碑（背面）　　　唐文皇帝赐少林寺柏谷坞庄御书碑记

二十六、御十五代息庵禅师行实碑　　元至元元年　日本但州正法禅寺邵元撰

二十七、曹洞宗第二十六代道公碑　　明万历二十七年　董其昌撰并书
　　　　　　　　　　　　　　　　　　　　　（少林寺为曹洞宗之证）

二十八、初祖庵　重修面壁庵记　　　金兴定六年　李屏山撰

二十九、初祖庵　新修雪庭西舍记　　金兴定六年　李屏山撰

三十、　大唐东都敬爱寺　故临擅大德法玩禅师塔铭　少林寺塔林中　贞元七年

三十一、二祖庵　重修二祖庵记　　　明万历三年　杨世卿记

三十二、二祖庵　　　　　　　　　　壁碑

三十三、初祖庵正面　　　　　　　　石柱雕刻　宋代二张

三十四、初祖庵　　　　　　　　　　壁脚石刻　宋代二张

三十五、敕赐祖庭少林释氏　源流五家宗派世谱　清嘉庆七年　彼岸海宽撰
　　　　　　　　　　（明记有洞山之后曹洞宗法系绵绵传至少林寺）

三十六、纪泰山铭　　　　　　　　　泰山顶上东岳庙后　唐玄宗皇帝所制（参考）

本馆

三十七、孙宝憘造像　　　　　　　　济南金石保管所　魏神龟元年

泰山神通寺

三十八、祖师兴公菩萨道德碑　　　　山东泰阴 元至治二年　邢天祐撰

三十九、祖师兴公菩萨道德碑（背面）宗派分行之图

四十、　龙虎塔内佛像　　　　　　　神通寺　唐代　二张（南方倚像、西方坐像）

神禹碑（参考）

四十一、之一　　　　　　　　　　　河南归德府衙门内　元代造

四十二、之二　　　　　　　　　　　南京栖霞寺天开岩右　明代造 六张

四十三、八关斋报德记　　　　　　　河南归德府南门外开元寺址　唐颜真卿书 四张

赵州柏林寺

四十四、赵州和尚从谂像　　　　　　河北省赵州　二张
四十五、光祖真际禅师灵塔记　　　　明成化十六年临济二十四世慧杲撰
四十六、重修真际禅师塔碑　　　　　明嘉靖十八年真定元峰撰
四十七、月溪禅师碑　　　　　　　　元延祐三年王思廉撰
四十八、成吉思皇帝圣旨碑

泰山灵岩寺

四十九、灵岩寺碑（山东泰阴灵岩寺鲁般洞内）　唐天宝元年　李邕撰
五十、　曹洞宗方山休堂联道行碑　　大明洪武五年　桂岩洪证撰
五十一、上奏断定田园记碑　　　　　金明昌五年
五十二、大元国师法旨碑
五十三、大雄宝殿前石柱雕刻
五十四、辟支塔建造者列名部分　　　宋庆历年间
五十五、辟支塔建造者列名额周缘雕刻

宝山灵泉寺

五十六、大留圣窟三尊　　　　　　　河南彰德府西　魏武定元年　道凭造
五十七、大住圣窟外壁雕刻　　　　　隋开皇九年造
五十八、大住圣窟内三尊中　　　　　中尊释迦如来
五十九、大住圣窟内壁雕刻　　　　　隋开皇九年造
六十、　大住圣窟内三尊中　　　　　西方阿弥陀如来
六十一、大住圣窟内三十五佛中间部分
六十二、唐玄林禅师神道碑　　　　　玄林塔前　景龙三年　陆长源撰
六十三、隋灵裕法师传碑　　　　　　灵裕塔内　宋崇圣年间
六十四、重建宝山灵泉禅寺并观音阁碑记　明弘治七年
六十五、麓山寺碑（湖南长沙府岳麓书院内）　唐天宝十八年　李邕撰
六十六、弥勒下生像趺石刻　　　　　魏正光六年
六十七、弥勒下生像复制

徂徕山

六十八、映佛岩般若经（山东光化寺南）　魏武定元年　冠军将军梁父县令王子椿书
六十九、七十、映佛岩般若经复制两种
　　　　　　　（两种与前面所示真拓不同，两种之间亦不相同）

七十一、重修光化禅寺之记

南京栖霞寺
七十二、石塔释迦八相
　　　　（去年夏季，八相表面多处遭到破坏，可与前示照片认真对比）
七十三、明征君碑　　　　　　　　唐高宗皇帝御制

龙门老君洞
七十四、内壁东面部分　　　　　　河南洛阳　北魏时代
七十五、内壁西面部分
七十六、洛阳龙门图
七十七、老君洞内造像　　　　　　魏天平三年
七十八、龙门小品

嵩阳
七十九、碑楼寺内刘碑（正面）　　河南嵩阳洞头　北齐时代
　　　　碑楼寺内刘碑（背面）
　　　　（中间插入的天圣四年丙寅年号为台石刻文中原有）
　　　　碑楼寺内刘碑（侧面）
八十、　洪宝造像　　　　　　　　少林寺　魏天平二年　二张（正面）
八十一、董洪达造像　　　　　　　少林寺　齐武平元年　二张（正反面）
八十二、永泰寺碑　　　　　　　　唐天宝十一年
八十三、嵩阳寺碑　　　　　　　　会善寺戒坛院址（正面）
　　　　嵩阳寺碑（背面）
　　　　嵩阳寺碑（侧面）
八十四、崇福宫修建碑　　　　　　元至正壬午　东平止敬撰（言及全真教）
八十五、大元崇福宫始建三清殿记
八十六、（参考）北京白云观七真道行碑
八十七、（参考）北京白云观长春真人道行记
八十八、嵩高灵庙碑　北魏（其中可见寇谦之名）
八十九、会善戒坛佛祖宗派之图　　明嘉靖戊午
九十、　会善寺敕戒坛记（正面）　唐贞观十一年　陆长源撰
九十一、会善寺敕戒坛记（背面）
九十二、会善寺净藏禅师身塔铭　　唐天宝五年
　　　　戒坛院威公山主塔铭　　　金大定二十五年

九十三、会善寺戒坛院阿弥陀佛塔像　　临坛大德奉密造
　　　　会善寺戒坛院阿弥陀佛塔铭
九十四、嵩阳观纪圣德感应碑　　　　　唐天宝三年　林甫上、徐浩书

参考

九十五、秦氏造像　　　　　　　　　　山东潍县陈氏藏　北魏时代
九十六、贾智渊等造像　　　　　　　　山东青州衙门内　魏正光六年
九十七、千佛像　　　　　　　　　　　山东青州　六朝
九十八、涅槃经　　　　　　　　　　　山东锯野县石佛寺　六朝
九十九、意瑗法义造佛国之碑　　　　　魏武定年间
一〇〇、官妃造像　　　　　　　　　　天津姚氏藏　隋开皇九年
一〇一、舍利塔铭　　　　　　　　　　河南沈库　隋仁寿二年
一〇二、观无量寿经　　　　　　　　　河北唐山县　纪正信造　三张
一〇三、比丘僧隐等造像　　　　　　　河南武涉县
一〇四、禅师慧训邑师慧刚等造像　　　河南汲县　魏永熙二年
一〇五、马鸣寺故根法师铭　　　　　　山东乐安大王庙　魏正光四年
一〇六、般若经　　　　　　　　　　　山东济宁水牛山　六朝
一〇七、慧双造像　　　　　　　　　　河南登封　魏永安三年
一〇八、佛道二尊像　　　　　　　　　四川省衙门内　北周

本馆教员室（编外）

一、　　徂徕山擦石峪瞻田碑记　　　　清康熙甲午　赵闲麟撰
二、　　同六逸堂重修碑记　　　　　　明弘治元年
三、　　添建舫室亭廊记　　　　　　　河南归德府文雅台　清道光二十二年
四、　　老子升仙台记　　　　　　　　河南鹿邑县　清道光十八年
五、　　八神仙清天歌
六、　　壁刻二张　　　　　　　　　　明万历乙酉　南太和书
七、　　续修太清宫记　　　　　　　　河南鹿邑县　金明昌二年
八、　　南台寺日本僧赠藏经记　　　　湖南南岳　清宣统三年
九、　　岳麓书院学规　　　　　　　　湖南长沙　清乾隆戊申
十、　　岳麓书院学箴九首　　　　　　清乾隆二十九年
十一、　重修石鼓书院碑记　　　　　　湖南衡州　清嘉庆二十一年　福顺撰

十二、	石鼓书院学规	清同治七年
十三、	重修平山堂记	江苏扬州
十四、	乾元观碑	江苏句容县茅山　明万历四十四年
十五、	灵岩山图	江苏苏州城西

中国佛教史迹踏察报告书

我的调查事项以中国佛教史料的收集为主，同时涉及附带的佛教关系以及儒、道两教的史迹。在启明会的援助下，去年九月至今年二月期间，大约在山东省一个月，河北省半个月，河南省两个月，湖南省一个月，江苏省一个月，共五个半月时间，走访调查了相当广泛的区域，作为本邦人首次访问的地点也不在少数，也自信在拓本、照片、书籍等的收集方面付出了相当的努力。上个月九日，由文学部以及启明会共同主办，在东京帝国大学将我的调查成绩广泛地予以介绍，对此我深感荣幸。那天，启明会发给与会者的目录是我归国后在有限的很短期间内花了很大气力完成的，其中特别留意了对出展拓本的说明。把目录呈献给大家，我本人则只对提出要求的人进行了概要说明。做报告时由于时间关系，只提供了目录而未能谈及，报告不过是有关调查区域的一般性汇报，会后，我对此颇感不足，因此想利用现在的机会，就展出的众多拓本、收集宗旨以及站在自己立场上的评价等做一个阐述，方便起见仍延用前面刊载的目录，与目录保持关联以尽自己的说明责任。

陈列场地分图书馆和本馆两处。由于场地关系，展品未能完全按照自己的意愿进行陈列，这一点首先请予理解。第一点是两个展览场地的展品按已考察地和未考察地分开，本馆的陈列品中特别提供参考的属于未考察地部分。第二点，虽然属于考察地，但是很遗憾没有适当的展品，或者因为年代太新，特意没有放入展品目录中。这一部分作为特别的编外展品放在本馆教员室展出。第三点是有关汉代画像石、纪泰山铭、神禹碑，由于场地关系，虽然作为展品列入，但因与佛教没有直接关系，所以在这些展品下面都特意附上了"参考"二字。第四点，所有展品下面都明确注有出处、年代、撰造者姓名。第五点，有关展品特别应该引起注意之处都在下面加上了注释。这样，参照目录一一浏览过去便可以对情况有一个大致的了解。

我调查主要着眼的时代是以隋唐为中心，上溯至可称为准备时期的南北朝时代，下至实行时代的赵宋以及其间的时代，而南北朝时代中又特别对北方予以关注。这是因为以往的佛教史对北方一直是处于疏略甚至是放弃的状态，然而现实却是，南北朝时代有关佛教的造像碑碣在南方几乎完全没有留存下来，留下来的几乎都是出自北方。鉴于北方留存下来的造像碑碣数量较多，所以我的研究也逐渐地转向北方特别是北魏时代的佛教研究，从而力求补充以往佛教史研究的不足，并且期望能更进一步消除对北方持有的错误成见，以新的角度重新审视佛教史，这些在我的考察中占据着十分重要的位置。本馆展出的十四件参考展品中，多加了下列六件的目的就在于此。

九十五、秦氏造像	山东潍县陈氏藏	北魏时代
九十六、贾智渊等造像	山东青州衙门内	魏正光六年
九十九、意瑗法义造佛国之碑	魏武定年间	
一〇四、禅师慧训邑师慧刚等造像	河南汲县	魏永熙二年
一〇五、马鸣寺故根法师铭	山东乐安大王庙	魏正光四年
一〇七、慧双造像	河南登封	魏永安三年

除此之外，下面的四件应该是北魏之物，但在此不做断定，为区别于前出，三件标为六朝，一件特意未标出年代。

九十七、千佛像	山东青州	六朝
九十八、涅槃经	山东锯野县石佛寺	六朝
一〇三、比丘僧隐等造像	河南武涉县	
一〇六、般若经	山东宁阳[1]水牛山	六朝

这些即便不为北魏之物，肯定也不会晚于北齐。北齐与有一百六十余年的北魏相比，是一个仅有二十七年的短暂的时代。大体上讲，北魏并无大的过错。十四件展品中有十件是北魏的。此外还有下列这些北魏作品，是整个展品中最为优秀的部分。

十八、宾阳洞	河南洛阳 北魏 内壁右方	国王进香行列
十九、宾阳洞	内壁左方	后妃进香行列
二十一、菩萨像	宾阳洞内壁 北魏	
三十七、孙宝憘造像	济南金石保管所	魏神龟元年
五十六、大留圣窟三尊	河南彰德府西 魏武定元年	道凭造
六十六、弥勒下生像跌石刻		魏正光六年
七十四、龙门老君洞内壁	东面部分	河南洛阳 北魏时代
七十五、内壁 西面部分		
七十七、老君洞内造像	魏天平三年	
七十八、龙门小品		
八十、洪宝造像	少林寺 魏天平二年	二张（正面）
八十八、嵩高灵庙碑	北魏（其中可见寇谦之名）	

---

[1] 目录中记为济宁，实为宁阳之误。

众多的北魏之物里如果再加上北齐之物，展品就都是北方的了。这一次的考察地区是以北方为主，展品中北方之物占主流也是理所当然的。不过想要在南方找到如此珍贵的南北朝之物恐怕是没有希望的。

在此必须要补充一句，目录上需要加上一些订正。泰山《金刚经》、徂徕山《般若经》都标示为魏王子椿之笔。王子椿书的注释可以不动，而年代注为魏是根据武定而来，原因是把武平错记成武定了。武定是魏末，而武平就是北齐了，因此必须将魏改为北齐。这是因为准备过于匆忙出现的错误。

以上大概讲了收集的宗旨和展示的方法，下面想从展品中选出一些主要作品，从我自身的角度做一下简单的评介。

中国的佛教纪元准确地说是从西汉末年开始的，而一般通用的内行说法是从东汉明帝时开始，大体上没有问题。东汉末年至魏晋时代，随着老庄思想的流行，在思想方面与其极为相似的佛教也就逐渐传播开来。不过这个时代的佛教除了思想类似之外，所用的翻译语句也都是假借于老庄，因此应该看作是作为老庄才被接受被解释的。

东晋末期，佛教迎来了转换时期。当时汉民族和汉文明受到了来自异民族以及印度文明的威胁，何去何从难以预料。我认为，这个时期对汉民族来说正是一个面临生死的时期。这个时期出现了两位伟人，一位是庐山的慧远，另一位是嵩山的寇谦之。两人同是汉族，但对印度文明的态度却截然不同。慧远是进取主义，寇谦之是保守主义。为此提供资料的是长安的鸠摩罗什。鸠摩罗什与慧远的关系在此处略去不谈，而对鸠摩罗什给予寇谦之的影响不得不说上一句。寇谦之对东汉以来的道教进行了适当的整理，减少迷信成分，首次在道教中加入了宗教的形式内容。也就是说，寇谦之是道教的中兴之祖。他改革的关键实际上就是《云中新科诫》。所谓的"诫"应该说是受了鸠摩罗什新近译出并已开始在教界广泛流传的戒律的影响。寇谦之在嵩山养成了足以承担道教改革大任的人格，然后对待新来的文明采取了保守主义的做法，所以北方的魏都，就是今天的大同一带，仰仗司徒崔浩的力量，拥立了年幼的武帝，惹起了魏境内取缔佛教的事态。这是有名的三武之祸之中的第一祸。大同云冈和洛阳龙门的两大石窟，虽然不是全部，但都是因为此次灭佛的恶缘才得以产生的。虽说是恶缘，但寇谦之的活动在佛教史上起了极为重要的作用。有关慧远墓塔的发现已经在《访古贤之迹》中报告过了，这一次又能够介绍刻有寇谦之之名的古碑，对我来说，实在是一件愉快的事情。那是列在下面的这块现存在中岳庙前的石碑，已刊在魏碑中了。

八十八、嵩高灵庙碑　　北魏（其中可见寇谦之名）

此碑出现当时就已严重破损，字体很难辨认，但是"寇君名谦之"几字清晰可辨，而且字体亦佳，古来一直富有盛名。南北朝的佛教实际上是在慧远进取主义的顺势和寇谦之保守排佛的逆势的两股势力当中强劲地勃兴起来的。

　　云冈龙门的两大佛教艺术，是忏悔赎罪和孝祭祖先这两种动机相结合而产生的。上一次的报告中，我已经比较详细地讲过，这里不做重复。照片也做过多次公开展示，为了方便在观看更接近于实物的拓本时能进一步理解其中的韵味，我把了解当时北魏佛教的基本资料中的一部分提供给大家，那就是这一回特意展示的龙门宾阳、老君两洞的大拓本。宾阳洞的放在图书馆正面，老君洞的是当天早上才好不容易做成的一半，放在本馆第十一教室展示。这种大与细兼而有之的艺术，大体上都出自中国工匠之手。这说明了早在北魏时期，鸠摩罗什的翻译就已经传到了像大同那样的偏僻之地，并在那里得到了理解，同时感化了那里。属于同时代的石窟中还有河南巩县和山东黄石崖两处。黄石崖的拓本没有展示，但有照片展出。

　　明帝把宣武帝的离宫改成闲居寺，在这里建起了十五层塔。明帝之妹永泰公主在嵩阳兴建了明练寺，这些都是迄今的佛教史上没有的，都是显示灭佛之后的佛教伟大力量的材料。闲居寺现在被叫作嵩岳寺，十五层塔现在还有，明练寺现在改称永泰寺。前者有塔的照片，后者有公主事迹石碑展示。

　　　　　　八十二、永泰寺碑　　　　唐天宝十一年

　　继北魏之后的北齐时代有很多值得欣赏之物。下面列出的是其中最优秀的作品。（图一百零九）

　　　　一、　　　金刚般若经　　　取自泰山经石峪九百五十一字
　　　　　　　　　　　　　　　　　与本馆陈列的徂徕山魏王子椿所书般若经
　　　　　　　　　　　　　　　　　出自同笔
　　　　六十八、映佛岩般若经　　　山东光化寺南　魏武定元年　冠军将军梁
　　　　　　　　　　　　　　　　　父县令王子椿书
　　　　六十九、七十、映佛岩般若经复制两种
　　　　　　　　　　　（两种与前面所示真拓不同，两种之间亦不相同）
　　　　七十九、碑楼寺内刘碑（正面）　　　河南嵩阳洞头　北齐时代
　　　　　　　　碑楼寺内刘碑（背面）
　　　　　　　　　（中间插入的天圣四年丙寅年号为台石刻文中原有）
　　　　　　　　碑楼寺内刘碑（侧面）
　　　　八十一、董洪达造像　　　少林寺　齐武平元年　二张（正反面）
　　　　八十三、嵩阳寺碑　　　　会善寺戒坛院址（正面）
　　　　　　　　嵩阳寺碑（背面）
　　　　　　　　嵩阳寺碑（侧面）

图一百零九：刘碑拓片

图一百一十：徂徕山石刻拓片复制之一

图一百一十一：徂徕山石刻拓片

泰山和徂徕山可以说是儒道两教的根据地，如此这般的地方出现了如此伟大的石刻经，这一事实不应该被忽视。若不是因为大乘佛教的信念使众人之心生气勃勃，成了时代精神的基调，伟业是不可能完成的。泰山的《金刚经》还未能确定是出自何人的手笔，但应与此次调查的徂徕山《般若经》是出自同一人之笔。这与钱氏的见解一致，可以断定是出自王子椿之笔。古今的石刻经中，被誉为第一雄浑的恐怕非王子椿莫属，他当时是冠军将军、梁父县令。梁父县在徂徕山的南面，徂徕山当然离泰山也很近。徂徕山的拓本出现了两种复制品，我认为这给了今后的拓本研究更深一步的空间。（图一百一十、图一百一十一）

碑楼寺以下的三碑都十分有名，其中嵩阳寺碑中有可以了解当时大德和沙门统之间关系的内容，但是现在不准入内。

总之，北魏北齐的佛教浪潮中有一股强劲的力量。这股力量生成了那些洞窟、刻经、层塔、碑碣。当时的窟、塔、碑、刻并不是后世那种形式化的东西，而是各自尝试着自己的新鲜创意。当我们面对这些作品的时候，自然就会感到其中蕴含着的一种力量。形成隋唐时代佛教的正是这样一股力量，这各种各样的遗物使我更想对南北朝时代的佛教进行更深入的探求。

佛教界里涌动的力量同时也涌入了道教，所以南北朝时代两教的关系十分紧张。因此，只要道教界出现了杰出人物，二者之间必定或辩论，或冲突，或破裂。南北朝的佛教因北魏的灭佛事件揭开了对立的序幕，接下来隋唐时代的佛教是以这个时代最后落下的北周灭佛一幕宣告开始的。北周的灭佛是以老庄作为思想统一要求的基础的。产生于国家统一的自觉，具有思想问题的背景，仅此一点，对佛教来讲就是重大的事件。有很多名僧悲愤而死，足以说明佛教界是怎样被唤醒的。从北魏晚期开始老君像在教界公开出现，这一次收集的资料中有两种，都是北周时期的道像。以此可以了解到这个时代老庄思想以及道教信仰在显著勃兴的情况。

一〇八　佛道二尊像　　　　四川省衙门内　北周
（编外）元始天尊像　　　　北周建德元年

前者的年代不明，后者是建德元年。这是灭佛之后的第二年。武帝不久后辞世，取而代之的是原来的臣子杨坚，此人建立了隋朝，正确地说是他实现了武帝的理想。

以武帝灭佛为契机，值得注意的三件事情发生了。一是房山的石经，二是宝山的石窟，三是两大伟人的出现。把大藏经刻在石材上以求流传万世，如此宏愿实际上是被灭佛事件激发出来的。启愿者传说是慧思禅师。这块石经从隋代开始，经过唐代、辽代，前后用了五百余年，大藏经刻成了一半以上，实在是件了不起的事情，令人感怀中华国民的伟大。这件事情也已经在上一次的报告中提及，不再赘述。

对宝山石窟的调查，我这一次是首次考察，二窟中的大住石窟还与灭佛事件有密切关系。启愿者的灵裕是与慧远齐名的博学之士，灵裕把师父道凭所造的石窟加上大留之名，自己所造则起名为大住。两者合在一起就是留住，含有希望正法永远留住在此世的意趣。石窟内外有很多文字，但没有启愿者的名字。内壁上刻着传法二十四祖，内外壁上刻着《大集》《法华》《胜鬘》《涅槃》诸经，石窟开成的开皇九年恰好是灵裕在此居住的期间，灵裕和师父道凭都遭遇了灭佛，把这些点点滴滴的事情综合起来看，可以断定石窟就是灵裕所造。此寺是道凭、灵裕、玄林、慧休四代学者依次住过的名刹，前山后山的岩面上有四五十座隋唐时代僧尼的灰身塔，史迹甚是丰富。这一次的收获当中，此处当属第一。目录如下：

五十七、大住圣窟外壁雕刻　　　隋开皇九年造
五十八、大住圣窟内三尊中　　　中尊释迦如来
五十九、大住圣窟内壁雕刻　　　隋开皇九年造
六十、　大住圣窟内三尊中　　　西方阿弥陀如来
六十一、大住圣窟内三十五佛中间部分

大住窟外壁的那罗延与迦比罗二王的刻法笔力雄健，明显优于其他。二王的羽冠被说成是波斯式。附带说一句，山东省的驼山、云门山、玉函山、千佛山、佛峪、龙洞等地也有大大小小的隋代石窟。

两大伟人说的是北方的净影慧远和南方的天台智𫖮。二人同样都综合了南北的思想加以整理，形成了重要的组织系统，造就了一个佛教教理史上划时代的时期。从整体来说，隋朝十分短暂，但于政治上，于南北统一的角度上却占有十分重要的地位。这两位伟人恰好是顺应了这个时代的精神，完成了思想上的整理综合。有关天台遗迹的荆州玉泉寺因已经公开发表了，在此省略，而这里只说一句，两个人都因灭佛受到了直接影响。

在此必须要补充的是，南北朝晚期之际，在各个方面都给予佛教转机的世亲法门的事情。龙树法门在南北朝初期刚刚传入时就风靡了大江南北，此基础上又加上了世亲法门，从而形成了重大的转折。世亲法门传入的内因在于周武灭佛的反动，而推动的则是隋代的统一。所以佛教才能得以在隋唐时代出现。慧远和智𫖮不仅是隋代的伟大人物，也是中国佛教史上的伟大人物。

继短暂的隋代而来的唐代，产生了灿烂的新文明。这新文明是汉民族适当地汲取了印度文明的结果，也就是说，印度和中国的两大文明有机地融和了，在中国的文明史上这是一种前不见古人后不见来者再没有可以与之比拟的完美结合。中国在这一点上，作为世界的大国民占据了领先的地位。当时的佛教教义已经发展得和本土印度相

差无几，盛唐以后就已经没有了再接受印度传授的必要，达到了产生纯中国佛教的境界。在唐代的文物中，佛教传来之前的艺术，比如说和汉代的画像石比较，其中的差异便一目了然。

此处没有陈列唐代的造像和碑碣，唯一想补充的是下面这座石塔。

七十二、南京栖霞寺石塔释迦八相
（去年夏季，八相表面多处遭到破坏，可与前示照片认真对比）

这是中国化佛传的标本，艺术上也十分有名，遗憾的是去年夏天佛像的面部有多处遭到破坏。云冈、龙门，还有很多其他地方，那些已经引起人们注意的东西近年来都越来越多地遭到了不同程度的破坏，我希望通过这座石塔能引起大家对现状的关注，所以特意在下面注上了说明。

如上所述，对于每一件作品都有应该说明的故事，但暂且到此。下面从上述没有提到的作品中选出数品，做一个简单的补充。

二十六、御十五代息庵禅师行实碑　元至元元年
　　　　　　　　　　　　　日本但州正法禅寺邵元撰

撰文者是日本人邵元，这为中国和日本的佛教关系加上了一个事实。邵元禅师在元代住了二十一年之久，我特别想向我国佛教界介绍的是他不辞远路去看了达摩九年面壁遗址的事迹。

二十七、曹洞宗第二十六代道公碑　　明万历二十七年　董其昌撰并书
　　　　　　　　　　　　　　　　（少林寺为曹洞宗之证）
三十五、敕赐祖庭少林释氏　源流五家宗派世谱　清嘉庆七年　彼岸海
　　　　宽撰（明记有洞山之后曹洞宗法系绵绵传至少林寺）
五十、　曹洞宗方山休堂联道行碑　大明洪武五年　桂岩洪证撰
　　　　　　　　　　　　　　　　（灵岩寺为曹洞宗之证）

从来没有介绍过。这一次不仅首次得以介绍这一事实，更因得到了五家宗派世谱了解了上溯到曹洞宗法系的开山洞祖，这可以说是佛教史研究方面的一大收获。但是这个法系就连在少林寺里面的这座碑和小山禅碑之间的记载也存在差异。这两者与守一编的《五家宗派》相比也存在不同，都是曹洞宗衰微时的事情，现在很难确认。断定少林寺属曹洞宗是从元代裕公的时候开始的。裕公是《从容录》著者万松行秀的法嗣。连少林寺的情况尚且如此，山东的名刹灵岩寺的曹洞宗当然更就不会有任何人介绍了。

踏察报告 | 315

三十八、祖师兴公菩萨道德碑　　山东泰阴　元至治二年　邢天祐撰
三十九、祖师兴公菩萨道德碑（背面）宗派分行之图
八十九、会善戒坛佛祖宗派之图　　明嘉靖戊午

山东名刹神通寺金末学者兴公的法系作为宗派的分行之图被十分详细地刻在了石碑上，这种做法十分少见，可以说为佛教史提供了第一手资料。可惜的是石碑下半部已被埋住，周围也被石头团团围住，不可能做出全部的拓本。比此碑更有意思的是嵩阳会善寺门前菜地旁边倒着的佛祖宗派之图，上面纵贯了禅宗法系的全部，五种灯录都不一样，立了天皇和天王二人，视云门、法眼二宗出自马祖的弟子天王之下，这一点可作为研究上的重要参考。我在荆州天皇寺的调查中论述了二人说不能成立的理由，并已公开发表。但是少林寺的《五家宗派世谱》中，清朝的彼岸海宽的立场虽然和我一样，但意见却相悖。二人还是一人的议论对禅宗，特别是对曹洞宗是一个非常重要的问题。会善寺的这块碑与少林寺碑对照时，彼岸海宽肯定会与距离很近的会善寺之间引起争论。会善寺现在属于曹洞宗，仅因这一点也必须说虽仅限于在嵩山，但是胜利属于少林寺的。我认为，在追溯二人说的起源时，此碑不乏为一个有力的参考。

九十、　会善寺敕戒坛记（正面）　　唐贞观十一年　陆长源撰
九十一、会善寺敕戒坛记（背面）

日本的佛教界还不知晓嵩山上有敕建戒坛一事。根据前面介绍的唐碑可以了解戒坛成立的原因以及中心人物，这也不失为佛教史上的一大收获。在参照上面的石碑时我想，这座有实力的寺庙属于临济宗，一定曾与曹洞宗的少林寺进行过对抗。

（编外）九、　岳麓书院学规　　　　　湖南长沙　清乾隆戊申
（编外）十、　岳麓书院学规学箴九首　清乾隆二十九年
（编外）十一、重修石鼓书院碑记　　　湖南衡州　清嘉庆二十一年　福顺撰
（编外）十二、石鼓书院学规　　清同治七年
九十四、嵩阳观纪圣德感应碑　　唐天宝三年　林甫上、徐浩书
二十八、初祖庵　重修面壁庵记　　金兴定六年　李屏山撰
二十九、初祖庵　新修雪庭西舍记　金兴定六年　李屏山撰

宋儒诸子依靠静坐直观第一义，并以此见地建立了儒教的组织。实际上，于禅学之上，当时已经接触到了成熟的佛教思想，在其组织中也能够找到佛教教理的踪迹。以儒佛关系的立场探访朱子遗迹庐山白鹿洞书院，报告已在上一次公开。既然访问了

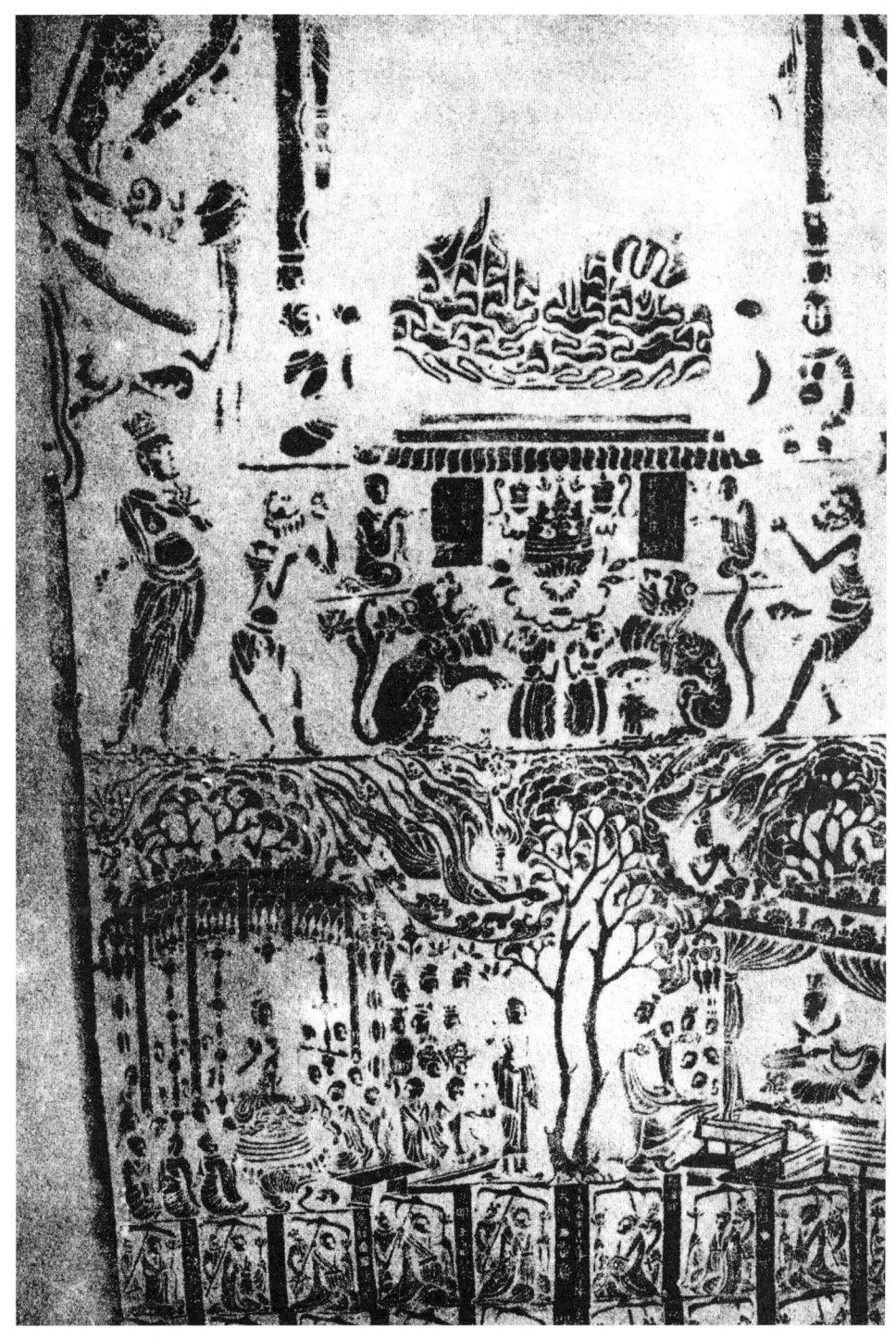

图一百一十二：慧训慧刚等造像拓片

宋初四大书院之一的白鹿洞，那么此外的岳麓、石鼓、嵩阳也应该去看一下。这一次同样作为朱子遗迹，探访了岳麓、石鼓两书院和二程子关系的嵩阳书院。接下来的《面壁庵记》的撰文者李屏山是金代有代表性的文学家，视野宽广，他批评眼光短浅的宋代儒流的排佛思想，这一点前人的著述中已有明确记载。他不愧是大学者，文中论及许多学者。他的论述作为儒佛关系的资料也值得在此予以介绍。

八十四、崇福宫修建碑　　元至正壬午　东平止敬撰（言及全真教）
八十五、大元崇福宫始建三清殿记
八十六、（参考）北京白云观七真道行碑
八十七、（参考）北京白云观长春真人道行记

两块元碑都提到了金末元初兴起的全真教，不失为全真教研究的最基本资料。全真教是被禅宗净化了的道教，大概是道教史上唯一没有迷信者的一个。或者说那是在一段时间内脱离了迷信的道教。而且那是由于与佛教交往的结果，必须承认此事于道佛二教关系上十分重要。寻访邱长春事迹时了解到，无论他的修道方法还是讲道用语，与禅家几乎毫无差别。

一〇四、禅师慧训邑师慧刚等造像　　河南汲县　魏永熙二年
九十八、涅槃经　山东锯野县石佛寺　六朝

这两块碑是了解南北朝时代奠定了佛教基础的经典资料。前面一块的中心刻像是文殊和维摩问答的场景，证明了《维摩经》的存在。两位大师的问答通过造像的表现，在北齐时代的天龙山石窟中也可以见到，龙门的魏刻中也有。后面一块的刻年不明，但从异体字颇多一点来看，可以断定为魏齐时代所刻。这块碑证明了《涅槃经》的存在。除了这两经之外，当然也有《般若经》《法华经》，这已不必再提。南北朝时代佛教背景的经典，实际上就是《般若》《法华》《维摩》《涅槃》四经。这些经典的研究者自然是多得数不清，也许有人认为现在已经没有什么再研究的必要了。可是我个人的意向是，这种研究不应该只依靠僧侣，而应该由世人广泛开展才是。（图一百一十二）

除上述之外还有一些有关佛像印相的想法，但这需要搜集到更多的资料。有关赵州的柏林寺、神通寺，还有南方的茅山、沩山等，请参照拙著。此文不离展出拓本，仅作为一些补充谈了自己感到的不足之处，遂成此报告而已。

常盘大定